珍藏本·增订本

纪念版

汉译世界学术名著丛书

法国大革命时期的家庭罗曼史

〔美〕林·亨特　著

郑明萱　陈瑛　译

Lynn Hunt

THE FAMILY ROMANCE OF THE FRENCH REVOLUTION

Published by arrangement with University of California Press

据加利福尼亚大学出版社 1992 年版翻译

汉译世界学术名著丛书
（120 年纪念版·珍藏本）
增订本出版说明

2017 年 10 月，为纪念商务印书馆创立 120 周年，本馆推出“汉译世界学术名著丛书”（120 年纪念版·珍藏本），计七百种。近五六年来，仰赖学界同人倾力支持，订正旧译，增补新译，拓展新著，积累日多。为满足读者需要，本馆在七百种的基础上，继续推出“汉译世界学术名著丛书”（120 年纪念版·珍藏本·增订本）三百种。至此，“汉译世界学术名著丛书”累计出版已达千种。

今后，本馆将继续推进丛书的翻译出版工作，在积累单本名著的基础上陆续分辑刊行，汇印出版。为促进中外文明互鉴、推动我国学术发展，使“汉译世界学术名著丛书”这项对我国学术文化有基本建设意义的重大工程发挥更大作用，诚望海内外学术界、翻译界继续给予支持，帮助我们把这套丛书出得更好。

商务印书馆编辑部

2024 年 2 月

汉译世界学术名著丛书
（120 年纪念版·珍藏本）
出 版 说 明

2017 年 2 月 11 日，商务印书馆迎来 120 岁的生日。120 年前，商务印书馆前贤怀揣文化救国的理想，抱持“昌明教育，开启民智”的使命，立足本土，放眼寰宇，以出版为津梁，沟通中西，为中国、为世界提供最富智慧的思想文化成果。无论世事白云苍狗，潮流左右激荡，甚至战火硝烟弥漫，始终践行学术报国之志，无改初心。

迻译世界各国学术名著，即其一端。早在 20 世纪初年便出版《原富》《天演论》等影响至今的代表性著作，1950 年代后更致力于外国哲学和社会科学经典的译介，及至 1980 年代，辑为“汉译世界学术名著丛书”，汇涓为流，蔚为大观。丛书自 1981 年开始出版，历时三十余年，迄今已推出七百种，是我国现代出版史上规模最大、最为重要的学术翻译工程。

丛书所选之书，立场观点不囿于一派，学科领域不限于一门，皆为文明开启以来，各时代、各国家、各民族的思想与文化精粹，代表着人类已经到达过的精神境界。丛书系统译介世界学术经典，引领时代思想，为本土原创学术的发展提供丰富的文化滋养，为推动中国现代学术和现代化进程做出了突出的贡献。

为纪念商务印书馆成立120周年，我们整体推出“汉译世界学术名著丛书”120年纪念版的珍藏本，寄望既利于文化积累，又便于研读查考，同时向长期支持丛书出版的译者、编者和读者致以敬意。

两甲子后的今天，商务印书馆又站在了一个新的历史时间节点上。我们不仅要铭记先辈的身影和足迹，更须让我们的步伐充满新的时代精神。这是商务人代代相传的事业，更是与国家和民族的命运始终紧密相连的事业。我们责无旁贷，必须做好我们这代人的传承与创造，让我们的努力和成果不仅凝聚成民族文化的记忆，还能成为后来人可以接续的事业。唯此，才能不负前贤，无愧来者。

商务印书馆编辑部

2017年10月

献 给

佩格（Peg）

目　　录

序　言 xiii

由于本书的标题可能会对某些读者造成困惑，我愿意在此以简短的篇幅解释何谓“家庭罗曼史”（family romance）。此名词援借自文学批评领域，通常与弗洛伊德的学说有关。[①] 弗洛伊德以“家庭罗曼史”指称神经官能病患的某种幻想，在其幻想中病患希望能逃离自己鄙视的亲生父母，而由某些具有较高社会地位的人取而代之。[②] 当孩子遭亲生父母冷落时，他（此处特别指称男性，因为弗洛伊德认为女性在这方面的倾向较弱）以想象他们并非自己的亲生父母作为报复的手段，而认为自己的生身父母实为财高权重的地主、贵族，甚至贵为国王、皇后。在弗洛伊德的学说中，家庭罗曼史属个人心理层次，是个人（尤其是男性个体）美化社会地位的方式。不过，由于涉及家庭的想象及家庭内部之冲突，因此“个人心理层次”与社会秩序便发生了关系。

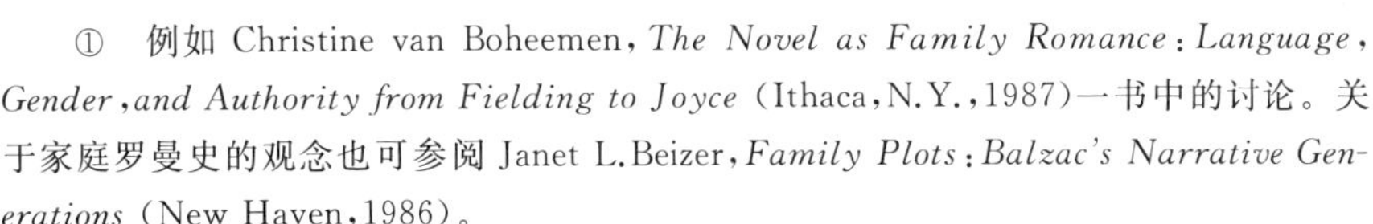

① 例如 Christine van Boheemen, *The Novel as Family Romance: Language, Gender, and Authority from Fielding to Joyce* (Ithaca, N.Y., 1987)一书中的讨论。关于家庭罗曼史的观念也可参阅 Janet L. Beizer, *Family Plots: Balzac's Narrative Generations* (New Haven, 1986)。

② From “Family Romances”, in vol.9 of *The Standard Edition of the Complete Psychological Works of Sigmund Freud*, trans. James Strachey (London, 1959), pp.238－239. Ruth Leys 对此提供了不少有用的建议。

相较于弗洛伊德视家庭罗曼史为个人的心理层次，我则以此名词指称政治（换言之是一种集体）的无意识，并赋予此名词正面意义，将其视为构成法国大革命政治理念的某种集体而无意识的家庭秩序想象。本书将阐述，透过关于家庭关系的论述，法国人形
xiv 成某种集体却无意识的政治理念。[③] 我所讨论的并非是一种普遍现象；其他人在其他时间也可能感受到其他的政治理念。不过，历史文件显示，大部分 18 世纪的欧洲人均视其统治者为父，视其国为家。这种家庭模式有意无意地在他们中运行。

从某种意义来说，法国人希望摆脱自己鄙视的政治父王，但是他们并不寄希望由另一个社会地位更高的人来继任王位，而希望以另一种家庭形态来取代国王与王后。在新的家庭形态中，双亲消失了，取而代之的是拥有自主权力的孩子，尤其是兄弟。不消说，法国革命分子并不会站在讲台上讲述他们关于政治秩序的心理与性幻想。行文至此，读者或许会质疑：有什么证据支持“无意识的政治理念”与“家庭罗曼史”的存在？如果不引用这些名词，某些证据可能仍流于混淆不清或神秘费解的状态；我希望呈现足够的证据，好说服读者相信这样的研究取向是饶有趣味的。透过我的研究，以往被忽略的证据能够更显清晰，借此还能对现代的政治提出重要的问题。专制政治的意识形态明显地连结了君王政府与

③ 自从 Fredric Jameson 之后，“政治无意识”一词便在文学研究中成为趋势。参阅 Fredric Jameson，*The Political Unconscious*：*Narrative as a Socially Symbolic Act*（Ithaca，N.Y.，1981）。笔者的分析受其影响并不多，不过我的确赞同他的主张：“心理的结构乃是历史的，并有其历史。”（第 62 页）可以说，我正在试图揭露某些心理的历史。

父权家庭，而法国大革命期间所提倡的“手足情谊”则打破了先前的模式。在政治意义上，家庭模式的转变绝对有其意义。

在介绍“家庭罗曼史”一词时，我并不认为法国革命分子是因为根植于个人扭曲的心理状态而做出某种病态的幻想。革命期间的家庭罗曼史（在此以复数表示）并非出于失望而产生的神经反应，这一点与弗洛伊德的学说不同。革命期间的家庭罗曼史，乃是一种想要重新塑造政治世界的努力，力图将政治与父权分离。我借用“家庭罗曼史”一词，是为了表示这样的塑造除了有意识的政 xv
治论述外，多半还来自私人领域。研究中涉及的文件，从处死国王的演说、图画到寻常百姓家中的版画，透过琳琅满目的文件，我尝试捕捉它的形成过程及转变。

我无意以本书对家庭罗曼史的分析取代传统政治史学，好比父权权威是外在政治冲突的基础；我也无意将政治简化为个人或集体的幻想。然而，政治的确依靠想象力，就某种程度来说也依靠幻想。家庭事务在有意识与无意识的两种层次上区分政治团体，此现象十分明显，举例来说，家庭政策的差异明确地把主张彻底改变家庭规则的政治意义上的左派与坚决抵制这些改变的右派区分开来。家庭罗曼史以许多有时是令人讶异的方式有意或无意地协助大家组织革命的政治经验：革命分子也好，反革命分子也好，都必须面临关于父权、妇女参与、同志情谊（fraternal solidarity）的议题，他们必须诉说共和的意义与何去何从，而其叙述中或多或少也包含了家庭的冲突与解决方法。其中的某些元素是长期的，如父子关系、夫妻关系、亲子关系与男女关系，但其配置关系却是在革命过程中的社会政治模式中偶然形成的。

在写作本书期间，我从许多朋友与机构那里得到协助与鼓励。这项研究计划始于1988至1989学术年度普林斯顿大学社会科学学院的国家人道研究基金。此研究基金使我能暂时离开宾夕法尼亚大学艺术与科学学院，转赴普林斯顿大学进行研究。研究基金的赞助亦为我提供两位助益良多的研究助理，杰佛瑞·霍恩(Jeffrey Horn)和维多利亚·汤普森(Victoria Thompson)。1990年春天，康奈尔大学人文学会邀请我担任客座教授，并提供住宿。在此要特别感谢上述各学院与那里的同事。

适逢法国大革命两百周年，我有幸在相关的庆祝活动期间完成此书，也因此得以在全球各地的研讨会与讲座中发表书中的各个部分。本书的许多主题原先乃是为了高斯研讨会(Gauss seminars)与哈吉讲座(Hagey lectures)所写，前者是1988年秋天于普林斯顿大学举办的讲座，后者则是1985年秋天于滑铁卢大学举办。此外，在鲁昂、巴黎、东京、爱丁堡、米兰等地的研讨会中，也有许多同仁提供宝贵的意见。我特别要感谢1991年春天于福尔杰研究所(Folger Institute)参加性学与共和主义研讨会的人。他们友善地枯坐数周，一面与我讨论我最熟悉的议题，一面阅读本书的大量手稿并给予宝贵意见。来自加利福尼亚大学出版社的两位读者提供了许多宝贵的建议，她们是莎拉·马萨(Sarah Maza)与丹娜·古德曼(Dena Goodman)。我还要感谢席拉·列文(Sheila Levine)，她如常地照顾我，也照顾这本书的诞生；也要感谢玛格丽特·雅各布(Margaret Jacob)分享了我对本书的担忧与希望，并详读本书编排过程中的各种版本，提供适时的鼓励与建议。

我研究法国大革命的政治已有20年之久，如今是我正视家庭在政治秩序中扮演重要角色的时候了。有时,清官难断家务事,我个人对政治学的兴趣,正源于我的家庭背景。我出生在一个政治意味浓厚的家庭,母亲参与许多攸关政治与公共利益的组织,她坐镇明尼苏达州的圣保罗议会达十年之久,目前是郡委员。我的父亲在开始时采取容忍的态度,而后则全身心地享受妻贵于夫的刺激与新鲜。由于观察母亲的工作,我熟悉地方政治的运作方式,父亲更是一再鼓励我学习这方面的知识。我期盼双亲能在本书的字里行间发现他们对我的影响,不过,这可不表示我将法国大革命期间的家庭与两性关系与我家的情形相提并论!

第一章　家庭的政治模式

1　在一个阴冷多雾的冬日早晨，法国国王一命呜呼，时值1793年1月21日上午10时22分。执行死刑的刽子手解落断头台的利锋，直下路易·卡佩的颈项。这位路易不是别人，正是前法王路易十六（见图1）。不久前才设竣的断头台，操作近乎全自动，死时亦应不甚疼痛，其着眼点在于人人平等，不论是谁，都同样死法。代表们希望借着这个方法处死路易，“数百年来被偏私、歧视所压制侵害的伟大真理”，终获检验证实，“今天，我们终于相信，国王也不过是个凡人，无人能超越法律之上”。

报上这篇文章的执笔者，仅用区区数言，便道尽法王之死的个中滋味：法国人弑主，为的是让自己相信国王也不过是个凡人，而几世纪以来法力无边的王权魔法，一朝亦可破除。“卡佩不再！欧洲人民，世界各民族，注意看啊！那王座上面，除了尘土之外什么都没有！”[1]又仿佛要确保法国这个王座从此确归尘土，他们还特意将法王已经身首异处的尸骨，立刻掩埋在玛德莱娜公墓的一处深穴，其上并覆以生石灰。至于其余一切足以表征法王的外在痕

① “Paris, Journée du 21”, *Journal des hommes libres de tous les pays*, no.82, 22 January 1793.除非特别加注，所有的法文翻译均来自笔者。

迹，也一并消除净尽。

然而，文中那满带希望的口吻、假设性的语气，却暴露出潜藏深处的焦虑。法国已经为世界各国树立一个榜样，给各国君主发出一个教训，文章的作者如此宣称；可是，国人能从中得到什么好处呢？这一天，固然将永难忘怀，可是它也能传之久远，永为后世纪念吗？“别再受人轻侮了，历史学家们！不要辜负大好时光，写出真相来，只有真相值得记载，不要徒费笔墨！”[②]于是这位作者便
致力于写作，以驱除所有罪疚的感觉。当日，曾有 20000 名民众涌 2
进革命广场共睹法王之死，现场并驻有 80000 名武装守卫以确保刑场的安全。[③] 如果说当时确有任何罪疚感，那么，这份心情自当为众人所共有。

法王被判处死刑，是法国大革命中最重要的政治事件，其象征的重大意义固为世人所公认，然而革命人士本身对这个行动所代表的意义却持有歧异，甚至看法相冲突。举个例子来说，国民公会(the Convention)的代表振振有词，动不动便引用英国处死查理一世的前例作为佐证，但却无法对这项史实所代表的意义提出前后一贯的论点。而且，大家都知道王权终究在英国复辟，当初的弑君者们也都遭处极刑。在这种情况下，这实在不是一个特别鼓舞人心的先例。

不论是革命党还是保王党，双方都认为君王是整个社会秩序 3
的标志——虽然早在 1793 年之前，路易十六的王权已经在某些方

② *Ibid*.

③ 关于这场审判和行刑过程的研究，请参阅 David P.Jordan，*The King's Trial*：*The French Revolution vs.Louis XVI*（Berkeley，1979）。

图 1　版画：路易十六在断头台上，出自《巴黎革命》(*Révolutions de Paris*)，第 185 期，1793 年 1 月 19—26 日。

图片来源：由作者提供

面削弱不少——因此路易·卡佩就死之时，其身份地位到底如何，仍值得商榷。刽子手的断头刀下，死的究竟是一名君王，还是一名早被剥除神圣名位的普通人？但是不论答案如何，也不管就象征意义而言，法国王权到底死于何时？1793 年，1789 年，还是更早。然而法王在 1793 年的肉身之死，却将众人的注意力指向一个忽然出缺的神圣空白；这份空白，在另外一个凸显的空白之下，格外引人注目——也就是在路易断魂之际，正对着的那座已然空空如也的雕像台。座台之上，原本矗立着其祖父路易十五的雕像。

下令处死前法王的政府，是一个以主权在民为合法性基础而建立的共和政体。在纸上建立共和国，只消大笔一挥，不费吹灰之力；但是若要真正获得民心效忠，并建立一个长远的合法政权，却没有这么单纯。如何才能使民众服膺新社会秩序下的法律？旧有的社会秩序，原系以国王为首，借众人对权威的敬崇遵从，结为一体；农民顺从他们的领主，工人顺从他们的雇主，达官显贵顺从国王，妻子听命丈夫，儿女顺从父母。一国之权威，完全符合一家之权威的模式。1639 年法王曾颁诏曰："儿女对父母怀有的天然敬意，与臣民对君王于法理该付出的服从，殊为相关。"[④]如今君王已去，又该用什么作为公民服从的典范呢？

英国的柏克对法国大革命颇有见地；他看出孝顺一事与臣民服从意愿之间的关联，见解之深刻精辟无与伦比。"社会生活的纪律，源自家庭生活的信任与忠诚。"[⑤]柏克担心，这个基本准则一旦遭到颠覆，整个社群也将毁于一旦。他检视法国大革命初期所发生的事件，尤其是 1789 年 10 月间贬抑王室的种种举措，不禁发出感伤和叹息。在他眼里，一个富有骑士精神的大时代终结了，取而代之的是一个充斥着"诡辩人、经济人、算计人"的时代：

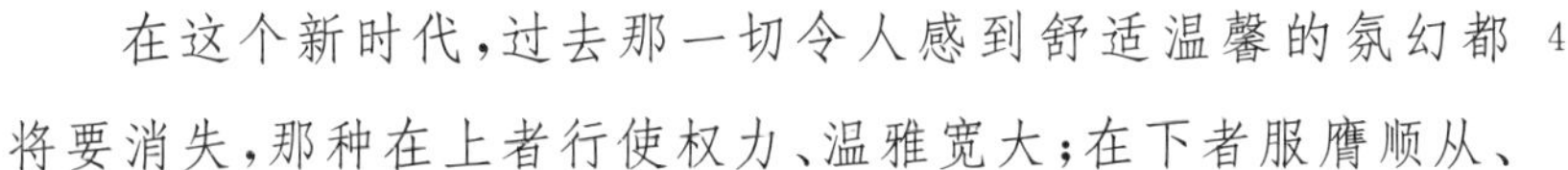
在这个新时代，过去那一切令人感到舒适温馨的氛幻都 4
将要消失，那种在上者行使权力、温雅宽大；在下者服膺顺从、

---

④ Marcel Garaud and Romuald Szramkiewicz, *La Révolution française et la famille* (Paris, 1978), p.135.

⑤ *Letter to a Member of the National Assembly*，引自 Steven Blakemore, *Burke and the Fall of Language: The French Revolution as Linguistic Event* (Hanover, N.H., 1988), p.42。布莱克莫尔(Blakemore)对于柏克有关父权的理解，提出了杰出的看法。

> 磊落随心，人间上下和谐融洽，以及私人社交生活之中的各种美感和温情，都将在新帝国光明与理性的汹汹来势中被驱逐殆尽。原本笼罩人间的那一层高雅的幔纱，也将被粗鲁地一扫而光。

没有了这一层“高雅的幔纱”，没有了“美感和温情”，没有了这一切粉饰缓冲，柏克预言，革命分子只有诉诸恐怖这唯一途径。“不管他们是哪一家，哪一派，放眼望去，看不见其他任何出路，道路的尽头只有断头台。”⑥

柏克洞察了私人情愫与公共政治之间的交织，本书以下的分析深受其影响(虽然本人对法国大革命持有非常不同的看法)。柏克认为，政治上的服从，除了理性的含义之外，还有另外一层基础：“要民爱国，国必须先有其可爱之处。”⑦政治上的服从，往往基于一组有关社会秩序适当运作的假定，而服从一事——若用现代的讲法，应该是认同——从来不会自动发生，即使外表上看起来千真万确是自动发生的模样，在所谓传统的社会里面事实上也不可能。新成立的共和国亦然，更不可能令人民自动与其认同，这一点在税务和兵役事务上表现得尤其明显。

革命党掀去旧社会上下有序服从恭顺的面纱。但他们和柏克的想法不同，并不认为人间一切的高尚就此断绝；他们也想让他们的政府“令人爱戴”。从1789年起，革命派便开始进行现代西方社

---

⑥ Edmund Burke, *Reflections on the Revolution in France* (New York, 1973), pp.89 - 91.

⑦ *Ibid.*, p.91.

会契约的冒险；他们打算以一种新的基础，取代旧的以顺从和父权为基础所建立的政治共识。他们中许多人都读过各家有关社会契约的学说理论：如马基雅维里、霍布斯、洛克、孟德斯鸠和卢梭等人的作品。至于如何以情感关系巩固这份新契约的重大课题，除卢梭之外，其他人却着墨不多，鲜有任何高见可供参考。

新的秩序，无法再借助人际感情来令人感受其可爱之处，于是革命者只好一路摸索行事。如果说，专制政权的建立系基于父权制的家族统治，那么专制政权的灭亡是否必须先铲除父权统治才 5
能实现？也就是法国人所说的“推翻父权”。父权不再居于统治地位是否表示政治大家庭中的每一成员，兄弟之间、兄弟与姐妹之间、儿女与父母之间，从此平起平坐，人人平等？换句话说，过去由父亲大权独揽的家庭空间，如今是否该试演一出“家庭罗曼史”？如果父权将改由手足情、兄弟爱（fraternity）取代，这个新模式又意味着什么？比方说，既然已经不能再为过去“合乎自然”的家庭秩序提出正当理由，此后将如何继续维持把女人排除在外的政治现象？是否应该把家庭模式彻底抛弃，改以完全建立在隔离、独立、自主、契约性的个体之上的新模式？打倒了专制王权，随之而来的汹涌澎湃的革命浪潮令人不得不憬然寻思而重新定夺“个体”该有的形貌。

这些问题如今看来显而易见，当初却不曾在革命者的脑海中清楚浮现，至少，他们没想这么多。事实上，当时各种主张民约论的政治学说，多数也略此不谈。民约论学者大多视而不见，似乎这些有关家庭及男女关系的命题与公共生活分离，属于私人生活层次。17 世纪以来，各大政治学家都受到这一问题的挑战，尤其是

女性在新秩序中该有的地位，令他们头痛不已。他们的解决方案，不过是在父权至上的旧体制解体之后，仍服从男尊女卑，妻子继续服从隶属于丈夫的旧规则。至于巴特曼（Carole Pateman）所说的“两性契约”，本应是社会契约之后，发展的必然逻辑，然而大多数理论家却无意对此进行探讨，[8]只有弗洛伊德例外。弗氏虽不以政治学者著称——说起来，他对政治理论所做的尝试最为人所指责——但他却曾发挥想象力，杜撰出一个故事描述初民的原始社会契约，用以解释为什么男性作为男人，有权力支配女人，此乃“男性性别权法则”的根源。[9]

6 在《图腾与禁忌》（*Totem and Taboo*，1913）一书中，弗洛伊德更搬出他自己的一套社会契约起源理论，或称为最早的一出家庭罗曼史。在史前第一批无组织的人群里，通过对那些似乎堕落的各种行为的分析，他找到这些事物的起源。在他所谓的人类史上“第一个牺牲行为”（the first great act of sacrifice），儿子们合谋杀害了父亲，还把他吃到肚子里去。[10] 弑父，是因为父亲一人独享众女，还把长大的儿子赶走；食父，是如此方可完成与父亲的认同。事后，众子开始感到罪疚，便又创立两项禁忌，以抵除自己的大逆行径。一是以图腾动物替代父亲，禁止猎杀图腾物；一是禁止乱

---

⑧ Carole Pateman, *The Sexual Contract* (Stanford, 1988). 虽然巴特曼的分析十分重要，笔者并不完全赞成其分析。我撰写本书，以揭示要将兄弟爱强化成君权是何等困难。

⑨ 巴特曼由艾德里安娜·里奇（Adrienne Rich）处得到“男性性别权法则”的看法。请参阅上注，p.2。

⑩ *Totem and Taboo: Some Points of Agreement between the Mental Lives of Savages and Neurotics*, in vol.13 of *The Standard Edition of the Complete Psychological Works of Sigmund Freud*, trans. James Strachey (London, 1958), p.151.

伦，于是兄弟们也不得亲近方被解放的女子。从这两项禁忌之中，日后分别衍生了宗教与社会组织（亲族关系）；同时从此也有效地扼止了恋母情结的两大欲望：一为弑父，一为寝母。

禁忌的确立进一步为众兄弟解决了弑父之后所面临的另一重大难题：也就是他们之间为争夺众女而起的争竞之心。弗洛伊德说："欲望使人分离，性欲不令男人联合，却使他们对立。"[11]如果兄弟之间想要和平共处，就得放弃以前被父亲独揽的众女。弗洛伊德认为，兄弟帮的社会组织里有几分同性相恋的气息值得保存，若为女色毁弃是不值得的。如今建立了禁止近亲相交的忌讳，男子"维系挽回了令他们趋于强大的社会组织——这组织似乎基于一种同性相恋的情结与行为，溯其源头，或始于当初众子遭父放逐之际。"[12]于是借着新成立社会组织的几项规则，众子与亡父和好（对父亲，其实他们也有敬爱），手足之间的感情也获得维系。与此同时，严格执行异性婚姻制度，确保了族群的延续。

对于故去的父亲，无可避免会滋生一股"思慕之情"，其结果是以神的形象重造父亲，并在社会组织中灌注他的父权精神。在兄 7
弟之间的竞争极为激烈，自然不容许任何一人取得"父亲的无上权势"，但是却可以经由新设置的阶级地位体系，满足效仿父权精神的渴求。部落中原本人人享有的"最初的民主式平等"就此完结，一些具有特殊表现，能够在众人之中鹤立鸡群的成员开始受到崇敬。[13] 弗洛伊德设想的社会契约，不但建立在界定两性关系，亦即

---

⑪ *Ibid*.，p.144.

⑫ *Ibid*.

⑬ *Ibid*.，pp.148－149.

“女从男”的约定之上，同时也意味着要靠男子之间的约定加以补充。如此的社会组织，升华了男性间固有的亲密关系。而女人呢，在这个新兴的政治、社会秩序里却仍没有地位。她们存在的唯一作用，只是用来标示男性之间的社会关系。

弗氏陷在以父权模式解析心理政治结构的死胡同里，在《图腾与禁忌》一书中，他其实无法完全自圆其说。当论及初民如何开始为被弑之父进行造神运动之时，弗洛伊德猜测：“在这段过程之中，众多代表母亲的伟大女性神祇，到底是何时何地取得一席之位，我无法解释。也许，一般而言，母性神祇的出现，是早在父神之前就已有了吧。”[14]弗洛伊德如此父权至上，以致他无法想象其他可能。在他眼里，唯一的争竞，只有父子之间的争竞；女人，只不过是男性冲突竞逐的物品。弗氏另有一段话，将他这种只见男人的心态完全暴露无遗：“然而，个人心理分析的结果一再告诉我们，他们塑造的每一位神祇，都师法其父的形象；他们个人与神的关系，也都视其与肉身父亲的关系而定、而摇摆、而改变。归根究底，神之为物，只不过是一个被抬高了的父亲。”[15]法律与社会组织的道理，大致亦然。

本书并不打算以弗洛伊德的观点诠释法国大革命，好像只要把弗氏理论往有关大革命经验的原始资料上轻松地一罩，就可以条目清晰，立现规矩方圆。事实上，弗氏的某些中心观点理论，如生殖器崇拜、阉割恐惧等心理特质，甚至连俄狄浦斯的恋母情结，

⑭ *Ibid.*, p.149.

⑮ *Ibid.*, p.147.

都不在本书的讨论之中。笔者只认为弗氏于《图腾与禁忌》中所提
出的分析颇具启发性，对于社会政治权威的确立，揭示出一系列深 8
具决定意义的人际关系：父子关系、男男关系、男女关系。此外，弗洛伊德还觉得有必要写出了一则为人类溯源的神话即家庭结构是各式权威建立的中心——虽然我们不可以将弗洛伊德的论述视为远古的史实来解读，也不可僵化地用以代表实质的社会政治关系。笔者认为，弗氏之说，却为法国大革命提出了重要的研究方向，而对大革命实地经验的解读诠释，却足以为其学说找到事实根据。

作为一名历史学家，单单提及弗洛伊德之名，就足以令某些人产生戒心。在史学界里，心理分析这一套理论，通常只应用于为个别人士作传，最多（这一类的例子更少）也只是用来探索危机状况下的民众心理。至于个人的精神状态与社会历史的发展有何关联，虽然是一门饶有兴味的研究课题，却与本书探讨的主题没有直接关系。举例而言，笔者并不打算运用弗洛伊德的术语，查考某位人士，如罗伯斯庇尔其人的心理状态。本人的兴趣却在以下几个方面：人类是如何——不自觉地，无意识地——对权力运作进行集体想象；而这种想象，又如何塑造政治与社会的进程；最后，这种想象又如何被加以反塑造。集体的创作想象之中，最重要的一环，即在亲子、男女两类人伦关系上。

从历史实例上看，原本作为子民君父的法王，如今却被人民砍了头。这些砍了君父脑袋的子民，以为自己在干什么？他们又把谁想象成新的父亲，取代他的位置？汰旧换新，这种新产生的“政治无意识”心理又是什么模样、什么结构？若要解答以上诸问题，势必要对当时民众的政治想象进行分析，才能了解其历史的特定

意义,并对现代政治社会生活的各项基本隐喻,作全面的阐明。

图 2　版画:处死路易十六,出自《巴黎革命》第 185 期,1793 年 1 月 19—26 日。

图片来源:由作者提供

弗洛伊德一味坚持,弑父以为祭这种牺牲仪式,是史前真实发生过的真人真事——所谓“太初有其事”也。[⑯] 他一向喜欢把“野
9 人”与精神病患者的思想过程放在一起类比;他对某些特定个人的心理分析,复杂纠结(且不论是否天马行空)到令人不可思议的地步。凡此种种,都令人对心理分析的可验证性,或其科学基础心生疑虑。不过,弗洛伊德提出来的几个问题,他所描绘的总体隐喻性结构,依然有其重要性,并不可因此抹杀。弗洛伊德与柏克都察觉到服从的意识绝非自发。弗氏为其中发动运作的模式提出解释,

⑯ The concluding sentence of *Totem and Taboo*, *ibid*., p.161.

建立了好几项命题，这些命题将在本书中一再出现：弑父的举动、兄弟之爱、诿罪归疚的做法、妇女被“解放”后的命运、选择新图腾以取代亡父的形象以及严禁乱伦通奸的规定等等。[17]

法国人弑其君父之举，可谓现代史上最接近仪式性的牺牲。刊载某两幅版画的激进派报纸，曾如是说： 10

> 我们欠大地一个祭礼，既然我们已经告别了为奴状态，便应该在六十六代国王身上归还所欠之债。此人罪大恶极，比他前任所有人加在一起的罪孽还要深重。1793 年 1 月 21 日，借着法律的利刃，流出了路易·卡佩的鲜血，终于涤除了那屈辱了我们 1300 年的烙印……自由如古代诸神一样神圣，只有在献上罪魁的性命以为祭后，人间才能呈现吉祥。

值得注意的是，在这段文字里，报纸编辑并不会将“罪魁”描述为父亲形象。革命以来，及至 1793 年之际，革命党已经极力自旧王路易十六身上，剥除任何这一类的光环。但是父亲形象却依然溢于言表。因为接下去该报就提到杀死路易的革命兄弟，并描绘行刑之后，群众争先恐后奔向刑台的情景。他们伸出矛枪、手帕，每个人都想沾染一点前王的鲜血。这个场面十足充满了隐喻：宛如众人狼吞虎咽，必欲将之分食。一名狂热分子还将路易的血洒向群

[17] 关于这幕“原始场景”的重要性，可参阅 Ronald Paulson, *Representations of Revolution* (*1789 - 1820*) (New Haven, 1983)。尤其在 26 页：“在此我们发现巴黎最中心且最重要的自我再现：刻板类型与独一无二间的紧张关系；象征与再现的拉扯，我们可说这是退化，是回归到主要原始场景，是《杜歇老爹报》与其他人所说的核心，这一幕比共和罗马或来库古时代的斯巴达的场景更原初。”

众，一面高声叫道："兄弟们，他们说，路易·卡佩的血会让我们偿还；好啊，来就来，管它呢，就让它来吧……共和人士们，国王的血，将为大家带来幸福快乐。"⑱

这是一个少见的情况，革命话语本身竟然能够提供那隐藏在政治秩序之后的精神性基础。但是，历史的见证虽在，各方的解读却不同。吉拉德(René Girard)大规模重读弗洛伊德的解析，对同样场景，提出全然不同的心理分析观点。他认为仪式性牺牲的意义，基本上不在弑亲与乱伦，却是出于社群对自己冒渎的滔天暴行感到惊恐，因此加以掩饰，将暴力的行使仪式化——挑出一名替罪羔羊——具有重新划定界限的作用，遂将罪行由社群内部向外转移。他坚称"牺牲的目的，在恢复社群和谐，强化社会纹理。"界限之设，尤为重要，因为"牺牲危机"危及"性别区分"。而单挑出一名
11 替罪羔羊之举——羔羊可能是任何人，不一定只是父亲——在吉拉德眼里，则是一切神话、仪式、亲族体系，甚至象征思维的根源。⑲

吉拉德式的解读，为革命派报纸那篇有关法王就刑的文字提供了一个不同的角度。照他的说法，事情的重点，不在法王作为法国人民君父的地位。兄弟弑父，非为分享父的权势，而是因为法民担心消受不了自己的滔天暴行，因此才需要以一种仪式性的做法，

---

⑱ "Mort de Louis XVI, dernier roi de France", *Révolutions de Paris*, no. 185, 19 - 26 January 1793.我比较了涂尔干和弗洛伊德式有关弑王的分析。请参阅"The Sacred and the French Revolution", In Jeffrey Alexander, ed., *Durkheimian Sociology* (Cambridge, 1988), pp.25 - 43。

⑲ René Girard, *Violence and the Sacred*, trans. Patrick Gregory (Baltimore, 1977), pp.8, 188, 255.

为社群设立一个界限。换言之，法王是非死不可，如此才能为法民抹除他们内心深处，在行为发生之前，即已感到的罪疚。一如《巴黎革命报》(*Révolutions de Paris*)的编者所言："我们亏欠大地一个祭礼，既然我们已经告别了为奴状态，便应该在六十六代国王身上归还所欠之债。"

为了移转在旧政权文化政治符码解体之后，自己带来的种种暴行，革命社会必须找一个替死鬼顶罪。这名替死鬼正如吉拉德所称，近于某种"双重恶魔"："是社群与圣者之间的连结与障碍。"[20]法王必须转型成某种祭祀圣物，把他驱除之后，社群才能还其本相。而其魔性，则是随其深重的罪孽而来；该报称他"罪大恶极，比他前任所有人加在一起的罪孽还要深重"。其人之罪，务必深重，否则就不是合用的祭物。因他的死，他的血(又一有关圣祭的暗喻)"涤除了那屈辱了我们1300年的烙印"。只有献上人中之罪魁，才能满足社群重新定位与救赎的任务。

吉拉德对弗洛伊德重做解读，本书将引述其中几个论点：发生牺牲危机的那一刻、社群经由替罪者的选择以完成自我定位的需要以及界限分野之失，尤其是两性之别若不明确可能造成的威胁。不过吉拉德并不能完全取代弗洛伊德。在法国大革命中，法王之死，有好几层原因；他可能的确是一名罪魁，因此有资格为社群担任双重恶魔的角色；然而，他也是众人之父。因此，就某种意义而言， 12
笔者希望两面兼顾(弗洛伊德与吉拉德两家之论)。法国大革命这个舞台上，不但有父子冲突的剧情，也演出暴力对社群造成的威胁。

---

[20] *Ibid.*, p.271.

吉拉德不赞成所谓父、母、子之间的俄狄浦斯(恋母情结)三角情结关系,改提另外一种虽类似,却比较概括性的欲望模式,强调男人之间的认同。不过,他多少也为女人的重要性保留一点地位。[21] 女人,通常都被安上祸水之名,是导致暴力发生的原因,好让男人洗脱嫌疑。女人,也往往被视为情绪不稳,容易兴奋错乱,以保证男子的尊严与权威。更重要的作用,在于泯除男女界限混淆的危险,因为牺牲危机时刻,特别会有两性之别不保的后遗症。[22] 但是说来说去,吉拉德也跟弗洛伊德一样,就是不肯赐与女性半点的行动自主权。不管是哪一种心理分析式的情节,女人终归是欲望的目标。不管是直接(弗氏)抑或间接(吉氏),她们都只是男性的拟态(mimesis)。本书的宗旨之一,即在矫正这种不平衡的视点,并主张女性之所以被视作威胁,就是因为她们也有行动、有作为,而不单单只是用来方便男性自我想象的虚构。

法国大革命的人士确也曾自觉地谈及兄弟爱*,“兄弟爱”这个观念,原是革命三大口号“自由、平等、兄弟爱”中最不被人了解的一个。在革命人士自觉性的言语中,兄弟爱往往与政治上的团结一致有关,并有为社区内部界定政治与社会性界限的作用。以

[21] 吉拉德反对独惠父兄的家庭模式,坚持主张使用返回到对欲望的抗争。如他所言:“并不是因为对客体(即母亲)偶然产生两种欲望才产生抗争;相反地,主体对客体产生欲望,是抗争心理本身使然。”因此,“乱伦的欲望与弑父的欲望不属于孩童所有,而是滋生于成人的心中,在这样的模式里……儿子总是最后才知道自己所想望的是乱伦与弑父,伪善的成人才要为这样的想法负责。”*Ibid.*,pp.145-175。

[22] *Ibid.*,pp.139-141.

* fraternity 中文一向称为“博爱”,原是不涉性别歧视的佳译。但为准确表达此字的字性与本书主张的男性感情,在此特舍中性泛指的“博爱”,而以“兄弟爱”代之。——译者

后在革命十年的岁月之间，如马塞·大卫（Marcel David）最近的研究显示，兄弟爱的观念逐渐演变。革命早期，兄弟爱的含义广、信心足，因为革命人人有份，大家都可以被设想为社群中的一分子和参与者。比如在 1790 年 7 月 14 日联邦纪念日（Festival of Federation）上，拉法耶特（La fayette）就代表在场全体国民自卫军宣誓："兄弟之爱不朽，誓以此与全法人民永志联合。"

到了激进派当家的年代，亦即 1792—1794 年，兄弟爱的使用 13
在意义上变得狭窄许多，甚至有恐怖的意味，变成一种在革命政治上（尤其在民众层次）区分"我们"与"他们"的用语。1793 年 2 月巴黎某区民众大会宣称："对于自由之民而言，没有所谓中间路线。不是兄弟，就是敌人。""没有兄弟爱，就是死来见"的口号，也戏剧性地捕捉住这股誓不两立的情绪。随着罗伯斯庇尔的失势，这种来势汹汹的兄弟爱观念遭到反对。在他死后的一个月里，兄弟爱就开始改与温馨、纯净、无邪、和谐的象征产生联想。

剑拔弩张的兄弟爱就此驯服，然而却还不满足。渐渐地，在罗伯斯庇尔下台之后，兄弟爱竟然从此"销声匿迹"，自革命口号中退却，如今只剩下自由与平等并秀。官方的出版物上，不再包含兄弟爱的主题；保王党的出版物上，则以嘲弄的画面处理兄弟爱。比方说，1797 年刻制的一幅新闻图片里，就显示一名无套裤汉（sansculotte）脚踏宪法，身上所佩短剑，却镌有"兄弟爱"的字样。所谓兄弟爱与博爱化（fraternization，亦指占领军与占领国人民交好，犹指与当地女性发生关系），如今只剩嘲讽口吻，专用以描述法国与其"姐妹国"（sister republics）的关系。所谓姐妹国就是屈服在法国占领军下的诸附庸国。执政府期间，更明文禁止地方首长使用

兄弟爱这个字。[23] 兄弟爱短短一生，显示此字含有一层与激进派革命脱不了关系的政治作用。

兄弟爱概念中暗藏的感情色彩不容易被识别。革命分子很少为自己言行举止背后的情感动机，或因此造成的反应提出任何解释。笔者在此便只能以间接及推论的方式进行探索。然而兄弟爱在革命象征里所含有的性心理(psychosexual)意义，有关的线索却俯拾即是。比方在节日庆典和圣像、徽章的选用里面，以及必要之时，甚至在革命言说本身中——比方有关妇女团体的辩论，或报上对处死国王一事的记载——都可以找到蛛丝马迹。一些不属于
14 传统历史学的研究材料中，如小说、绘画，尤其是政治性色情图片，更明显地充斥着革命政治想象的心理象征(psychosymbolics)。这一类作品，都可以充分借助戏剧手法，展现家庭罗曼史的表现类型。

在以下的章节里面，笔者将为一系列材料提出解读，从有关家庭的立法，到色情类的小说，类别不一，来源广泛。其中取材虽不免有所取舍，希望尚不致有武断之嫌。本书讨论的主题甚广，包括1791 年间圣像运动(portraiture)开始时，1793 年起私生子财产继承权始成定例，1795 年后孤儿为主角的小说风行一时，以及其他直接相关的题目，如国王和王后之死等等。虽说近来学界对法国

---

[23] 笔者对“兄弟爱”一词的定义采借自 Marcel David, *Fraternité et Révolution française, 1789 - 1799* (Paris, 1987)，本书引用的文字出自其第 58、145、205 及 244 页。关于法国大革命前与革命期间对该名词的使用，马塞·大卫提供了绝对的指导。他表示“没有兄弟爱，就是死来见”(la fraternité ou la mort)的口号的原始意义并不像听起来的那样具威胁性。

大革命时期插图的研究(iconography)颇为注目;然而对于革命性文学、绘画本身,关注却依然甚少——可能正因为系以插图表现之故吧。[24] 许多文学批评家与艺术史学者都认为革命十年无足观也,他们以为,在雅克-路易·大卫(Jacques-Louis David)的作品之外,可以称得上杰作的文学或绘画成就几乎是零。一直到最近,学者还依然认定大革命时期的“成绩”,除了只会在1793年末至1794年初大肆“破坏”国家瑰宝之外,对“高等”艺术根本不曾产生任何正面的冲击。[25] 比方说,研究法国大革命文学史的学者们,到今天还沿袭19世纪的研究方法,只从政治演说及报纸着手寻找材料。[26] 当然,任何一位学者都不可能尽阅所有相关的文化与政治表现材料,以考察它们所内含的家庭形象的基本模式。笔者的研究,同样也无法包括当时的每一幅插图、每一张画作、每一部小说。唯所愿者,只希望能为家庭形象与权力之间,提出一个解读,抛砖

㉔ 例如 *French Caricature and the French Revolution, 1789 –1799*, catalogue for an exhibition coorganized by the University of California, Los Angeles, and the Bibliothèque nationale de France (Los Angeles, 1988).关于革命期间的艺术的讨论,请参阅 Emmet Kennedy, *A Cultural History of the French Revolution* (New Haven, 1989)。

㉕ Serge Bianchi, "Le 'Vandalisme révolutionnaire' ou la naissance d'un mythe", in *La Légende de la Révolution*, actes du colloque international de Clermont-Ferrand, juin 1986 (Clermont-Ferrand, 1988), pp.189 – 199.威廉·德兰德(William Dlander)针对以革命为主题的画作做了杰出的研究。他对于革命艺术遭诋毁一事提出评论:“相当频繁地,1790年代那十年常仅被视为旧王朝时代艺术和政策的延续;或者被视为揭开拿破仑时代及往后世代的一个简单,但却不易被实现的序幕。”"*Pour transmettre à la posterite*. French Painting and the Revolution, 1774 – 1795" (Ph. D. diss., New York University, 1983), p.11.

㉖ 例如,Béatrice Didier, *La Littérature de la Révolution fransçaise* (Paris, 1988)一书中所做的概要介绍。

引玉，促使其他人也能从新的角度出发，重新检查他们手中的资料。

凡是研究大革命时期的人，都了解运用艺术史料及文学史料的困难。一般如绘画、版画、小说等作品，虽然本来就常从父母子女等家庭人物取材，但却缺乏权力形象的明显表达。画家作画，很少有直接的政治目的，甚至在法国大革命期间也不例外。小说家写作，也鲜有为支持某一特定政治秩序而作的自觉性目标。尤有甚者，今日的我们，又如何知道当时众艺术家与小说家们创作时的真正心情或是特定的意向呢？

其中的难处，也牵涉到技术层面。当时多数小说的印刷版次，都没有数据可考；大革命时期的展览目录，亦皆语焉不详，对于作品的介绍，往往言简而意不赅，通常均仅以"居家场景"或"头部人像"交代了事。各种材料之中，版画最有意思，因为版画印本的制作费时较少，因此也较能跟随捕捉最新的政治动态，比起其他政治性媒体，速度快了许多。[27] 革命时期的版画印本，并非遵循系列性或自觉性的主题，通常是被动地应各种不同需要而作，从具有立即时效的政府宣传，到追踪革命动态的消费订阅市场，目的不一。[28] 全世界各图书馆及博物馆内，一共收集有三万余张法国大革命时

㉗ 在此段期间内缺乏以革命为主题的法国画作，关于此问题可参阅 James Leith, *Art as Propaganda in France, 1750－1799: A Study in the History of Ideas* (Toronto, 1965)。利思(Leith)估计，在官方沙龙所展示的画作中，仅有5%的法国画展现革命的主题，其余的画作则多为风景、肖像画及风俗画。请特别参阅第135、145页。想了解更细密的观点则可参阅 Olander, "*Pour transmettre*"。

㉘ 见 *French Caricature and the French Revolution*。

期的版画印本，其中多数未注明日期，或没有画家签名。因此，从这些日期不明、画者不详的画作推断寻找结论，显然比研究那些知名大家的名作更为冒险。

以上这些问题，增加了精神分析研究角度的难度。笔者将不时在家庭与政治之间迂回，因为两者相互联结；同时也在不同的题 16
材之间来回转换，因为这些材料叙述的故事彼此相关，都是讲述一个新政治、新社会秩序的建立。一如当前艺术与文学批评界的“新史家”一般，笔者也将把文学、绘画或其他艺术形式一并进行考察，与当时其他史料相互参照。但是论及本书的终极目标，却与新史学家有异。本人的目的，不在解读艺术或文学作品本身，却在了解背后那股共同来源，那股在法国大革命期间，发动了艺术作品，也发动了政治事件的历史性与想象性的各项潜在的意识。在家庭罗曼史的演变里，笔者找到了艺术与政治的共同基础；而家庭罗曼史的发展变化，对于革命经验的整合，则具有正负两方面作用，既有整合效果，也有将其拆散的威胁。

第二章　好父亲的兴与衰

17 1790年8月，某位不太知名的代表，曾在制宪会议中指出，家庭专制与政治暴政之间，有不可分割的联系：

> 如今公众生活算是自由幸福了，我们必须进一步保证个人在私人生活里也能得到同样的自由与幸福。大家都知道，在旧政权之下，父母的暴政专制，跟政府阁员的暴政专制一样恐怖；国家的监狱，常常就是家庭的监狱。因此，如今人权与公民权既经宣示，自应开始就配偶、父亲、儿子、亲长等权利，也有所宣告才是。①

大革命打开一条新路，不但对国家权力重做考虑，对家庭内之权力的结构也另眼相看。家中每一名成员的权利，各个成员间的家庭关系，现在都放在自由与幸福的前提之下受到管制。从以上这段演说内容，显然可以看出一件事：在大革命爆发一年之后的当时，国王的地位依然未定。政府阁员的专制，而非君王的暴政，是这位

---

① 此段文字出自葛辛代表(Deputy Gossin)于1790年8月5日的发言，当时正在讨论法院的重组问题。见 *Archives parlementaires*, vol.17 (Paris, 1884), p.617。

代表关心的所在。然而从此刻开始，不出一年，法王与他的皇后将成为一场充满了暴力，而且经常流于粗鄙的运动的焦点，目的则在抹黑和破坏君后所代表的权威名位。

法王从高高在上，到一路下跌的过程，与理想中好爸爸的命运变化有着密不可分的关系。如果说，君王是其子民之父，那么父亲形象的兴衰浮沉，对一国之君在公众面前代表的意义，自会产生无可避免的冲击。对于父权过滥或近乎专制的批评，早在1789年之前很久便已开始。启蒙思想认为，人类正逐渐脱离政治与智识的青春幼稚期，这个信念，激发了愈来愈高、不断要求参与公众事务的呼声。我们可以说，公共意见在18世纪兴起的新境界，意味着 18
君王治下的臣民已经成熟为自主的自治公民。

18世纪的西欧，还有另一个趋势，就是逐渐将儿童视为独立的个体，应该小心地关爱之，教育之；这股风气，也助长了好父亲形象的理想。② 卢梭与其他哲人，都赞同洛克与普芬道夫（Pufendorf）限制父权的主张；当孩子不再需要父亲帮助之际，就是父亲权力的行使应当终止之时，而且此后父子之间应假定处于平等关系。卢梭解释道："只要孩子需要父亲的帮助一日，父亲就是也才是孩子的主人，但是这个时刻一过，父子就从此平等相待。如今儿

② 关于意识形态的背景可参阅 Marcel Garaud and Romuald Szramkiewicz，*La Révolution française et la famille*（Paris，1978），especially pp.135－137，而最好的研究则是此书中简短的讨论：Philippe Ariès，*Centuries of Childhood：A Social History of Family Life*，trans.Robert Baldick（London，1960）。最近的讨论则有 Jean Delumeau and Daniel Roche，eds.，*Histoire des Pères et de la paternité*（Paris，1990），Yvonne Knibiehler，*Les Pères aussi ont une histoire*（Paris，1987）。

子完全独立，再不需要父亲，对父亲只需要尊敬，而非服从。”③许多学者也同意洛克之说，认为为父之权不能为政治威权提供模式；不过，他们也与洛克一样，坚持在一家之中，依然应该由父亲大人做主。孟德斯鸠也持同样的论调：“父权虽然不代表任何意义，但是对于道德伦理的维护，还是有它的作用。”④

理想的好父亲的概念，对自我意识最强烈的政治层次，显然颇有影响，马瑞克针对 18 世纪议会言谈进行的研究，即对此有所印证。在法王与国会你来我往的舌战之中，国会议员往往喜用孝亲式的用词表示顺服之意，同时却也不掩饰他们对王权的反抗之心。1732 年间，国会议员向路易十五提出要求，希望他能“更像一名父亲，而非主子”。他们认为，“持孝敬之心，与发合理怨言，二者并无冲突。”他们恳请国王采取行动，遏止神职人员、税吏甚至朝臣的
19 “专制”暴行，所诉诸者，即众人“共同的父亲”，出于“父亲的关心、慈爱、温柔”而如此行。事实上，他们根本就是在要求好爸爸抑制自己的权势。⑤

反之，法王也使用同样的论调，来对抗国会对王室政策的抵制，当然他是采用对他有利的一面。他深谙如何“让自己如父亲般被打动”，同时也熟悉如何“让自己如主子般被服从。”他愿意以“父

---

③ *Discours sur l'origine de l'inégalité parmi les hommes*，引自 Garaud and Szramkiewicz，*La Révolution française et la famille*，p.136.

④ 引自 Nadine Bérenguier，“L'lnfortune des alliances：Famille et roman au dixhuitième siècle”(Ph.D.diss.，Stanford University，1988)，p.27。

⑤ Jeffrey Merrick，“Patriarchalism and Constitutionalism in Eighteenth-Century Parlementary Discourse”，*Studies in Eighteenth-Century Culture* 20 (1990)：319，321，323.马瑞克教授应允我使用他在旧政权父权主义研究上的未发表结果，个人甚为感激。

亲的纵容宽大”来回应子民的要求，同时却要求国会为了国家整体的缘故，树立一个孝亲敬上的服从榜样。法王与其朝臣很快就掌握住好爸爸词汇的个中滋味，并坚持他们这一种解释运用。面对国会提出的异议，法王坚信议员们不可能自己“当家做主”，同时又对他效忠。[⑥]

国家权力与家庭权力，两个形象彼此纠结不清，恐怕在发展于18世纪的王印封书（lettres de cachet）一事上表现得最为明显。法王往往利用王印封书的方式，将任何有碍公共秩序者下狱或放逐。而父母也可以以家庭秩序与名誉为由，申请王印封书，不必经过公证手续，便将子女幽禁起来。[⑦] 终18世纪之际，不论是批评当局政策的一方，或王室官员，都对王印封书的滥用产生质疑。而王印封书之名本身，也逐渐充满了秘密与独断的意味。比方在1770年，马尔塞布（Malesherbes）就代表巴黎最高法院攻击王印封书的使用。他指责这种不循常轨的行政手段，容易造成权力的滥用：“陛下签署的命令，往往充斥着陛下您根本不可能知道的人名……其结果，大人，则是您治下的公民，无人能保证其自由不因私人恩怨而遭报复。”[⑧]

由于王印封书的滥用，许多人在巴士底狱受苦，这些不幸的人 20
将遭遇笔之于书，开始令大众注意到专制王权与专制家长权之间

⑥ *Ibid*.，p.326.

⑦ 关于18世纪前半时期的王印封书之实际使用情形，参阅 Arlette Farge and Michel Foucault，*Le Désordre des familles*：*Lettres de chchet des Archives de la Bastille au XVIIIe siècle*（Paris，1982）。关于反对使用王印封书的情形，作者则甚少着墨。

⑧ 引自 Frantz Funck-Brentano，*Les Lettres de cachet à Paris*：*Etude suivie d'une liste des prisonniers de la Bastille*，*1659－1789*（Paris，1903），p.xli。

纠缠的关系。米拉波(Mirabeau)因为与有夫之妇来往,闹出社会新闻,其父便借由王印封书的途径让儿子入监服刑。他如此描写他的父亲:"只肯听儿子敌人的谗言,却拒绝自己儿子的解释。所施的处罚,比法律的规定更为严酷。并用种种司法以外的手段,慢慢地把他牺牲掉。甚至连任何一名通情达理的主人,都不忍拒绝答应下人的事物,他也不肯应允他的儿子——天伦泯灭的惨剧,无法胜数。"⑨在温森(Vincennes)服刑期间,米拉波洋洋洒洒写了一大篇文字痛斥这种现象——《王印封书与国家监狱》(*Des Lettres de cachet et des prisons d'etat*,1782)。此文促成舆论的扭转,开始对王权与家权有不同的看法。米拉波向公众、也向父母们呼吁,意在向他们显示:"王印封书的使用,已经形成暴虐。"⑩

种种滥用事例,最后终于引起朝中大臣的关注。1784年,布雷特依(Breteuil)向所有监管人员及巴黎警察总监发出通告,提醒他们注意某些父母过度严峻的做法:"做家长的,有时候可能会不公平、过分严苛或轻易大惊小怪。我认为遇到这种要求(王印封书),除了父母亲本人的签字之外,绝对有必要包括至少二到三位近亲的连署才能认可。"⑪

法王的形象正在改造,变成一位慈爱的父亲;朝中对封书权滥用问题的注意,其实正属于这个"造父"动作的一部分。除了官方

⑨ *Lettres originales de Mirabeau. Ecrites au donjon de Vincennes, pendant les années 1777, 78, 79, et 80. Recueillies par P. Manuel, citoyen français* (Paris, 1792), vol.3, p.88.

⑩ *Oeuvres de Mirabeau*, vol.7, *Des lettres de cachet et des prisons d'état* (Paris, 1835), pp.10-11;强调之处为米拉波所加。

⑪ 引自 Funck-Brentano, *Les Lettres de cachet*, p.xliv。

的努力之外，这个新形象也以许多不同的形式出现。当国王的臣僚正不断找人绘制巨图，描写古典及法国历史的同时，民间也纷纷开始把路易十六与王后玛丽-安托瓦内特画入大众作品，作为美德与恩慈——亦即慈爱的好父母——的代表，完全摆脱旧有一味表彰王朝光辉的做法。[12] 因此，当法国民众走入 1789 年之际，他们
的心理早已接触了这种“国王作为慈父”的参照性歧义：好爸爸到 21
底是应该向子女要求独立的呼声让步呢，还是认为这些要求会损及幸福家庭与政治关系，因此坚决拒绝改变自己的身份地位？[13]

这份关于好爸爸的理想，透过各种不同的途径成形，从论述教育的宣传小册子，到感性的家庭场景图画，无所不在。新父子关系理念的衍生，其中最具影响力的一环，可能要属小说。小说的兴起，与大众对儿童以及更具天伦爱的家庭开始发生兴趣的心理现象可谓相辅相成。事实上，到底是小说之功促成了家庭以子女为中心，还是后者的兴起，使小说大受欢迎，孰因孰果，实在很难断定。随着社会对感性及个人自我本位主张(甚至包括儿童在内)日愈升高的强调，父亲这个角色势必发生质变。一个严峻、镇压型的父亲，显然与新兴的模式格格不入。新家庭的模式认为，家庭是抚育儿童的情感功能中心；新个人的模式认为，每个人都应该是自主

---

[12] William Olander, “*Pour transmettre à la posterité*: French Painting and the Revolution, 1774 - 1795” (Ph.D.diss., New York University, 1983), p.26.

[13] 路易十六意欲一洗父权统治形象，重塑其慈父风范，关于其举之失败，可参阅 Jeffrey Merrick, “Sexual Politics and Public Order in Late Eighteenth-Century France: The *Mémoires secrets* and the *Correspondance secrète*”, *Journal of the History of Sexuality* 1 (1990): 68 - 84。

自发的独立自我。

18 世纪的小说，焦点在男女个人与外在社会世界，尤其是与家庭压力之间的关系。触目所及，小说的内容难免塑造出一个又一个家庭罗曼史(或一系列的家庭罗曼史)。既然是虚构的小说世界，作家笔下便有了一份从容自由，可以探勘往往被政治论述压抑的某些社会层面：诸如爬升社会阶级的阶梯、改造自己、飞上枝头的梦想；父母子女之间毁灭性的冲突；乱伦的危险与诱惑，等等。因此之故，小说遂成为一个主要的出发点，循此引发了家庭作为权威基础的各种考量。

小说的地位在 18 世纪的法国愈形升高。这种现象显示，众人对个人身份认定的源头，以及个人与家庭的冲突越来越感兴趣。当然，这些小说的内容并不仅限于父子之间。若安·德·让的研究即曾显示，17 和 18 世纪之交的女作家们，如何将她们对婚姻一事的疑虑——婚姻，系作为一种社会契约而成就，或为实践个人理想而结合，两者之间所产生的各种冲突——化做笔下的小说世界。在这些
22 作品里面，问题所在，不是严苛的父亲，而是霸道凌虐的丈夫，以及站在他那一边的不公平的法律。[14] 同样地，18 世纪后半期最受欢迎的小说家之一，西科邦尼(Marie-Jeanne Riccoboni)笔下所扮演的暴君角色，也属丈夫与情人——而非父亲——行使暴虐的权威，施与专断的压制。男人“扮出一副好像生来就是强者的姿态，专门为指导、供应、保护那软弱、胆怯的女性。殊不知一直以来，正是他

---

⑭ Joan De Jean, “Notorious Women: Marriage and the Novel in Crisis in France, 1690 - 1715”, *The Yale Journal of Criticism* 4 (1991): 67 - 85.

们自己不断地侵袭女性，硬要她们胆怯，并借由她们的软弱获取利益”。⑮ 女作家先后发难，一波又一波抹杀父亲角色的趋势，也许可推葛拉芬妮（Françoise de Graffigny）脍炙人口的作品为极致——《一名秘鲁女子的书信》（1747）。书中主人翁紫利亚是一名印加女祭司，先后落入西班牙人与法国人之手。女主角紫利亚感情生活的中心，是她的“兄弟”阿哉，而她就是在两人原定成婚之日被掳。紫利亚的一生，是一个活在传统家庭模式之外的女人；自阿哉弃她而去，改投另一个没有乱伦关系的西班牙基督教婚姻之后，她就拒绝嫁给任何男人。⑯ 18 世纪的女作家们，似乎将法律与丈夫——而非父亲——视为一体，对父权一事似乎不大放在心上。

众人对家庭冲突的关注之深——不论是夫妻之间，或父子之间的冲突——从当时小说数量之盛可见一斑。1701 年的法国，新出版的小说有 8 部，1752 年为 52 部，1789 年则为 112 部。新作品的数量持续升高（然后在革命十年之间，却又开始衰落；其中原由，笔者在文后将会讨论。）⑰小说之所以在 18 世纪出现爆炸性的成长，各种解释纷纭，不过多数的看法都同意，好父亲的形象一般在

⑮ *Histoire d'Ernestine*（1765），引自 Joan Hinde Stewart, *The Novels of Mme Riccoboni*, North Carolina Studies in the Romance Languages and Literatures, no.165（Chapel Hill, 1976），p.104。

⑯ Janet Gurkin Altman, “Making Room for ‘Peru’: Graffigny's Novel Reconsidered”, in Catherine Laforge, ed., *Dilemmes du roman: Essays in Honor of Georges May*, Stanford French and Italian Studies, vol.65（Saratoga, Calif., 1989），pp.47－56.

⑰ 请参阅 Jacques Rustin, *Le Vice à la mode: Etude sur le roman français du XVIIIe siècle de Manon Lescaut à l'apparition de La Nouvelle Héloïse*（*1731－1761*）（Paris, 1979），p.20；关于革命时期，请参阅 Angus Martin, Vivienne G. Mylne, and Richard Frautschi, *Bibliographie du genre romanesque français, 1751－1800*（London, 1977）。

1750 年之后的小说中方始正式登场。但是即使在这段时期，父亲的面目也多属模糊不清；因为当他变成“好”爸爸的同时，他在故事中的分量也开始减轻。就这方面而言，男女作家的小说似乎开始合流：女作家对父亲的角色本来就着墨不多，到了 18 世纪末，即使是男作家也对父亲轻描淡写了。

23 自 1720 年代起，法国小说在父亲这个角色上展开了一场值得注目的演变。有些人固然认为，父子冲突的主题在 1725 年以前的法国小说里并不曾占有重要地位。[18] 但是这个题材绝对不新，为法国文学一向所固有。17 世纪的古典剧院，就对父亲冲突的题目有过众多卓越的演出。进入 18 世纪的上半叶，小说与剧场对家庭的描述都发生决定性的改变。在 18 世纪 30 年代、40 年代和 50 年代的小说里出现的家庭，是一个无序混乱的世界：或是女作家笔下的妻子，不堪再受丈夫的无理虐待，勇敢挺身对抗；或是男作家笔下的逆子起而犯上，向专横的父权提出挑战。[19] 以普雷沃(Prévost)、伏尔泰(Voltaire)、马里沃(Marivaux)诸文豪的作品为例，其中的家庭关系就往往充满了悲剧性，或至少布满了荆棘障碍。

反之，到了 18 世纪 60、70 和 80 年代的数十年间，强调感情面与良好家庭关系的“布尔乔亚剧”(bourgeois drama)开始声势日

---

[18] Paul Pelckmans, *Le Sacre du Père: Fiction des Lumières et historicité d'Oedipe, 1699 – 1775* (Amsterdam, 1983). 佩尔克曼斯(Pelckmans)的看法主要来自吉拉德。

[19] Rustin, *Le Vice à la mode*，尤见 pp.66 – 71，233 – 246。根据吕斯坦(Rustin)的观点，此类家庭冲突正是社会冲突的表征，迂回地表现出没落贵族的苦闷。此类小说十分热中于实际或象征的兄妹乱伦，根据吕斯坦的说法，此种题材表达出暴发户与投机者无法成功地进行社会整合。

盛；矛盾的是，这个时期的剧作与小说却也同时变得索然无味。显然，好爸爸缺乏戏剧张力，挑不起令作品动人心弦的大梁。首先，顽固的暴君改头换面，被驯化成爱心洋溢的慈父，有时候甚至还因子女吃苦受难。其次，一旦爸爸们重新定位，变成贤明、感性的新好男人，以全新的方式关爱他的子女后，小说世界里的爸爸就开始逐渐退位：他们消失了、不出现了、死了或干脆没有这号人物存在。各个小说里面的父亲，也许面目有异、身份不同，但是几乎都有一个共同特征：都属于一种矛盾、不明的角色。这一点，倒与 1789 年大风暴前夕路易十六本人的地位颇为神似。

至少曾有一位学者觉察到 1750 年后的法国文学对“家庭神话”做了一番重组。[20] 以往在（男作家执笔的）小说或戏剧作品中出现的那位压制型父亲不见了，新登场的，是一位慷慨——有时甚至遭受折磨的慈父，专门为他那不孝的子女吃苦受累。比方在狄德罗的剧本《一家之父》（1758）里面，就有一位既恩慈、又善良、又 24
充满感情的好爸爸，为其子的过错（不管是多么微不足道的过失）受折磨。《不幸的父亲》（1771）一剧里，狄德罗又描写一位被父亲逐出家门而悲惨度日的逆子；儿子的妻子安慰丈夫，提醒他其实父亲本人也因此而痛苦。[21] 巴库拉赫・达赫瑙（Baculard d'Arnaud）

---

⑳ Pelckmans, *Le Sacre du père*, p.322.

㉑ William F. Edmiston, *Diderot and the Family: A Conflict of Nature and Law*, Stanford French and Italian Studies, vol.39 (Saratoga, Calif., 1985), pp.73 – 74。艾德米斯顿（Bill Edmiston）提醒我注意狄德罗于 1758 年致西科邦尼的一封信函。其中，狄德罗解释当时的喜剧结构：“我们的喜剧基础是什么？放眼望去，一桩桩婚事被父母、亲戚、孩子所阻挠，或因为热情、利益抑或是因为意料中的意外而一波三折。相反地，我们的家庭又发生了什么事？父母懊悔、孩子失望、家中充满了骚乱、猜忌、抱怨、争吵与恐惧。只要障碍未除，家中便少有欢笑，愁云惨雾。”注意语句中特别提及“懊悔”。Georges Roth, ed., *Correspondance*, vol.2, p.101。

那本拥有广大读者的作品——《情感的考验》(*Tests of Sentiment*,1770–1780)一书里面的众家父亲,更是除了一片好心,其他什么坏意都没有的好爸爸;就算或有严厉的时候,他们自己也同样很苦。充斥于普鲁斯特那一代人的悲剧型家庭主调,至此遂让位给两大家庭迷思里的一支:亦即那毫无矛盾冲突、洋溢着祥和氛围的幸福家庭——或纵有冲突,只要做儿子的痛改前非(或女儿,虽然这种例子较少),家园就立即恢复美满圆融。比方在马蒙泰尔(Marmontel)的《道德故事》(*Moral Tales*,1761)里面,就从来没有过任何问题,书中的家庭生活,是一首鲜有中断的永恒牧歌。而巴库拉赫·达赫瑙笔下的恋母情结,也都轻易化解,只要不孝的逆子承认罪过,一切便恢复正常。

但是父亲此角作为爱恨交织对象的任务,依然尚未解除,尤其当他在严父与慈父两个面目之间摆动不定时更为显著。将这种两歧感情的父亲类型,发挥得最有影响力者,莫过于德丹热男爵(Baron d'Etange),也就是卢梭《茱丽》(*Julie, ou la nouvelle Héloïse*,1761)一书里女主角的父亲——事实上茱丽之父,可能只是从暴君式父亲过渡到好爸爸一型的中间人物。在本书第一部那封有名的第六十三封信里,茱丽对克蕾儿描述她父亲是如何怒责她的母亲,因为后者随便就让一名不知来历名姓的男人进到他们家里。茱丽插嘴劝父亲平一平气,却被他一时光火打了一拳。护女心切挡在中间的母亲,也因此受了丈夫一击。晚餐桌上,男爵想与妻子修好;饭后又把女儿拉来抱在膝上。父女两人都落了泪,茱丽形容这亲子和好的刹那,是她一生中"最开心美好"的时刻。茱
25 丽的父亲可能体会到硬派的严父作风无益,不如换作几许温煦慈

蔼的和风，却能获取他所要的效果：也就是女儿听话顺从。从他始终不改初衷，坚持不准女儿嫁给圣普霍，即可见一斑。但是他为什么改变作风，换作和缓的态度，此中意义何在，一般评论家的看法颇有歧异。有人认为这反映传统父权的式微；有人却以为这不过新瓶旧酒，徒然转换手法，目的依然在行使旧有的权威结构。[22]

各家意见的分歧，固然无须深考，但却值得寻思，因为这种异同现象直指核心，与笔者在整个研究里面所采取的阐释角度有密切关系。文学批评界似乎有一个共识，认为真实的、生物性的父亲，在18世纪后半期的小说里开始消失，取而代之者，却被描绘成新好爸爸，完全以慈爱关怀治家，不再基于那不容置疑的绝对权威。笔者则以为，这是整个父性父职，以及所有权威关系之表现的重大转移。严守弗洛伊德派阐释路线的人士坚称，父亲角色的消失，不但不曾消除父权的存在，反而更加提高。[23] 借用弗氏的说法，我们永远逃不脱、解不下"对父亲的渴慕"。我不同意，因为这种理论不但有违历史事实，而且有过于简化之嫌（凡事都可以套用这个标准答案，都可以解释成反映着我们对父亲的渴慕）。我更希望证明，这种向好爸爸模式转移的现象，对绝对性王权造成了根本的致命打击。茱丽的爸爸也许如愿以偿，可是那只是因为茱丽本人同意这么做。在这封重要的书信里面，她两度提及父亲因为打

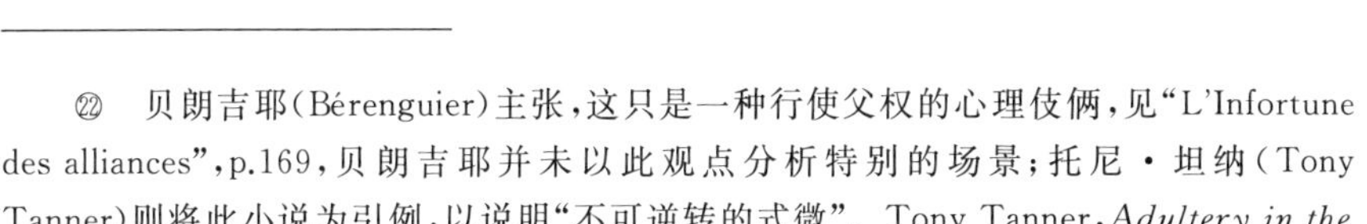

[22] 贝朗吉耶（Bérenguier）主张，这只是一种行使父权的心理伎俩，见"L'Infortune des alliances"，p.169，贝朗吉耶并未以此观点分析特别的场景；托尼·坦纳（Tony Tanner）则将此小说为引例，以说明"不可逆转的式微"。Tony Tanner，*Adultery in the Novel*：*Contract and Transgression*（Baltimore，1979），p.143.

[23] 要详细阐述该观点须先读懂弗洛伊德、拉康和福柯的著作。请参阅Bérenguier，"L'Infortune des alliances"，p.xxiii。

了女儿而深感愧疚。[24] 茱丽听他的话，照他的意思而行，主要在她自己“愿意”，所以事情的枢纽，在她而不在他。

然而，在家庭中作为母亲及女儿的女人，地位却不见得因小说与戏剧作品将家庭关系感性化而必定提高。以马蒙泰尔作品中的女孩子为例，她们凡事听父母，纯洁、谦谨，生活中的不幸从不是她
26 们所造成。巴库拉赫·达赫瑙笔下的好爸爸们身旁，则是天生就具慈爱善良美德的好妈妈们。[25] 在婚姻大事的航道上，女儿们寻求母亲的保护指引，母亲则靠女儿为伴。[26] 反之，如果这种理想关系不存在，就像拉克洛(Laclos)小说《危险关系》(1782)中的例子一般，全家人的名誉都受到危害。而且，母女的关系再良好，做父亲的也不能因此自动增光，一如德丹热男爵，他必须自己努力，当个好爸爸才成。

殊不论这些小说戏剧里的美满家庭，到底反映了几分社会真实，当时会出版并流行了这么多以此为主题的作品，就足以显示法国人对父亲这一角色的兴趣越来越为浓厚；同时期的英美两国，也有同样的趋势。[27] 比方说 1780 年代期间，布里索(Jacques-Pierre Brissot)就曾振振有词，辩解他为什么会对催眠术发生兴趣：“我们这些不幸做爸爸的，每天忙于工作，对孩子来说，根本等于没有这

---

[24] Jean-Jacques Rosseau, *Julie ou la nouvelle Héloïse* (Paris, 1966), pp.147 – 153.

[25] Gillbert van de Louw, *Baculard d'Arnaud: Romancier ou vulgarisateur: Essai de sociologie littéraire* (Paris, 1972), pp.80 – 83, and S. Lenel, *Marmontel: Un homme de lettres au* XVIIIe *siècle* (Geneva, 1970; originally published 1902), pp.270 – 273.

[26] 关于母亲的形象，可参阅 Bérenguier, “L'Infortune des alliances”, pp.175 – 187。

[27] 关于美国和英国的情形可参阅 Jay Fliegelman, *Prodigals and Pilgrims: The American Revolution against Patriarchal Authority, 1750 – 1800* (Cambridge, 1982)。

个人。靠着催眠，我们才可以再度成为父亲。”[28]可见依 18 世纪的标准，做父亲的必须关心儿女，才是合格的好爸爸。

除了强调父亲对儿女的关心，18 世纪的小说也越来越注意儿童的角色。比方在马蒙泰尔及巴库拉赫·达赫瑙这两位作者广受欢迎的作品里面，儿童一角即占有重要地位。不过这些角色的作用，主要在象征其他某些事物；身世命运悲惨可怜的儿童，往往可以勾起无限感伤的氛围。[29] 孩童代表着无邪、情感、单纯；家庭，而非童年，才是一切动作的焦点。因此 18 世纪的小说，几乎没有一本以描述童年本身为主要情节。[30] 与父亲发生冲突的子女，虽然本人尚未结婚，却都已经是成人了。

但是到了 1750 年之后，开始有男女作家专为儿童读者创作了。这一批以说教口吻为主的新兴作品类型，可以以《儿童之友》(*The Children's Friend*)为代表，先后有褒曼夫人(Le Prince de Beaumont)执笔的 60 巨册，以及伯砍(Arnaud Berquin)的 24 册；前者分别在 1750 至 1770 的 30 年间出版，后者则出版于 1782 至 1783 年间。但是总的来说，1780 年代以前出现的儿童读物，很少涉及儿童心理，只是散漫地收集了许多故事、对话、戏曲，而且都充

[28] 就像引自 Robert Darnton, *Mesmerism and the End of the Enlightenment in France* (Cambridge, Mass., 1968), p.96 的一样。

[29] 可参阅 Patrizia Oppici, *Bambini d'inchiostro: Personaggi infantili e "sensibilité" nella letteratura francese dell'ultimo Settecento* (Pisa, 1986), pp.40 - 44 简短但却极佳的说明。

[30] Adrian P.L.Kempton, "The Theme of Childhood in French Eighteenth-Century Memoir Novels", *Studies on Voltaire and the Eighteenth Century*, vol.132 (Oxford, 1975), pp.205 - 225.

满了道德腔调。书中儿童的年龄或性格，也交代不清；儿童角色的说话用字，更显然缺乏童趣，一派矫揉造作。总之，1750年后创作的众多有关儿童的小说，其主要目的，都在发展有关教育方面的理论，而不是由内部探讨儿童角色的心理——如卢梭的《爱弥儿》（*Emile*），以及若利夫人（Madame de Genlis）的《阿黛拉与席尔道》（*Adèle et Théodore*），这两部深具影响力的作品，对儿童角色的具体描写几乎微乎其微。[31]

第一部让儿童以儿童立场担任主角的法国文学作品，是《保罗与维琴尼》（*Paul et Virginie*，1788）。[32] 作者圣皮埃尔（Bernardin de Saint-Pierre），虽然也步卢梭及其他18世纪下半期众多伤情派作家的老调，借儿童一角儿象征人世的无邪与纯洁一面，同时也绝对使用了这本小说发挥他对教育一事的看法，但是与此同时，小人儿们在书中的地位却决不仅限于此。书中从保罗和维琴尼的小时候开始详细写起，而他们的成长过程，一路走来对人生、世界的学习体察更是全书的核心所在。因此，这一类小说之所以在革命年代大受欢迎，其中部分原因，也许正出在这种新的创作角度：从儿童观点考察儿童成长。儿童不再作为一种附属品，或以其他事物的象征出现；而是被视为一个具有独立存在身份的个体。

儿童人物的行动自主性，在革命时期的小说里越来越受到正视，同时并行者，尚有父亲一角儿作为传统大家长地位的式微（如

[31] 本节之观点主要引自 Adrian P. L. Kempton, “Education and the Child in Eighteenth-Century French Fiction”, *Studies on Voltaire and the Eighteenth Century*, vol.124 (Oxford, 1974), pp.299－362。

[32] 这是 Oppici, *Bambini d'inchiostro* 一书中的论点，第35页。

果父亲这个角色，依然有幸在书中幸存的话；如《保罗与维琴尼》一书就完全没有父亲大人的影子）。甚至在以儿童的教育一事为主的小说里面，这种父亲角色日愈稀薄或不知何在的现象也早已变得相当显著；因为在这些作品中担任传道授业的人物，几乎都属于男教师或女家教（至于《阿黛拉与席尔道》，则系由母亲大人亲自出 28
马）。孩子的爸爸呢？完全没有他的份。[33] 有人也许会说，男教师的角色，基本上就有代替父权象征的作用，也许是。但是父亲的权威竟然被人取而代之，此事本身岂不正显得意味深长？下一步——许多革命期间小说采取的下一步——则是连师父也不见了，小孩子自己靠自己学习（请参见第六章）。

父亲一角儿的泯灭，还可以从另一处看出蛛丝马迹：当革命领导人物讲到自己的童年往事，也往往不闻父亲占有任何重要地位，而母亲大人的影响，却铭刻极深。丹东（Danton）、巴纳夫（Barnave）、孔多塞（Condorcet）、马拉（Marat）、巴巴鲁（Barbaroux）、圣茹斯特（Saint-Just）、拉雷韦耶埃-雷波（Larevellière-Lépeaux）诸人，都曾以激动的口吻谈及少年时得自母亲的教诲，却很少提及父亲发挥过什么作用（当然，其中有些人是孤儿）。[34] 与感伤派作品读者的想法一样，这些政治人物也认为，幸福家庭的感人场景之中，都有一位慈母坐镇。布里索的心事，也许根本正反映当时普遍的感受，认为爸爸们的转型（成为纤细慈爱的好父亲）似乎不大成功。

---

[33] “对儿童文学与教育类小说做通盘研究后，我们发现所有作品中都有位时时出现的教师角色。”Kempton，“Education and the Child”，p.361.

[34] Pierre Trahard，*La Sensibilité révolutionnaire，1789－1794*（Geneva，1967），pp.35－36.

一向以高压治家的父亲，逐渐慈眉善目地宽厚起来，接下来甚至变成若有似无的背景；相对之下，母亲一角儿却显然更具感情，而小孩子的面貌也越来越有意思。这些文学角色上的变化，都显示法国小说在18世纪的发展，根本上具有反父权、反家长主义的潜质。罗伯特(Marthe Robert)在她极具影响力的小说起源研究里面，主张“小说有两种写法：一是现实派的混血小流氓，顽强地与世界正面对抗；另一则是弃儿派，既无对抗经验也无对抗手段，只有靠逃避或否认以回避正面的冲突”。请注意，两种选择不论哪一种，都没有父亲的权威在其中直接作用。

根据罗伯特的看法，小说一物，标示弗洛伊德笔下的家庭罗曼史逐渐从个人的梦境走入文学的世界。原本只属于个人的幻
29 想——自己真正的父母，其实是王公贵妇，并不是此刻坐在饭桌前的农夫农妇或小店老板——如今以文学语言的方式，实现了自我社会地位攀升的梦想。[35] 小说作为一种文学类型，正是记载弃儿与混血儿们如何为自己在世上取得一席之地。而且，他们并不只是光做白日梦，徒从梦中求得出人头地的安慰。罗伯特认为，社会流动性在18世纪开始提高的这项事实，加强了美梦成真的可能性；以往只能做梦想象的事情，如今成为真实，因此也可以引笔述之。如果说，小说作为一种文学形式，根本上是关于攀爬社会阶梯必备的“自发与独立意识”，小说的主人翁，就难免是一些无父可怙的孤儿了。马里沃的《玛丽安娜的生活》(*La Vie de Marianne*)是

[35] Marthe Robert, *Origins of the Novel*, trans. Sacha Rabinovitch (Bloomington, Ind., 1980), pp.37, 88 - 89.

18 世纪影响力最深远的小说之一，成于 1730 年代，就已经开始充分利用这种叙事利器了。[36]

圣皮埃尔的小说《保罗与维琴尼》，综合了法国小说在 18 世纪的多线发展，成为轰动文坛、广受欢迎的成功作品。此书成于法国大革命的前夕，故事发生在当时相当普遍的小说场景：一处世外桃源的岛屿，故事主线则环绕着青梅竹马两小的一生。小说里的保罗和维琴尼，都没有爸爸。故事行进的动力，正来自两个无父家庭的挣扎努力，如何与天堂般岛屿外面的世界奋斗。小说一开始，小说家就先说明背景，为什么两家都没有父亲，仿佛以后一切的情景都因此而发生。维琴尼的爸爸，由于不是贵族，被女方家庭反对，只好带着年轻的妻子来到这个法兰西岛（今毛里求斯），在故事开始之前，即于某次出门采购奴隶途中死于马达加斯加岛。保罗的母亲玛格丽特则是来自法国西北布列塔尼半岛的农家女，被她贵族出身的爱人始乱终弃。两个没有丈夫的女人结为邻居，誓言要让自己的孩子享有"爱的愉悦与平等的幸福"。[37]

没有父亲的乐园小岛，背后似乎隐隐暗喻有一层乱伦的威胁。30
两家母亲共同把孩子抚养长大，保罗与维琴尼几乎就等于兄妹一般："于是两个没有其他任何亲族的小人儿，在作为好友的双方母亲怀里轮流抱拥长大，两小之间，充满着更胜一般兄妹手足的温柔

[36] Nancy K. Miller, *The Heroine's Text: Readings in the French and English Novel, 1722 - 1782* (New York, 1980)。罗伯特假设所有的弃儿与私生子都是男性角色，米勒则颠覆了这项假设。

[37] Bernardin de Saint-Pierre, *Paul et Virginie*, ed. Jean Ehrard (Paris, 1984), p.119.

图 3　版画：两位母亲与婴孩，出自圣皮埃尔的《保罗与维琴尼》(1788)。
图片来源：法国国家图书馆。

情愫。"[38]与此同时，自襁褓开始，两人就已注定成为夫妇。维琴尼向保罗细析，他们之间的爱是一种天然的情分："哦哥哥呀！……你问我，我为什么爱你；可是，凡是一起抚养长大的，不都会相亲相

---

[38] *Ibid.*, p.119.

爱吗？你看我们的鸟儿，它们不也像我们一样，始终相互为伴吗？”[39]话虽如此，维琴尼自己却觉得有点问题：“这个可怜的女孩 31
儿，对哥哥的爱抚感到非常困扰。”[40]

因此，作家笔下的两个无父家庭，既优美动人，同时又具悲剧性。这个由女性主导的小世界，因两位母亲带来了鲜活的生命力，自然美好善良，虽然物质上时有匮乏，但是这个世外小岛的美满世界，至终还是因双方原有的亲族关系而遭拆散。维琴尼赴法投奔姨婆，打算日后继承遗产之后，再重归故里，回到保罗身边结为连理，并帮助她在岛上的家人。可是修院的学习生活不合她的脾性，再加上她不肯嫁给姨婆安排的对象，继承权也因此被取消。在返回小岛的路上，她不幸死于海难。

《保罗与维琴尼》在 1788 年出版，再版之繁，超过革命十年的任何小说，从 1789 到 1799 年之间，一共出现了 30 种不同版次。[41]作者写信给他的表亲道：“我一年起码收到 500 封讨论这本书的来信。”[42]在 1806 年插图版的长篇序言里，圣皮埃尔指出，自《保罗与维琴尼》面世之后，多部文学戏剧作品的题材都以此为本。许多父母，也依剧中两位主人翁为儿女命名。更有许多首饰、摆设的设计，系取材自小说中的场景。[43] 但是这部作品为什么如此畅销，原

㊴ *Ibid.*, pp.156－157.

㊵ *Ibid.*, p.158.

㊶ 我的论点和结论主要是基于 Martin, Mylne, and Frautschi, *Bibliographie du genre romanesque français*。

㊷ 引述自 Jean-Michel Racault, ed., *Etudes sur Paul et Virginie et l'oeuvre de Bernardin de Saint-Pierre* (Paris, 1986), p.13。此小说在 1815—1840 年间更为流行。

㊸ *Paul et Virginie*, ed. Ehrard, p.30.

因并不清楚。它综合了众多不同类型小说的特色，包括类似《鲁滨逊漂流记》式的荒岛求生文学、旅游纪事、乌托邦幻想。全书流露出一股卢梭式的感伤氛围，几近于通俗小说甜蜜哀伤的风格。[44]行文虽然充满了田园牧歌的美感，整部小说的家庭剧色彩却显然极为强烈。一开始，两位父亲就不在场，设定了故事的背景；最后的悲剧收场，则肇因于继承纠纷所造成的家庭失和（姨婆决定取消女主角的继承地位）。

32 但是，《保罗与维琴尼》并不是革命前唯一以无父孤儿为主角的小说。首开孤、弃儿通俗小说流行风者，是多明尼（Fançois-Guillaume Ducray-Duminil）的头几本小说，如《洛罗特与范芳》（*Lolotte et Fanfan*，1788）以及《亚历克兹》（*Alexis*，1789），这股风气，一直延续到革命的十年间。《洛罗特与范芳》在 1788—1810 年的十几年内一共再版十次之多，《亚历克兹》在 1789—1818 年间也再版七次。[45] 这些小说将家庭的戏剧人生推到舞台中央。多明尼在《亚历克兹》一书的序言里，即表示他的文学品位来自其“文化开明”的母亲。[46]

在《洛罗特与范芳》里，一名遭到海难的英国贵族，在一处海边醒来，发现两个身穿兽皮的小兄妹站在他身边探看。一如圣皮埃

---

[44] 可参阅 Jean-Marie Goulemot，“L’Histoire littéraire en question：L’Exemple de *Paul et Virginie*”，in Racault，ed.，*Etudes sur Paul et Virginie*，pp.203 - 214 中的说明。

[45] Martin，Mylne，and Frautschi，*Bibliographie du genre romanesque français*.对《洛罗特与范芳》的一篇令人满意但却毫无事实根据的评论，请参阅 *Journal général de France*，no.117，27 September 1788。

[46] *Alexis，ou la maisonnette dans les bois；Manuscrit trouvé sur les bords de l’Isere，et publié par l’Auteur de Lolotte et Fanfan* (Grenoble，1789)，vol.1，p.ix.

尔的小说，这部作品也着意刻画当地的习俗与自然风光。可是故事的发展主轴，却在一个情节极其复杂的家庭身上。洛罗特与范芳之所以被弃荒野，是因为家庭关系的恶化，在这四大卷书，一千多页，历尽无数千奇百怪的冒险之后，这一家人终于奇迹似的与英国贵族一家共同获得重建。《亚历克兹》一书的色调则比较阴暗，全书充斥着神秘信函、私生子女、双重身份、谋杀事件。亚历克兹是一名十来岁的男孩，被出身世家的父亲抛弃，全书主要情节即在描述亚历克兹努力寻找父亲的经过，结局亦与洛罗特与范芳一般，以喜剧收场。

圣皮埃尔与多明尼两人的作品对比分明：前者具有牧野风情，却带悲剧色彩。后者黯晦、荒芜、诡秘，最后却皆大欢喜。这项分野颇具启发性。圣皮埃尔借世外小岛的牧歌风情，反照欧洲文明的偏见，尤其要打击欧洲社会一向对阶级、财富以及那些其实毫无用处的所谓知识的看重。以这个没有父亲的小小世界为背景，他用一支利笔对世俗大肆挞伐；恍惚仿佛只有父亲一角儿（以及父亲所代表的人际社会）完全消失之后，才能产生乌托邦的理想境地。但是在此同时，无父的社会最终却以悲剧收场，一脉烟火断绝。反之，多明尼的小说固然也有几分社会批评色彩，骨子里却完全不属乌托邦的理想派。洛罗特和范芳两人，连同他们新找到的保护人 33
父亲角色——威利，一心一意只想早日脱离荒岛、寻访家人。虽然日后重回小岛居住，但却发生在小说最后几页，且系因不得已而为之，而且此时的他们都已经与家人快乐团圆，洛罗特及范芳两人也分别找到门当户对的配偶。因此最后的放逐并不具悲剧性，因为父亲们已经各自归位，血脉也获得延续。

而且，洛罗特、范芳、亚历克兹三个人都是出身名门贵胄。就这层意义而言，三个故事颇有弗洛伊德家庭罗曼史再加一层反转的妙趣。他们不必靠幻想来希望生身父母的身份远比自己所处的境遇高贵，因为事实上他们的确就是贵族家庭的子女，小说的情节发展，也以恢复他们真正的身份地位为走向。因此，他们的问题不在父亲的身份低微，却在做爸爸的野心太大，不能照顾到儿女的需要。洛罗特及范芳的问题来源，更可以向上回溯两代。他们的祖父要儿子娶他们中意的对象为妻，儿子却违抗父旨偷偷结婚（婚姻对象是18世纪小说中最常见的父子冲突之源），并携妻儿出奔，打算到查尔斯顿避居，却因不幸受伤，船未起航就被带下船去。做妻子的，在旅途上也因故被迫弃下儿女，于是一连串的行动就在故事的情节中展开。

某位英国教士认为这本书告诉我们，做儿子的不应该不听父亲的话；在此同时，却也反过来数落这位祖父的不是：“他批评做父母的企图心太强，在子女的事上只考虑利益、地位。”他主张父母应该做子女的“知己”“朋友”：“用冷淡处罚，以友谊奖励，其效用远比威胁、恐惧为大。”[47]换句话说，这部小说是一本好爸爸纲领；当漂流到荒岛的威利开始将洛罗特、范芳纳入自己的保护照顾之际，他正变成了这样的一位好爸爸。

34 因此，在大革命的前夕，父亲这个人物在文学作品里可谓依然身份未定。保罗和维琴尼以悲剧终了，因为他们没有父亲。洛罗

㊼ *Lolotte et Fanfan ou les aventures de deux enfans abandonnés dans une isle déserte.Rédigées et publiées sur des manuscrits anglais, par M.D.** du M*** (Paris, 1788), vol.4, pp.171, 173.

特、范芳、亚历克兹终获幸福,因为他们找到了长久失散的父亲。然而或悲或喜,这些革命前夕作品所描述的家庭,都陷在某种危机之中;而危机也都由父亲引发,或是反抗自己的父亲,或是遗弃自己的子女。多明尼广受欢迎的小说,似乎有一个假定:造成危机的父亲可以重新被改造,也可以再度被寻获。反之圣皮埃尔小说的力量则较深沉有力,拒绝这种"渴求父亲"(弗洛伊德语)的心态;却探索无父世界可能达到的结局。但是可注意者,却是所有这些作品里的事件、动作,极大分量是在无父状态下发生。因此就某种意义而言,18 世纪的法国小说,几乎对国王的命运预先做了宣告;甚至可以说,因为这些小说,理想好父亲的观念广为传布,造成了国王地位的式微。再后来父亲面目的逐渐模糊,至终对王权政体的专制基础造成致命打击。

更有甚者,在当时其他比较次要的小说类型里面,也常常不见父亲踪影。某部佚名的情色小说《法国孤儿冒险记趣》又名《某某公爵致某某男爵夫人书信集》(*Interesting Adventures of a French Orphan, or Letters of M. the Count of ***, to Madame the Baronness of **, by M. ***, 1789),主要情节系描写这名年轻贵族的性教育探险经验,同样也利用父亲不在场的设计。这个年轻人从来不认识他的母亲,父亲去世也毫无任何感情流露。[48] 整本小说综合了逸乐游荡及对家庭专权的反击,主要情节就是在讲述作为孤儿的主角如何努力恢复家产(此时这些财产正被他野心勃勃

---

[48] *Avantures intéressantes d'un orphelin françois, or lettres de M. le Comte de ***, à Madame la Baronne de **, par M. *** (1789)此书应在海牙出版,但其书名页上列出一名在巴黎与凡尔赛的书商,此名书商亦是王室的书商。

的监护人叔叔无度挥霍散尽)。做叔叔的打算强迫14岁的侄子当学徒学做假发(一般家庭罗曼史架构的逆向运作),小侄儿连忙逃掉,与一名女侯爵发生了一段情(他称她为“我亲爱的妈妈”)。但是一场韵事却因女侯爵忽然香消玉殒而匆匆结束。最后孤儿获得胜利,财产、身份两皆恢复。

不论是真正或暗喻(如此处“我亲爱的妈妈”的例子)的情况,乱伦的可能性在18世纪小说里始终隐隐地威胁着。有人认为,乱
35 伦的主题背后,代表着主人翁不管是弃儿、混血儿(通常是小说中的英雄原型),还是一般的社会暴发户,这些在边缘的“冒险者”永远没有纳入主流社会的可能。[49] 就这个观点而言,“冒险者”每次想要建立某种社会关系,背后都暗存有乱伦可能的威胁,因为他或她不知道自己的身世由来。姑不论乱伦主题代表的社会意义(这一点在以后章节将予以讨论),乱伦的发生都系出于血统关系的不明,尤其是父系的不详。以《保罗与维琴尼》里暗示的乱伦关系为例,就是因为两家都没有父亲,造成两位母亲在非常亲密的生活环境之下一起抚孤长大。

1789年出版的书信体小说《私生子》(*The Illegitimate Son*),将乱伦主题带向一个合理、真切的结局。主角于勒(Jules)直到14岁时,才发现原来自己出身贵族,并不是一名农家子弟(这是革命前夕流行的贵家子弟蒙尘的家庭罗曼史的另一个版本)。他是世界上“最可怜的人,一向孤独,永远在人群里迷离流浪”,因为他全

---

[49] Rustin, *Le Vice à la mode*, p. 240. 吕斯坦说明探究乱伦主题之必要性,见p. 240, n. 50。

身心都用在发掘自己的身世之谜。[50] 他知道自己的父亲在当年正要和他的母亲结婚之际就不幸亡故;他还知道自己一生下来就和同胎的孪生妹妹分离。在他四处流浪的日子里,爱上了一个年纪比他长的女人,这段情的唯一结果,却只是及时发现原来她是他的母亲。为了不让他母亲现在的丈夫知道她有一名私生子,于勒遁入修道院逃避,在这里,他又爱上了苏菲。直到两人发生关系,苏菲发现自己怀孕之后,他才恍然她是他长久失散的双胞胎妹妹。在他居住的寺院小室里面,婴儿方才落地,这对不幸之人的罪行即被发现,并面对了宗教法庭的审判。直到最后一刻,总算在两人的母亲,以及于勒忠实的友人杜赫默伊及时的援救下才幸免于难。重逢的一家,遂一同渡海赴英国流亡。

本书与其他在萨德之前的作品,几乎都对乱伦一事采取同样的观点,亦即不知者无罪。乱伦的爱人无罪,因为他们在事情做出来以前并不知道彼此之间的关系。这本小说里的兄妹二人,愿意为自己的行为负责,共同将孩子抚养长大(他们也答应再不犯乱伦 36
罪行)。此处再次显明,父亲的缺席造成儿女在世上的流荡,损害了他或她建立真实社会关系——将外人带入自己家庭圈中——的可能。因此,甚至在革命发生以前,小说家就已经开始探索没有了父亲的人间将会有何结果。

父亲的角色在大革命爆发前数十年间的绘画作品里也遭到动摇。当时小说、戏剧作品普遍存在的中产阶级的伤感趣味,同样也表现在格勒兹(Jean-Baptiste Greuze)在 18 世纪 50 至 70 年代所

[50] *Le Fils naturel*,之前被误认为是狄德罗所写(2 vols,Geneva,1789),vol.1.p.22。

发表的作品里。格勒兹画中的主题是为人子女者为作品贯穿一种道德意识。格氏的作品可分为两大主题：一类是描绘好爸爸与一家人享受天伦之乐——如 1755 年的《读圣经给儿女听的父亲》(*The Father Reading the Bible to His Children*)，以及 1761 年的《待嫁村姑》(*The Village Bride*)；另一类则表现父子间的冲突。他最着迷父子权力冲突的主题，曾根据旧作(1765)创作双子作品《父亲的咒诅》(*The Father's Curse*)与《遭罚的儿子》(*The Son Punished*)，受到狄德罗力赞。狄德罗曾于 1765 年的沙龙聚会中，评论格勒兹是法国第一位“寓主题意识于艺术，其事件性生动处直逼小说”的画家。[51] 这些以《圣经》中的浪子回头故事为蓝本绘制的画作，题目虽然吓人，强调的却是做儿子的过失，而非父亲的专横。儿子受到的惩罚，是不得见父亲最后一面：终于回家的那一刻，正是老父断气的刹那。因此，危及一家和睦的罪魁是自私的子，而非独断的父亲。这与狄德罗笔下因儿子不肖而受苦的父亲有异曲同工之妙。[52]

37 一般而言，18 世纪后半期法国的沙龙画作似乎越来越多以权力地位动摇的老头子入画。格勒兹就画过一幅《酒醉的父亲返家》(*Return of the Drunken Father*，1780?)，以及《遭子女遗弃的父亲之死》(*The Death of an Unnatural Father Abandoned by His Children*，1769)。以逆子为主题的作品出现频率越来越高，其他

---

[51] 引述自 *Greuze et Diderot*：*Vie familiale et éducation dans la seconde moitié du XVIIIe siècle*，由 des Musées d'Art de la Ville de Clermont-Ferrand 所收藏(Clermont-Ferrand，1984，p.13)。此份目录强调格勒兹对教育与家庭生活的重视。

[52] 关于格勒兹作品及其他 18 世纪画作中的父亲形象，让-克劳德·博内(Jean-Claude Bonnet)有不同的诠释。见“La Malédiction paternelle”，*Dix-huitième siècle* 12 (1980)：195－208。博内强调父亲形象的持续力量，以及 18 世纪作家(如布列塔尼的雷蒂夫(Rétif de la Bretonne))对该形象的挪用。

常常出现的画中人尚包括年老眼瞎的俄狄浦斯，以及被查士丁尼大帝放逐流浪行乞的老将贝利萨留。这一类引人同情的年老无依形象，根据某一派的说法，系表达一股被压抑的对父亲（并延伸至对一切既有权势）的敌视情结，并为革命之子将原有父亲家长的权势内化并进一步转型为国家权力之路预作准备。[53] 弗洛伊德式的解画法是否正确，固然见仁见智，当时这些绘画作品的风气走向，却的确显示父权正陷入重大危机。

大革命前夕出现的两帧最有名的画作，对父亲地位的表现尤其暧昧，亦即雅克-路易·大卫的《贺拉提之誓》（*Oath of the Horatii*）和《扈从们归还布鲁图他儿子的尸体》（*Lictors Returning to Brutus the Bodies of His Sons*）。这两幅作品的内容，并不能阐释为对父权有任何直接的攻击。前图描绘众子在父亲面前立誓，后图里的父亲则为了共和国的利益，必须牺牲自己亲生的儿子。两部作品里的父亲，都显得强健严正，充分展现男性的优点。

但是作品背后，却深埋着家、国之间的冲突，有时甚至有无法两全的忧虑。在《贺拉提之誓》这部作品里，做儿子的兄弟三人，必须弃置自己通过婚姻产生的情分（画面右方的众女子代表着这层关系）。在后面一幅画里，做父亲的则必须抑制天生的亲子之情，以保卫新的共和国。更有甚者，图中的父亲系以父亲的身份行使权力，毁去了自己的子嗣，消灭了他自己作为父亲的身份。在这里，父职与国职似乎是两份不可两全的天职。两个故事中有多少 38
情节、时刻可供他取材，画家却偏偏挑中这两个最令人想起国事当

[53] Carol Duncan, "Fallen Fathers: Images of Authority in Pre-Revolutionary French Art", *Art History* 4 (1981): 186－202.

前父子关系如何保全的一刻为他作画的对象。

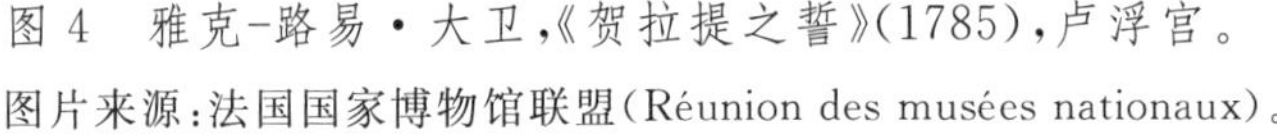

图 4 雅克-路易·大卫,《贺拉提之誓》(1785),卢浮宫。

图片来源:法国国家博物馆联盟(Réunion des musées nationaux)。

两部作品还表达了另一个讯息,也就是如今儿子可以与老子争锋,尤其在对父亲的权力产生威胁一事之上,两人的地位相埒。[54] 反之,父子间在国家的架构下纵有潜在冲突的可能,这些作品描绘的

---

[54] Thomas E.Crow 提出,在《贺拉提之誓》一画中,"选择儿子的角色来展现身体政治学,子与父站在同一个平面上,美德不再专属于年长者,反而在胜利的号角响起时传承于年轻人"。参阅 *Painters and Public Life in Eighteenth-Century Paris* (New Haven,1985),p.213。亦可参阅 Joan B.Landes,*Women and the Public Sphere in the Age of the French Revolution* (Ithaca,N.Y.,1988),pp.152 - 158。下文将倚重引用克罗(Crow)与兰德斯(Landes)之观点。

内容，却是作为同性的男人，通过他们之间彼此的情分，向国家效 39
命，并发展出男子间的情谊，与一般的两性家庭关系有别。画面中两性判然有别，可以在画布上截然一分为二，各据一方，预示着共和政体下两性的分野。当时画评人士即指出这项二分法的特色。有人为《扈从们归还布鲁图他儿子的尸体》作评道，这个构图，标示了一种崭新的手法："富有男性气概、严厉肃杀、震慑人心。"[55]值得注意的是，这种两性间的分化，在以政治父子关系为前景的作品中尤其强烈，似乎表示父子之间在"公"权力上的争斗，势必也延及家庭空间，在"私"权力上造成某种程度的重新分配。

因此，大革命前的画家与小说家们，或着墨于父子关系的紧
张，或从父亲不在开始写起，不饬对父亲的权力打了一个大问号。 40
这些故事、情节，基本上对父亲一角抱有爱恨交织的情结。1760年后，重点渐渐转移，至少不再强调对坏父亲的打压，开始转向呈现好父亲的形象，或进而探索父亲权力减弱或父亲不在场的世界。没有父亲的世界，呈现出来的常常是一个有问题的世界，无父的儿女在世上漂流，寻找自己在社会上的立足点，一路上还随时冒有乱伦的危险——乱伦，正是凸显其身世地位不明于极致的表征。但是在这样一个危机重重的家庭氛围里，有一件事却是百分之百的肯定，那就是专横压制的父权绝对不被容许，不被接受。

革命时代的立法者们就是在以上这些绘画、小说作品的时代氛围之下长大。1789 年后，这批人开始采取措施，在法律上限制父权的范围与行使。政治上的专制，以及家庭中的父权，同与旧政

[55] 引自 Robert L. Herbert, *David, Voltaire, Brutus and the French Revolution: An Essay in Art and Politics* (New York, 1972), p.41。

图5　雅克-路易·大卫,《扈从们归还布鲁图他儿子的尸体》(1789),卢浮宫。

图片来源:法国国家博物馆联盟

权有着不可分割的意识纠缠,于是打击专制,势必波及过度的父权。一系列向"家长暴政"(1790年时议员语)挑战的立法行动,逐步减缩了父亲的权力,诸如建立家事评议庭取代过去父亲对子女拥有的独一行动权,降低法定成年年龄规定,常规化子女脱离父亲的辖制,立法管理遗产的分配以限制遗嘱片面的意志等。最后,还有一项极其重要的规定,就是建立全国性强迫义务教育的政策。

首先第一步,制宪会议向王印封书及长子继承权开刀,这两项"恶法"曾在旧政权下引起最多争议。长子继承的规定一向被视为构成贵族身份的根本权利，将一家所有的头衔及大部分的土地都传给长子，对次子以下的众儿女（包括女儿在内）显然极不公平，因此备受非议。至于王印封书，更在1789年呈递的陈情书里广受抨击，被认为是一种专横暴虐的手段，不过当时某些由第三等级及贵族提出的陈情书，对于全面废止王印封书一事却有所保留。[56]
1790年3月，长子继承权法及王印封书同被议会废除。[57] 41

1790年8月，新设的司法组织法成立了家事评议庭，专司听审父母与20岁以下子女的争讼。[58] 立法会议希望借由评议庭的成立，将原本由父亲一人独断的权力，改由较广泛的亲族聚议，因此可以促进家庭生活的民主化。此时还是大革命的初期，政府的公权力并未介入，家务归家务，家庭的问题，交给家人组成的评议庭处理。制宪会议的代表们希望透过这些改革，一扫旧家庭中专制封建的气息，却同时维系家庭制度作为社会基石的任务。1791年4月，立法会议向家庭改革的目标更迈进一步，宣布在没有遗嘱的状况下，遗产应由各继承人共同均分。[59]

立法会议一路除旧布新，不断进行改革，务要破除旧有的家长特权。这项努力，是一个大计划的一部分，也就是不但要在个人与个人之间，也在个人与国家之间全面建立契约式的关系。于是问

[56] 关于此事可参阅 James F. Traer, *Marriage and the Family in Eighteenth-Century France* (Ithaca, N.Y., 1980), pp.140－141。

[57] Emile Masson, *La Puissance paternelle et la famille sous la Révolution* (Paris, 1910), p.255.

[58] 大革命时期有关家事法的情形可参阅 Philippe Sagnac, *La Législation civile de la Révolution française, 1789－1804* (Paris, 1898); and Traer, *Marriage and the Family*。

[59] Masson, *La Puissance paternelle*, p.168.

题的症结来了:到底什么是“个人”(individual)? 相关的疑问,尚包括成年到底应该定在几岁? 1792 年 7 月,在一场有关成年年龄规定的讨论里,有人主张:“如果儿女是在自由的身份下敬他爱他,而不是在为奴的地位下敬他畏他,身为父亲的人应该会觉得比较有面子。”[60]1792 年 8 月,宣布成年儿女不再受父权的管辖控制。9 月,成年年龄的规定降至 21 岁。

一连串立法措施的最后几项里,包括 1792 年 9 月 20 日成立
42 的离婚法,[61]规定离婚之后,女方对儿女拥有与男方同等的权利;但是在婚姻关系里面,母亲的权利依然居于父亲之下。这项新法,是基于另一项宣示而成立,亦即婚姻系一种民事契约,因此在相关的管制条件之下,可以予以解除。这项法令的条文指陈,行使离婚的能力“衍生于个人的自由权。若容许任何永久性约束存在,自由权势难保全”。[62] 如果,男女两性都属自由立约的个人,就都也有权利在法律规定的条件下,解除他们的婚姻合同。在这项假设前提之下,如今经自由人通过契约而结成的联合,取代了过去由父亲大权独揽的大家长制家庭,成为新政治体下的基本单位。

但是随着自由立约人模式而来的,有两项不同的问题有待解决。一是契约自由权的范围到底涵盖多广? 另一是及于女性的部

[60] *Ibid.*,p.217.

[61] 关于离婚,尤其是大革命之前的离婚法的讨论,请参阅 Candice E. Proctor, *Women, Equalily, and the French Revolution*, Contributions in Women's Studies, no. 115 (New York, 1990), pp.87 - 101。

[62] 引自 Francis Ronsin, *Le Contrat sentimental: Débats sur le mariage, l'amour, le divorce, de l'Ancien Régime à la Restauration* (Paris, 1990), p.110。龙森分析了有关离婚问题的各项争议,并提供了许多有用的文件。

分应予几何？如果说，契约观念及于财产的自由，那么在遗产的分配上，个人应该也有充分自由；政府又有什么立场，坚持他一定得平均分配才行？（至少，在没有遗嘱的状况下）平等与自由，孰先孰后？对于这个问题，立法者坚持扫除父权的大原则，认为法律务必防止任由父亲独断遗产的分配。[63]

诸如此类的紧张矛盾，先天上就难以避免。因为“个人”，这项革命性的新观念，在定义上仍相当暧昧不明。个人，被设想成一名自由人（特别是一名已成年并拥有经济独立的男人）；但是与此同时，这名自由的个人也应该服从公共意志（general will）。[64] 女人的问题更大：她们是否拥有同样的自由权？基于契约关系下双方平等的信念，早期的立法者们规定：遗产的均分，应该包括女儿在内；而离婚的诉请，女方也有同等的地位。在家务上，男女看来是平等了；但是在国事上，他们却不愿意授予妇女同等的公民地位。

女人，既然不是奴隶，在定义上当然也是公民，但是她们却无 43
权投票，也不准出任公职。不过在大革命初起的几年里，妇女地位论依然属于公开的未定议题。1790 年间，孔多塞甚至可以大声疾呼：如果把妇女排除在权利平等的原则之外，这项精神就等于名存实亡；“要不，全人类没有一人拥有真正的权利，要不，全人类人人都该拥有相同的权利。任何人，无分宗教、肤色、性别，如果反对另

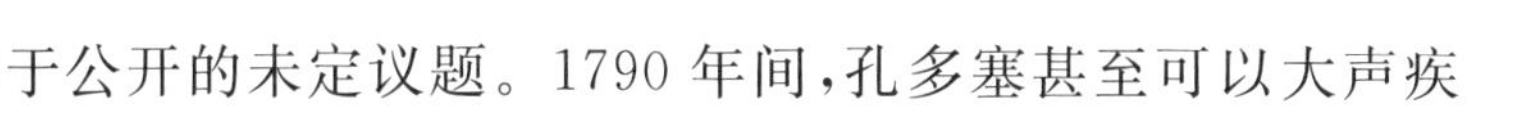

[63] Traer, *Marriage and the Family*, p.159.

[64] 关于这种紧张和矛盾，请参阅 Elisabeth Guibert-Sledziewski, “L'Invention de l'individu dans le droit révolutionnaire”, in *La Révolution et l'ordre juridique privé: Rationalité ou scandale*, actes du colloque d'Orléans, 11 – 13 september 1986, vol. 1 (Orléans, 1988), pp.141 – 149。

一人拥有同样的权利，在他提出反对的一刻，就已经放弃他本身的权利了。”[65]有关妇女地位的问题，一直到1793年的大辩论时期才获得比较确定的结论（请看第四章）。

革命性的立法，以及各项随之而生的争论，其实只透露了众代表在正式场合愿意表达的意见。对于父亲的法律权力，以及新起的政治运作模式，立法者们其实另外还有想法。他们一再重申自己的信念：好父亲是维持社会秩序的重要角色；他们推动法令的制定，也着眼于消除或牵制“不良”的父亲，但是他们并不打算一举将父亲的权力全部泯除。同样地，在那革命的最初几年里，他们也无意把国王的权力全部废除。他们希望法王也洗心革面，从此答应做一个好爸爸。

从图像资料里面，我们可以循索出法王作为好爸爸形象的起伏变化。[66] 至少直到1794年止，比起正式的画作及小说，各式版画及漫画作品更能得风气之先，迅速反映出父亲及兄弟形象的变化——不论别的，起码这些作品的制作就比较不费时间。大革命的
44 头两三年里，偶然出现的政治父亲形象多集中在国王身上，明显地

---

[65] 引自 Dominique Godineau, *Citoyennes tricoteuses: Les Femmes du peuple à Paris pendant la Révolution française* (Aix-en-Provence, 1988), p.271。

[66] 我早期的观点乃引用“画像研究”的论点。我早期的观点刊载于“The Political Psychology of Revolutionary Caricatures”, in *French Caricature and the French Revolution, 1789－1799*，加利福尼亚大学及法国国家图书馆为了展示之便而将它编入目录中(Los Angeles, 1988)；“Family Narrative and Political Discourse in Revolutionary France and America”, in *Quaderno 2: The Language of Revolution*, ed. Loretta Valtz Mannucci (Milan, 1989), pp.161－176; and “Discourses of Patriarchalism and Anti-patriarchalism in the French Revolution”, in John Renwick, ed., *Language and Rhetoric of the Revolution* (Edinburgh, 1990), pp.25－41.这些论文付梓前，我曾于洛杉矶、米兰和爱丁堡等地收到许多人对这些论文的宝贵意见，使我获益良多。

寄寓着一股寻得好父亲的愿望。这可称之为喜剧型父亲的矛盾。

在弗雷(Northrop Frye)已列经典地位的喜剧研究里,有一段文字叙述,涵盖了构成家庭罗曼史的诸多成分。根据他的说法,喜剧的情节进行,基本上系由某种社会关系进入另一种社会关系:"通常的情况是这样的:年轻男子爱上年轻女子,但是却受到某种经常来自父亲的阻力。最后剧终之前,由于某种情节的意外变化,男主角终于如愿以偿。"因此,结局往往是新的社会关系以男主角为中心而凝聚,并"常常以某种欢聚或喜庆"的形式展现于外。至于那个"绊脚石"人物——通常系由独断老派的父亲出任——也不会被拒门外,最常出现的结果,是与儿子(或众子)言归于好。[67]

有一幅版画,是描绘路易十六在练兵场帮忙准备 1790 年 7 月的联邦纪念日,正是弗雷界定下的喜剧类型的典型作品。在这里,父亲大人以标准的喜剧形式,依从儿子的要求。如今,路易已经可以以同等地位加入他的家人,再也不是高高在上的大家长。只见他不再闲站一旁指挥,却亲力亲为,与众人一同出力。而且他参加的这项活动,是为节庆进行准备;在喜剧的表现下,节庆的作用通常正是为了庆祝类此的父子言和。此处的好父亲,恰合 18 世纪国会的主张,以及多明尼等小说家预示的形象。

笔者认为,这幅作品所传达的意义并不只在描绘 1790 年准备的联邦纪念日这桩特定事件,甚至也不仅限于一种表征政治斗争自觉意识(比如建立君主立宪政体的努力)的记号。内中更有着一个家庭罗曼史的表述,描述出在大革命初起的这几年里,法国人对

[67] Northrop Frye, *Anatomy of Criticism: Four Essays* (Princeton, 1957), p.163.

图6　版画：国王在练兵场帮忙准备联邦纪念日（1790），《法国革命和布拉班特革命》（*Révolutions de France et de Brabant*）的卷首插图，no.36。

图片来源：宾夕法尼亚大学，范佩尔特-迪特里希图书馆，麦克卢尔收藏，特别系列（Maclure Collection, Special Collections, Van Pelt-Dietrich Library, University of Pennsylvania）。

国王亦君亦父的期待。除了这帧画作之外，当时尚有许多其他作品，也将路易十六刻画成慈爱的好父亲，或分发救济品给穷人，或与皇后玛丽-安托瓦内特及其幼子,一起观看民众筹备联邦庆典。[68]

奇怪的是,一般人的家庭却很少出现在这类描述庆典的版画 45
里面。虽然某些画面的确有小孩子跟着母亲(或甚至跟着父亲),
但是绝大多数都只有众多的成年民众,而不是一组一组地以一家
人为单位。[69] 即使有儿童,常常也只居于广大的成人群众边缘。46
因此有关联邦节日的作品,表现出自由思想运作下个人与国家的新关系。这个新关系,正透过制宪会议的立法行动开始生根立基:个人以个人的身份,通过契约,与国家取得关系(在此,这项契约关系,系以宣誓效忠的形式,亦即签约大典的最高重心表达)。家庭对社会依然重要,但是它作为政治基石的必要性开始动摇。作为家庭性父亲的父亲,其政治性的地位已告消失。

1791 年的沙龙公开展也表现了类似的创作趋向。展出的版画作品普遍以宣誓为主要内容,从 1789 年 6 月的网球场誓言(Tennis Court Oath)到 1790 年 7 月的联邦大庆不等。以后者为内容的作品,正如某帧作品的文字说明指出,显示“国中每一个人”,“各行各业的法国民众……拥有自由的平等人”。简而言之,画中人是社会最基本构成单位的个人,分别通过他们的誓言,而非他们的家庭或其他任何特别关系,与国家产生联结。

1791 年沙龙展还有另一项大创新,亦即肖像画的兴起。这类

---

[68] 关于 1789 年的“roi-père”和“bon roi retrouvé”的简要分析,请参阅 Antoine de Baecque,*La Caricature révolutionnaire* (Paris,1988),p.176。

[69] 这些发现乃基于我的版画研究:*Images de Révolution française/Images of the French Revolution*,coproduction Bibliothèque nationale et Pergamon Press (Paris,Oxford,1990)。

作品的数目不仅大增——从1789年的45件增加为1791年的210件——更由于许多贵族要人纷纷移居国外，作画对象也有显著转移。半数的画中人名姓不详（如“男子头像”），有名有姓者也多为议员、政府人员或其他公共人物。[70] 宣誓场景与人物画大行其道的现象，同时加强了当时对公共生活面的个人而非私人生活面的家庭人（或父亲）的强调。而且，凡有公共角色出现的画面，几乎千篇一律，都是男性。

这股以独立的个人作为画中主角的新风气，与另一股继续表现国王作为好父亲的主题勉强地共存着。制宪会议最后几次变法新招里有一项系请法王颁赐一幅他将宪法交与皇太子的画像，[71]
48 由当时创作最丰的肖像画家拉比-居亚尔（Adélaïde Labille-Guiard）受命绘制。可是1792年初，却有报载指出，雅克-路易·大卫已经受邀进行同一任务。两位画家，却始终都不曾完成任何以此为主题的作品，但是雅克-路易·大卫却的确画过好几幅画，显示贤良的父亲路易教导儿子有关革命的道理。待得1792年春，这一类与“旧政权同声一气说教”表扬家庭道德的画面，显然已经不再合乎时宜了。[72]

大革命初期的几年里，某些人依然不改初衷，继续支持并出版以好爸爸为主题的感性小说作品，比方说马蒙泰尔，即于1790到

---

[70] 关于1791年的沙龙展，我主要参考了 Olander，“*Pour transmettre*”，pp.196 - 222；the quotation is from p.203。

[71] *Ibid.*，pp.222 - 236.

[72] *Ibid.*，p.231.奥兰德（Olander）并未强调个人主义与家庭形象的比较关系，但他对画作与版画的评论对我助益匪浅。

图 7　1790 年 7 月的联邦大庆，《法国革命和布拉班特革命》的卷首插图，no.34。

图片来源：宾夕法尼亚大学，范佩尔特-迪特里希图书馆，麦克卢尔收藏，特别系列

1792 两年间，在《法兰西信史报》(*Mercure de France*)刊出他的《新道德故事》(*New Moral Tales*)。其中一部长篇作品名为《一名好爸爸的错误》(L'Erreur d'un bon pére，The Error of a Good Father)，记述范纳维尔(Monsieur de Vaneville)的悲伤际遇。这位父亲由于太忙于事业，竟然看不出他的继室正有计划地疏远他与亲生儿子之间的感情。作为儿子的亚历克西斯只好离家出走，为人牧管牲口；某日于阅读魏吉尔(Virgil)之际被人遇见而收留。然后经过一连串因缘际会的巧合，终于与及时发现自己过错的父亲重圆。

该作品中描述父子发生不和的一景，颇有警告爸爸们如果缺

图 8　版画：猪一样的王室家庭（1791?）。
图片来源：法国国家图书馆（Bibliothèque nationale）

乏感情、疏忽子女，会有什么样的后果："最后，我一手把他推开，他变得非常沉郁。"[73]1760 年代大力提倡家庭和睦的先知马蒙泰尔，到了此时也不得不承认问题必须面对，否则儿子一定会起来反抗。在他设想的世界里面，父亲（以及君王?）还来得及痛改前非，赢得儿子们回心转意。革命初期的小说凡是提到法王，通常都将他形容为好爸爸，像是"最温慈的父亲"等等。正如弗宏索瓦·马尚

[73] *Nouveaux contes moraux* par M.Marmontel（Liège，1792），vol 2，p.93.有趣的是，马蒙泰尔必须在法国本土之外出版作品全集。在 1792 年 8 月后，保皇党的出版品在法国销声匿迹。

(Francois Marchant)的小说《国民会议的佳行》(*The Good Deeds of the National Assembly*,1792)里的渔妇所道:“如果我们的好 49
国王——他,就是正义本身——在事情发生的时候,就听说有这些不公不义,一定早就还我们公道了。”[74]

于是1789至1792年间政治父亲的喜感形象开始慢慢销蚀。其中原因,不但出在政治气候的改变,同时也因为越来越多的版画作品开始用诋毁的手法贬侮皇家的形象。在这些作品里面,我们看见大家对好爸爸的期望破灭,爸爸因此被扫地出门。[75] 至于母
亲一角儿,也同样遭到排斥,而且多少有一点要她为父亲的失败负 50
责的味道,正如某部作品的色情画面所示:王、后两人在床,路易却不能举起的模样。画面下方的说明文字,虽然责怪路易本人欲振乏力,同时却也归咎于玛丽-安托瓦内特淫荡无度。只有在大家长式王权以及国王作为好父亲的两项传奇俱灭之下,一个在根本上截然不同的新政治家庭罗曼史才能成形。在这些作品里面,隐隐拒绝了一切与父亲和好的可能。在国王变成猪豕,甚至比他的臣民还要卑下之际(至少他们还是人),或在他不能克尽人事,为自己延续血脉的一刻,父上子下、君高民卑的传统差距,就已经完全泯没无踪了。

1791年6月,王、后出逃瓦伦,事发不成,被捕回巴黎。事件 51

---

[74] 引自 Malcolm C. Cook,“Politics in the Fiction of the French Revolution, 1789 – 1794”, *Studies on Voltaire and the Eighteenth Century*, vol.201 (Oxford, 1982), p.246。

[75] 关于这些画的进一步的分析,请参阅 Annie Duprat,“La Dégradation de l'image royale dans la caricature révolutionnaire”, in Michel Vovelle, ed., *Les Images de la Révolution française* (Paris, 1988), pp.167 – 176。

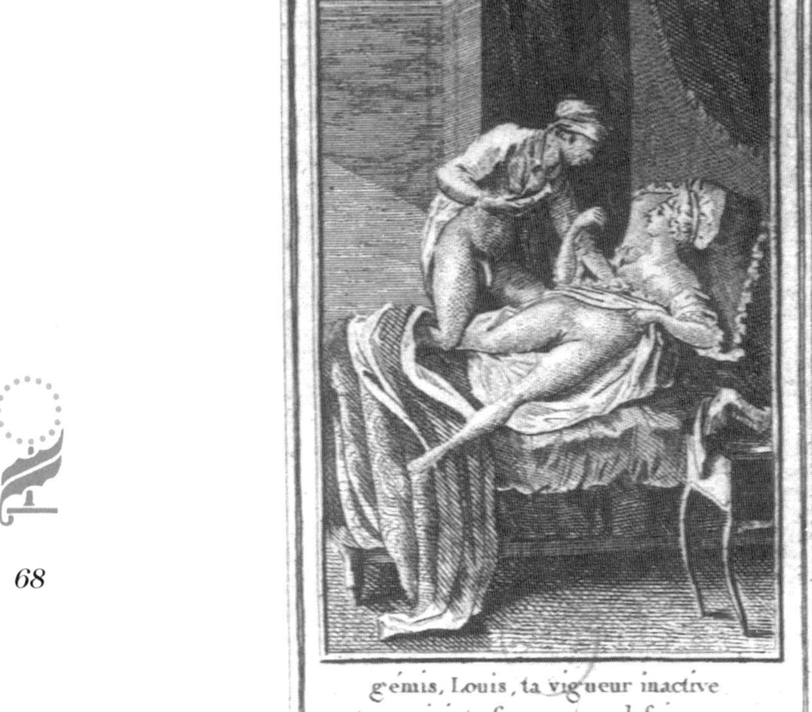

图9　版画：路易十六对玛丽-安托瓦内特的性无能，出自《奥地利的玛丽·安托瓦内特的放荡、丑闻不断的私生活(1793)》(*Vie privée, libertine, et scandaleuse de Marie-Antoinette d'Autriche* (1793))。

图片来源：法国国家图书馆

经过在画中被嘲弄到极点，是为君父形象展现从此幡然大改变的转折点。据某位保皇党评论人士的意见，这一类画作，当时在市面上颇有销路。他抨击另一部类似作品道：

> 在这段可悲可叹的时光里，好事之徒广布这一类令人恶心的恶画，令有感情的历史家大开眼界，证明法国人在革命之际已经完全失去人性……有的甚至骄横无理到犯渎天条，竟然以一车麦秸，以及最低贱的动物，来代表这高贵的一家。[76]

把王室一家画成猪——或其他任何列为低等的动物——用意何在，可谓一目了然。这是一种最直接的诽谤，因为猪是所有动物中最低贱的一种。当时至少有 15 种不同的版画制作，把国王画成猪只，德穆兰(Camille Desmoulins)更不放过任何让众人注意这个比喻的机会，他在报上写道："公民们请注意，某只肥猪已逃离土伊勒里宫(Tuileries Palace)，见者务必将之捕捉回笼。"[77]

1791 年末及 1792 年之际，嘲贬国王及王室的讽刺漫画开始大量涌现，好爸爸宣告不支。从《赶白痴下台》(*L'Idole renversee*)——画中一名国民自卫军、两名士兵、一名老军人、一名老百姓以及一个男孩，六人同庆某座路易十六的头像被毁——到以色情画面攻击皇后等等，所有作品的用意都是一样的。前述那位保皇派批评人士，将这些行为斥之为党派之争的所为，可是他使用的文字却意义深长……"共和派使尽力气……好将一把弑君的利剑，直入君王神圣的两肋……在这段可纪念的时期里'意指法王出奔瓦伦之事'，那支笔，那把雕刻刀，可谓无所不用其极，极尽侮辱、恐

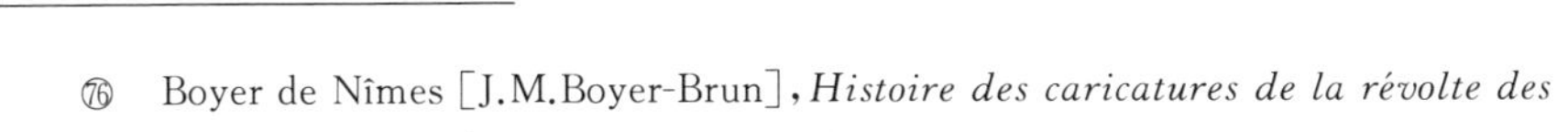

[76] Boyer de Nîmes [J.M.Boyer-Brun], *Histoire des caricatures de la révolte des Français* (Paris, 1792), vol.1, pp.203, 317 - 318.

[77] *Les Révolutions de France et de Brabant*, in de Baecque, *La Caricature révolutionnaire*, p.184.

怖、暴行之能事。”[78]在他眼里，这类画作等于为君主制度之灭、政
52 治父权之亡以及未来逆弑君父之举预备了道路。他所说的事当时还没有发生；这本评论于1792年出版，时在法王受审、被送上断头台处决之前。

这位保皇派的评论者一如柏克，都在查考一桩将王权神圣地位解除的大事，只是他系透过雕版的画作，而非更容易解读的政治行动作为分析追索的来源。国王不再是高高在上，一个堂皇威严、令一般子民遥不可及的大家长式人物。就某种意义而言，法王早已失去了他两个身体当中的一个：他像其他凡人一般，依然拥有一个会死的身体，但是另一个代表王权地位的不死之躯，却已经受到严重的毁损。

在这个失去的过程中，最关键的一步就是国王逐渐转型成好父母的形象。当1774年路易十六登基之际，这项转型早已发动多时，从早年法王与国会之间你来我往的口水战里，就可以看出究竟。及至1790年之际，转型工作全部完成，法兰西君主政权从此一路走下坡。就这层意义而言，暴虐之父的弑杀，早在国王本人被弑之前即已发生。正如革命前众小说及绘画作品所显示，众人早就可以想象一个没有父亲的世界。在这些虚构想象的形式里面，从父权控制之下解放出来的女性，她们的命运（以及随之而来的乱伦可能），作品中都已经提出讨论。如今弑父的行为真正达成了，无父的世界真正诞生了，这些议题的迫切性也更将提高了。

[78] Boyer de Nîmes, *Histoire des caricatures*, vol.1, p.87.

第三章　兄弟帮

1792年9月21日，法国正式废除君主制。格雷古瓦赫代表 53
(Deputy Henri Grégoire)做此说明："我们必须彻底消除国王这个字眼，因为这两个字，仍然带有某种麻醉人心的魔力。"[①]其衔既去，1793年1月，路易·卡佩其人亦遭处决。法国人将政治上的处死父亲，不但等于进行了一场牺牲大典，同时也揭开了兄弟结盟共事的序幕。1792到1794年中的一年半间，激进派制作的画片内容，充溢着一片由手足组成的新家庭罗曼史：在这一股新潮流中，只见兄弟、姐妹，母亲很少出现，父亲更是毫无踪影。在有系统、由官方主导的"灭迹"活动之下，政治父亲的影像完全抹除净尽，但凡与法国国王、皇室、贵族、封建有关的形象，一律遭到封杀。中央及地方官员，于1792年8月10日后迅即展开这项行动，到了1793年夏天更全面加速进行。

事后回顾，法王之死，似乎是注定的结果；可是当年新选出来的国民公会代表，事实上是在很勉强的情况下，一步步倒退到这个结论。1792年8月10日，民众再度起来动乱，反抗君主王权，随后

---

① *Moniteur universel*, no.266, 22 September 1792，叙述1792年9月21日国民公会的会议。

图 10　版画:1792 年 8 月 11 日在旺多姆广场和胜利广场的路易十四的头像被毁,出自《巴黎革命》第 161 期,1792 年 8 月 4—11 日。

图片来源:宾夕法尼亚大学,范佩尔特-迪特里希图书馆,麦克卢尔收藏,特别系列

立刻选出代表，9 月 21 日开议，紧锣密鼓，商讨法兰西应该采取哪一种新政体。第一步，先废去君主政治，这项决议很快便达成了。至于逊王该如何处置，却有很多疑难。[②] 1791 年的宪法明文规定，君王是“神圣不可侵犯”的人物，在这层宪法保护之下，可以审判他吗？如果可以，是该以国王还是平民的身份受审？又该由谁来进行审判？审判规定的程序又该如何？

国民公会开张之后的几周里，雅各宾党一再反对进行审判，主 55
张采取军事处决。日后出任公安委员会(Committee of Public Safety)委员的年轻代表圣茹斯特表示：“这个人，如果不是王，就是死。”既然“凡是做王的不可能没有罪过”，又既然“结合法国人民的这份契约，与这个王毫无关系”，此人就只能被视为一名“叛贼”“篡逆”“外敌”。[③] 不过，雅各宾党的看法并未被采纳，1792 年 12 月 3 日，公会决议大审路易，并由公会成员组成审判庭，并决议只要达成简单多数，就可以裁决。

审判从 12 月开始到次年 1 月，在这期间，代表们提起法王，从不说他是人民的父亲。受命起草罪状的小组，指控他是“一名暴君，专门阻挠、妨碍自由的发展，甚至不断采取新旧手段打击自由”。[④] 这段话，肯定是形容一个遥不可及、乖张邪恶的暴君，怎么

---

② David P. Jordan, *The King's Trial: The French Revolution vs. Louis XVI* (Berkeley, 1979) 本书是研究此问题不可或缺的指引。

③ 摘自 Michael Walzer, ed., Regicide and *Revolution: Speeches at the Trial of Louis XVI* (Cambridge, 1974), pp.120 - 127。在对判决和处刑的分析中，沃尔泽提出：“革命标示了政治父君的结束。不需要援引心理分析的理论，就可以将革命视作兄弟情谊对抗父君的成功抗争。当革命告终，独留兄弟情谊，不见政治父君。”(见 26 页)

④ *Moniteur universel*, no.348, 13 December 1792，叙述 1792 年 12 月 10 日国民公会的会议。

也不像是好爸爸误入歧途。代表们显然想拉开自己与路易的距离，才能气定神闲好好地审判他。

与此同时，他们也坚决以正常态度对待他，就像对待任何一名被控的普通人一般。审判庭上你来我往的问答，又把王权的神圣外衣褪去了好几层。路易亲自出庭，面对他的法官——一群由全国选出来的代表。当年英王查理一世受审，从头到尾一言不发，拒绝作答。路易则不然，他选择开口答辩，否认自己有任何犯意。对于每一条罪状，他都如此答辩："我一点也没有要人流血的意思""当时的经过、情况，我记不得了""这件事我毫不知情"。[⑤] 于是，所有的帝王尊严，很快地就一扫而空。

代表心中，都认定法王犯了叛国之罪；点名计票时，没有一人
56 投下反对票。但是罪行虽定，应该如何惩罚，众人却意见不一。该杀、该逐，还是该囚？是不是应该先问问人民的意见？该不该提出缓刑？1793 年 1 月 17 日，审判庭以 17 票对 16 票一票之差，决定将路易处死。19、20 日两天，又以大多数通过，决定不予缓刑，下令次日(1 月 21 日)立即行刑。

死刑台上，路易想把自己这一死界定为一种牺牲："我宽恕我的敌人，希望我的血，对法国人民能有裨益，可以平息神的怒气。"此时鼓声大作，打断了他的话。说时迟那时快，刽子手已经把他绑倒在地，并把脑袋锁定，断头刀一闪而下。事毕之后，刽子手高高举起这个君王的头颅。见此情景，群众一阵欢呼："共和万岁！自

⑤ *Ibid*.，叙述 1792 年 12 月 11 日的会议。

由万岁！平等万岁！”⑥

一场轰轰烈烈的大事完成，革命法国的反应却相当抑制。⑦行刑当天，弑君的代表之一，在巴黎的雅各宾派会所的代表只轻描淡写地说了一句：“今天，他（路易）总算还了这笔债。这件事就不用再提了，也算是有点人情味。人死了，恨也该消了。”接下来，就与其他会员改变话题，讨论勒佩尔蒂埃（Michel Lepeletier）被保皇党人暗杀一事。⑧ 在公会的议场上，当天议题也集中在同一被刺事件以及其他代表也被列入暗杀对象的谣言。丹东的发言足以反映在场多位代表的心情：“如今暴君既去，让我们把所有的精力情绪，都转到正在进行的战争上。”⑨

报纸新闻有责，自然不能坐视这桩大事不理。可是不论在巴黎或其他省份，报道的内容也都跟上述反应差不多。多家报纸都只在“巴黎报道”“巴黎市讯”等例行的专栏标题下面，原文照登政府的公告即告了事。⑩《综艺导报》（*Moniteur universel*）还呼吁， 57

⑥ Jordan, *The King's Trial*, p.220.

⑦ 这些看法的最初构想来自我的论文“The Sacred and the French Revolution”，载 Jeffrey Alexander, ed., *Durkheimian Sociology* (Cambridge, 1988)，第 25－43 页。

⑧ Deputy Bourdon, in F. A. Aulard, ed., *La Société des Jacobins: Recueil de documents pour l'histoire du club des Jacobins de Paris*, vol.4, *Juin 1792 à janvier 1793* (Paris, 1892), p.689.

⑨ *Moniteur universel*, no.25, 25 January 1793，对国民公会于 1793 年 1 月 21 日召开的会议做了一番报道。

⑩ 这项发现系基于 *Journal du département de l'Oise*, *Abréviateur universel*, *Courrier de Strasbourg*, and *Journal de Paris national*, among others。未令人感到意外地，吉伦特派的报纸对此特别持保留态度；请参阅：*Chronique de Paris*. See also Alphonse Aulard, “L'Exécution de Louis XVI et la presse française”, *La Révolution française* 82 (1929): 65－76。奥拉尔对这些刻板的报道也未置可否。

不要再去惊动路易的躯体:“在有德有情之人的眼里,人既已伏法,就有几分神圣的成分在内。凡是好公民,现在都应该转眼向前,把一切希望寄予未来。”[11]这一切反应,都一而再表示法国人应该往前看,不要再回顾这场戮事了。这种情况,似乎呼应了吉拉德的说法,亦即在牺牲献祭的过程里,需要有某种程度的不知不解在内:“主持仪式的人本身,并不了解、也绝对不可以了解,牺牲一事所扮演的真正任务。”[12]

只有最激进的报人,才进一步评论国王之死的意义。对任何题目都要尽情发表高论的马拉,写了一篇相当严肃的文字:“暴君的头颅,已经在法律的利刃下落地;这一击,已经完全推翻了王权在我们之中最后的根基。现在,我终于相信共和了。”接下来,他又把这场行刑比作一场“宗教庆典”,生气蓬勃,充满着兄弟博爱之情:“众人就好像刚刚参加了一场宗教盛会一般,庆祝自己从多年压抑的重担下解放出来,心中充满了友爱之情。众人一心,都仰首企望着一个更美好的将来。”在马拉眼里,路易最后的审判,是一件世界性的历史大事,对于其他欧洲专制君主以及各国尚未打破奴役锁链的人民而言,势必产生“深重”的影响。法国内外,革命的敌人都将因此“战栗恐惧”;法国亦将因此而充满活力。紧接着他又引用另一位代表的话,并深表赞许:“我们终于驶达自由之岛,也已经一把火烧去了载我们而来的船只。”君主制只能把国家带到一个地步,

---

⑪ *Moniteur universel*, no.23, 23 January 1793.

⑫ René Girard, *Violence and the Sacred*, trans. Patrick Gregory (Baltimore, 1977), p.7.

接下来，就必须破釜沉舟，把王权毁灭，然后才能往前更进一步。[13]

在往后的几天里，马拉意犹未尽，又大肆颂扬此事的伟大。那个星期一是永远值得纪念的一天："再见了，一切王位的荣华；再见 58
了，威风凛凛的崇隆；再见了，天子叱咤的权势。再见了，当执政者不能以德治国，当当权者令人民不悦，当在位者想要抬高自己，世间对他们的尊崇，也将从此不再。"这一切，只消一记重击，就大功告成；绵延了13个世纪之久的君主政权，一天就一扫而空；被众人奉若神明敬爱了15年的君王，变成暴君受到惩罚。谁曾预料到会演变成这种结果？马拉问道。他研究其中缘故，认为这场处决解除了权力所带有的神圣仪式性，同时也让人民更有机会接近权力。如今欧洲最主要的君王之一伏在刀下，附于王座的皇权魔力随之幻灭于无形；更有甚者，同时也等于对世上各种权力提出警告：从今天起，你要长记民之所欲，而且绝不可流露出你比人民优越的模样。马拉对法王之死的阐释，属于一种极端的愿望。[14]

一如马拉，笔者在第一章曾多处引用的《巴黎革命报》的普律多姆(Louis Prudhomme)也从这场死刑中看出宗教与仪式方面的意义：国王，一定要通过仪式解除；国家，才能通过仪式新生，成为共和国。国王，一定得是罪人中的罪魁，才能承担起举国所有的罪孽。普律多姆宣称："1300多年了，这个名列欧洲第一国的国家，同时也是最卑颜奴性的国家。"只可惜这场死刑举行的地点不是早先在联邦节启用的国家祭坛，因为如此壮举，应该有更多人到场观

---

⑬ *Journal de la République française* (one of the many variations on *L'Ami du peuple*), 23 January 1793.

⑭ *Ibid.*, 26 January and 27 January 1793.

看才是。“祭坛的场地大，将可以容纳更多群众一起来见证这个值得纪念的盛事。”[15]根据弗洛伊德派的解析，弑父之举在兄弟帮身上产生的罪疚感，“只有经过全体与事者的团结才能舒解。”[16]虽然普律多姆本人决不会因为杀掉国王而有任何犯罪的感觉（相反地，把国王杀了，才能把自愿为奴的罪过抹去），他希望有更多人参加的这个想法，倒是与弗洛伊德不谋而合。

59 普律多姆描写处决既毕，刑场上众人喧腾的光景以及众“兄弟”用国王的血祈福的动作，他提到现场有位目击者对此感到不妥，担心会让人联想到吃人族的景象：“我的朋友啊，我们在做什么？这些事都会被别人报道出来；他们会把我们描写成一群狰狞嗜血的土匪了。”但是普律多姆可不以为然，他辩驳道：

> 不错，我们就是嗜血，嗜独裁者的血，让他们去报道吧，如果你高兴，让全世界的人都知道也可以。法国人民已经沉默忍耐太久了，而且就是因为这个国家太懦弱了，才会让暴君胆大妄为……公理的一日终于光照人间。恶性既然如此严重，公理也必须同样可怖才行。[17]

普律多姆不断用到牺牲献祭的意象，为刑场上众人的行为辩护。唯有透过法王的血肉被众人吞食的隐喻（人民“嗜独裁者的血”），

---

[15] “Mort de Louis XVI, dernier roi de France.” *Révolutions de Paris*, no. 185, 19 - 26 January 1793.这是截至目前见报的最长篇弑君报道，共有30余页。

[16] *Totem and Taboo*, in vol.13 of *The Standard Edition of the Complete Psychological Works of Sigmund Freud*, trans James Strachey (London, 1958), p.147.

[17] “Mort de Louis XVI”

才能将法国人的地位由原本屈从暴君的奴隶，转换成英勇的共和人。这场戮事，不是残忍的食人恶行，因为它具有一种象征的仪式意义。通过牺牲的行为，众人与牺牲物产生联系：因为只有靠着他的一死，他们才能从此克服原本甘于卑微的旧习：只有借着大罪魁的消灭，全体的罪愆才能从此获得净化：只有将旧王吃进肚子，大家才能自己做王。

于是共和人士的心中充满矛盾，又想庆祝，又想忘却。即使那些想永远保持这场记忆的激进一派，也只能一再重复老调，把焦点专注在国王自身的罪孽上，对于弑君的后果却只字不提。对于某位代表呼吁，希望大家就让一切恨意随风而逝吧，埃贝尔(Jacques-René Hébert)仿佛有意反驳，特别在自己办的报纸《杜歇老爹报》(*Le Père Duchesne*)上写道："不像某些没用的家伙，我才不会说：'这件事，就让我们别再提了吧。'(某代表的话原文照抄)相反地，我们应该永远讲个不停，才不会忘记他犯下的一切罪恶，才能烧旺人心，永远保持他们对君王该有的厌恶。"⑱

坚持永远不忘的极端态度，也反映在一些死刑执行后立刻出
现的宣传小册子及版画图片之中。某本题为《路易·卡佩向地狱 60
报到》(*The Arrival of Louis Capet in Hell*)的23页小册子，画有一页路易提着自己的脑袋在地狱面对审判。地狱中的众神祇，则在一旁讨论如何"烧烤教皇"来吃。问案结束，路易被判由秃鹰啄食心脏，而每食之后，第二天心脏又会重新再生出来，好让他的痛

⑱ "Oraison funèbre de Louis Capet, dernier roi des Français, prononcé par le père Duchesne...", *Le Père Duchesne*, no.212.

苦永远不得超生。[19] 因此在激进派的笔下,并不回避处死路易中最恐怖的一面——也就是国王被砍断的脑袋以及背后带有的食人意味——尤有甚者,这派人还刻意强调此事吓人的程度。许多图片之中,最有名的一帧是维尔纳夫(Villeneuve)的断头画。国王断头的图像被大量印制,一定令许多人感到又怕又爱。因为断头本身,原可用来警惕其他君王,同时却难免弑父、食人、无政府混乱状态的联想。[20]

事实上,行刑之后,立即在法国境内出现的有关画片并不多。多数作品反而是在国外出版,而且是用作"反革命"的宣传。1793及1794年间,法国不曾为此事铸制半枚纪念章,虽然这是当时纪念革命大事极为普遍的做法。[21] 少数一张事后立即在法国出版的版画图片,是在一本八页的宣传册子里面,文字中承认,许多在场目睹行刑的群众,对处死国王之举是否明智感到有点犹疑。不少人表示:前王"地位神圣,人没有权利碰他"。

小册子的作者响应道,国王之死,系应所有了解"自由代价"的人的要求而生。死刑的执行是为全体人类复仇。[22] 极端派只有透

---

⑲ *Arrivée de Louis Capet aux Enters* (Paris,1793).莫里斯·图尔诺(Maurice Tourneux)对维尔纳夫有贡献:*Bibliographie de l'histoire de Paris pendant la Révolution française* (Paris,1890),vol.1,p.337。

⑳ 这幅版画与美杜莎的头及阉割的威胁有关。关于这幅版画的弗洛伊德式分析请参阅:Neil Hertz,"Medusa's Head:Male Hysteria under Political Pressure",*Representations* 4 (1988):27-54,especially pp.47-48。

㉑ 请参阅 Michel Hennin,*Histore numismatique de la Révolution française*,2 vols.(Paris,1826)。

㉒ *Décret définitif de la Convention nationale,qui condamne Louis Capet,le Traître,le Patricide,à la peine de mort...suivi des réflexions d'un Republicain* (Paris,n.d.)。

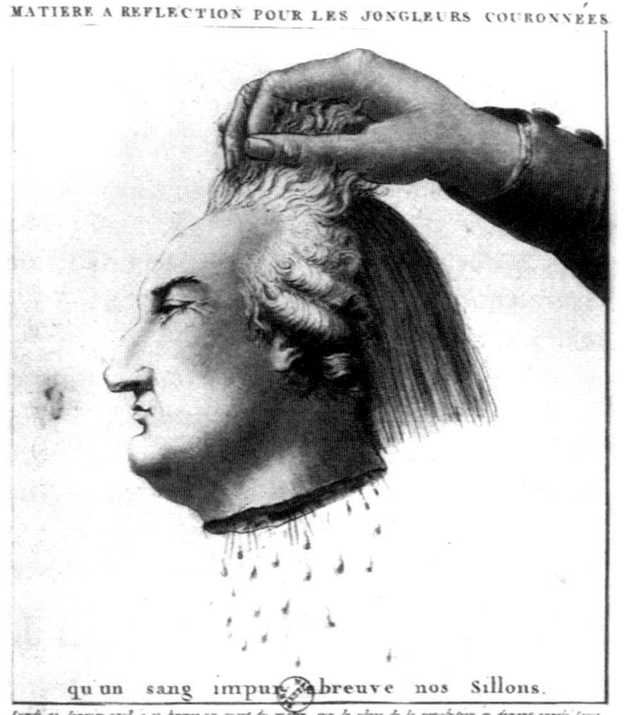

图 11　维尔纳夫的版画，“供皇家杂耍团参考”(Food for Thought for the Crowned Jugglers)(1793)。
图片来源：法国国家图书馆

过将国王处死并接受人民全体的神圣性，才能拒斥国王本身的神圣性。仪式性地献上法王以为牺牲，并象征性食其肉，是达成这场 61
神圣性质转移的主要手段。极端分子要大家一起来纪念这场事件，众人才不会忘记自己在这件行为里面同谋共犯的身份。

五年后，当时投票反对死刑的一位代表，提出他眼中所见此事的版本。梅西哀(Louis-Sébastien Mercier)坚持表示,巴黎并未因此事震慑得茫然不知所措;同时也强调处死国王一事的仪式性。当路易的鲜血开始喷流的刹那,在场的八千武装人众,都忍不住欣喜地高声大喊。有几个人还跑上前去,

> 将他们的指头、笔尖或纸片,沾浸到血里;有人尝了一口,说道:"哎哟咸死了!"断头台侧,还有一名刽子手正把路易的
> 62 头发扎系成束出售……人人都想取得他一小片衣服或任何血淋淋的玩意,好纪念这场悲壮场面。我看见许多人臂挽着臂,亲密地又笑又说,好像刚刚参加节庆回来一般。

接下来,梅西哀却表示,随着日子一天天地过去,"进一步的反思沉淀以及对未来的焦虑及恐惧,却开始日渐沉重,各种社交聚集场上都好像有一片乌云笼罩。"当初投票赞成死刑的代表们,现在都有点害怕了:"他们的内心深处,似乎感到某种忧惧,对某些人而言,几近一种后悔的心理。"[23]在他看来,许多代表一定有罪疚的感觉。

于是在彻底遗忘与永志不忘之间,在感觉有罪还是拒斥有罪之间,两极徘徊冲突的心态,随着大革命的进行始终持续不断。其中最值得注目的现象发生在次年,也就是 1794 年 1 月的周年庆上。对于应该如何庆祝,大家都没有任何计划,也没有任何动静,一直到该日子的前一天,1 月 20 日,才在巴黎雅各宾派的聚会上提出讨论。事实上,这种事先毫无任何筹划准备的迹象,正显示代

---

[23] Louis-Sébastien Mercier, *Le Nouveau Paris* (Paris, an Ⅶ [1799]), vol.3, pp.4 - 7.

表们内心的矛盾，到底该不该纪念自己做出的事情？会上某名会员提出一个办法，是典型转移目标的做法：公开颂读“人权宣言”并宣讲勒佩尔蒂埃被刺的经过以资纪念。另一名比较狂热的会员则主张，将当时所有正与法国交战的各国国君，全都扎成刍像抬上街去游行示众，然后再象征性地一一砍头处死。最后，众会员投票通过亲自出马，第二天同往公会，恭喜代表们勇气可嘉，创下审判国王的壮举。[24] 于是周年日当天，为回应雅各宾派的造访，公会也投票决定即兴庆祝，并一伙人浩浩荡荡一起出发前往行刑场地——革命广场而去。没想到到了那里，不巧却刚好碰上当天死刑犯在受刑，众人大感沮丧不已。

那位一年前即曾表示，希望雅各宾派别再重提往事的代表，现在更觉得如坐针毡。他在公会强烈抱怨，认为代表们根本是被人戏耍一场。为什么，他问道，什么时辰不选，偏偏就在代表造访的当儿，正好要处决那四名人犯？为什么要让代表们被这些犯人的血给污染？这根本是一个阴谋，打算让代表们看起来像嗜吃人血肉的“食人族”般：“我们是去庆祝纪念一个暴君的受死、一个吃人 63
恶魔的受罚；但是我们可不想被这么一种不忍卒睹的恶心场面，玷污亵渎了我们的目光。”[25]代表们不愿意以暴易暴，变成那名被自己定罪为“吃人恶魔”的国王一般。革命产生的暴力，将有解除这场仪式牺牲的效力的危险；如果情况不能控制，因牺牲而生的危机将永远不能度过，食人的暴行与无政府的混乱，必将威胁全体社群

---

[24] Aulard, ed., *La Société des Jacobins*, vol.5, pp.615 - 666.

[25] *Moniteur universel*, no.23, 4 pluviôse an Ⅱ (23 January 1794)，报道了雨月(pluviôse)3 日(1794 年 1 月 22 日)的会议，及布尔东(Bourdon)的演说。

的继续存在。

至于一般人对于这场“盛会”，从喜不自胜到漠不关心可谓反应不一。警方派出的人员报告，某处表演场的小姐们看到庆典之中，能有断头台加入操作特别感到满意：“如果断头台不曾加入活动，整个欢庆场面就有点美中不足了。”另一名则报告，众人见代表们竟然出席一场普通行刑，觉得极为反感。有人把责任怪到巴黎市政府的头上，谣传这场巧合是后者故意安排，在代表们到达广场庆祝路易十六之死的那一刻，正好执行四名人犯的死刑。此外在中央市场上，可以见到有人带着无头的草人来来往往，以志不忘路易断头的命运。又有一名警方观察人员报道，某些人觉得，单是“庆祝纪念”这个念头本身，就很不妥当，因为法国人应该把国王这回事完全忘掉才是。[26]

在法国其他各地，匆匆组成、带有食人意象的各种庆祝活动，却捕捉住无头草人的题目大做文章。许多人，尤其是一般民众，显然特别需要某种看得见、摸得着的实际物件，作为提醒、伴随他们庆祝的主题。在格勒诺布尔，两名男子打扮成希腊神话的大力士英雄赫克力斯，将路易、教皇、贵族等人的人像砸成粉碎。在里昂的庆祝会上，全身披挂虎皮的国王，端坐宝座之上，两旁分别是代表着贵族与僧侣的狼、狐；然后一只大龙，一把火喷出将全景烧得一干二净。随着这一类庆祝活动的消息向四方散开，其他城镇也
64 急忙赶上这场热闹，大肆展开自己的庆祝活动：公私建筑张灯结

[26] Pierre Caron, ed., *Rapports des agents secrets du ministre de l'Intéreur*, vol. 3,28 *nivôse an II – 20 pluviôse an II*; *17 janvier 1794 – 8 février 1794* (Paris,1943), pp.67 – 99;引自 67 页。

彩，各种革命剧目、轻松歌舞剧纷纷上演，大规模的筵席盛宴不断，抨击路易重大恶行的演说频频。只见各式各样的活动全部出笼，共为一件大事的周年添彩。㉗

代表们却不打算让这种即兴的庆祝方式年复一年地出现，因此他们正式设定常规的纪念办法，亦即法兰西末代国王周年祭。1799 年举办的一场庆典，就是典型由官方主办，井井有条，有组织、有计划的正式活动。没有侏儒、滑稽剧的表演，也没有任何象征或实质意味的暴力演出。早上 10 时整，一记礼炮正式揭开庆典序幕。11 点 30 分，身穿立法大礼服的代表们集于一堂，手执棕榈叶*，脚踩鼓乐声，一起步入议事厅。演讲台上，放着月桂花枝(civic laurels)装饰的律书，代表着法律“理应”已经取代了君父，成为权威的表征。整个庆典活动的中心是各项演说与誓言，对皇权与无政府状态同表厌弃(誓言内容每年不同，依政治气候而变。)长老院(Council of Ancients)主席的演说，通常都充满了典型的说教意味。他大声疾呼道，代表们今日齐聚一堂，不是为了一场刑台与刑罚的往事表示欢乐，而是为了要在一切生灵的心田里，深深地铭刻从那值得纪念的一日开始，就已经生发涌流的永恒真理。多数讲词，都提纲挈领，回述一部大革命史，一直讲到路易引颈受戮

㉗ Auguste Prudhomme, *Histoire de Grenoble* (Grenoble, 1888), pp. 640 - 641; Joseph Mathieu, *Célébration du 21 janvier depuis 1793 jusqu'à nos jours* (Marseille, 1865), pp. 54 - 55; *Discours prononcé dans le temple de la Rasion, à Strasbourg, le décadi 20 pluviôse, 2e année de la République françoise, une et indivisible; jour anquel on a célébré l'anniversaire de la mort du tyran Capet* (n. p., n. d.); *Abréviateur universel*, no.397.13 pluviôse an Ⅱ (1 February 1794)，报道了雨月 8 日在鲁昂(Rouen)的节庆。

* 棕榈叶象征和平。——译者

为止，并重新温习一遍他的罪状（又一次！）。因此，革命十年余下的岁月里，当局虽然认识到：的确有纪念这场赐予共和生命的暴力的需要，与此同时，却也不断地想要移转、封制并驱散其中暴力的成分。[28]

法王死后，代表们继续对父权的不当展开攻击。现在许多人
65 更进一步，不再只含糊地责备家长专制暴虐，却更确切地对父权之罪提出控诉，尤其是父亲对成年儿女拥有的控制权力。康巴塞雷斯（Jean-Jacques Cambacérès）在他于1793年8月提出的民法建议书中指出："理性发出的急迫呼声，如今已经为人听闻。理性的呼声说道，父权不可继续存在；依强制建立的权力是违反自然的行为。"[29]

革命人士打算要家事一如国事，让自由与平等在家中行使，一如自由与平等在国中行使一般。至于在家庭中，这自由与平等到底是什么，定义却不断受到修正。革命的立法人士很清楚自己反对的东西是什么：是家庭中专横暴虐的权力。贝利埃（Deputy Berlier）解释道："权力过度，就产生专制；专制，造成忿懑苦毒。于是我们看见的常常不是父慈子孝的天伦乐，却只是一名残忍野蛮的主子在上以及一名起来反抗的奴隶在下。"代表们希望，以贝利

---

[28] Corps législatif, Conseil des Anciens, commission des inspecteurs de la salle, *Programme de la fête qui aura lieu le 2 pluviôse de l'an 7, dans l'intérieur du Palais des Anciens, à raison de l'anniversaire du la juste punition du dernier tyran des Français*; Corps législatif, Conseil des Anciens, *Discours prononcé par Garat, Président du Conseil des Anciens, le 2 pluviôse an 7, anniversaire du 21 janvier 1792* [sic], *et du serment de haine à la royauté et à l'anarchie*.演说中包括一段对路易十六及查理一世的比较。

[29] Emile Masson, *La Puissance paternelle et la famille sous la Révolution* (Paris, 1910), p.227.

埃巧妙譬喻的“这种职责的温柔联系”，以及“这种律法不能强迫的情义特权”——换句话说，也就是两代以情谊联络，并相互承认对方权责——取代原有的专制统治。[30] 自由，保证个人的自治权利；而爱，则提供家庭的团结一致。

如何在父母与儿女之间保持这种新设的平衡关系，事实上并不容易，总有一种先天的吊诡存在。革命的立法将父亲的权力（以及教会的权力）夺去，至终却将其中一大部分授予了国家。[31] 立法者们要保证个人自由，可是为达成这项任务，却得靠国家的公权力拘束了专制父亲的私权力。国民公会在财产权一事上最为活跃，将早先相关的立法更向前推进了好几步。1793 年 3 月 7 日，代表们宣布在直系的继承次序上，所有继承人一律平等，于是平等原则不再仅限于未立遗嘱的状况。1793 年 10 月 26 日，平等原则更延

伸到所有旁系的继承关系，并追溯至 1789 年 7 月 14 日生效（虽然 66
财产拥有人还是有权处置直系继承里 1/10 的财产，以及旁系继承里 1/6 的财产）。

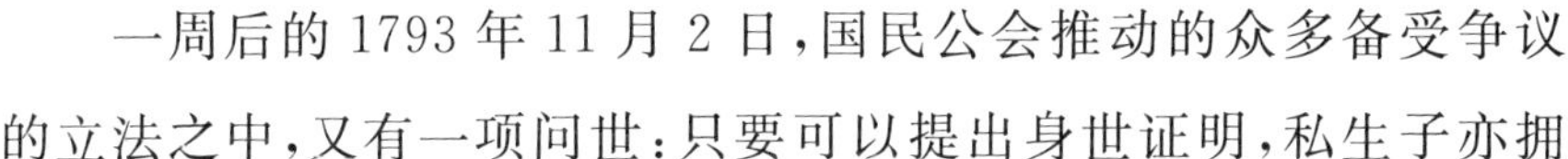

一周后的 1793 年 11 月 2 日，国民公会推动的众多备受争议的立法之中，又有一项问世：只要可以提出身世证明，私生子亦拥

[30] *Discours et projet de loi, sur les rapports qui doivent subsister entre les enfans et les auteurs de leurs jours, en remplacement des droits connus sous le titre usurpé de puissance paternelle, par Berlier, député de la Côte-d'Or* (Paris, 1793), pp.4, 6.

[31] 关于新的平衡状态请参阅 Pierre Murat, “La Pussance paternelle et la Révolution française: Essai de régénération de l'autorité des pères”, in Irène Théry and Christian Biet, eds. *La Famille, la loi, l'état de la Révolution au Code civil* (Paris, 1989), pp.390－411。不再强调革命时期立法情形的矛盾，则请参阅 Philippe Sagnac, *La Législation civile de la Révolution française, 1789－1804* (Paris, 1898)。

有同样的继承权，并且也回溯至1789年7月14日起生效。[32] 唯一的例外为通奸关系下出生的子女，只有权取得一般可得继承的1/3。法律并授权私生子女依法定程序，可以向不愿意承认亲生子女的父亲或母亲迫认亲子关系。一家之内继承权的平均分配，更在1794年1月6日严格的法令下贯彻执行，规定财产内可支配的部分，一定得由直系或旁系顺位以外的亲人继承。如此一来，国民公会等于经由立法，强制兄弟之间的平等。

于是国家社会开始向家事发号施令。如今私生子取得平等地位，遗嘱自由亦受严厉限制，种种立法企图，令某些法律学者达成一项结论：革命时期的立法人，一手解散并几乎毁灭了家庭制度。[33] 但是国民公会的成员当然并无此意，他们并不想把家庭毁了，但是他们却不信任它。在个人财产处分权、家庭长期利益卫护权，与为人儿女者的权利之间，孰高孰低，代表们显然偏爱后者，极力保障子女的权利。比方说，他们支持私生子的权利，认为如此可以消除不人道的杀婴恶习以及性道德上的双重标准："道德的敌人将渐少，激情的制动将渐增……终有一日，男人再也不能背叛一个过度信任的女子心肠。"[34]但是日后拿破仑时代的立法精神，却与
67 这项不信任家庭的原则背离。拿破仑法典明文规定，家庭是一种

---

[32] 关于本项法律的讨论请参阅 Marcel Garaud and Romuald Szramkiewicz, *La Révolution française et la famille* (Paris, 1978), pp.116 - 130。更完整的看法请参阅 Grane Brinton, *French Revolutionary Legislation on Illegitimary, 1789 - 1804* (Cambridge, Mass., 1936)。

[33] Masson, *La Puissance Paternelle*, p.329.

[34] 康巴塞雷斯(Cambacérès)的演讲。引自 Brinton, *French Revolutionary Legislation*, p.34。

为贯彻必要任务而成立的自然契约，受到国家的保护。[35]

反之，在国民公会的领导之下，多数代表却以为国家必须介入家事，以保全子女，免于父亲、家庭或教会潜在的专断辖制。在许多方面，如教育一事，国家甚至采取实际行动，亲自扮演父权的角色。1793 年 12 月 12 日大会投票通过，在各地设立国立小学；一周后，更规定强迫就学。在初小是否应属义务教育的辩论里，丹东疾呼道："儿童先为社会所有，然后才为他们的家庭所有。"罗伯斯庇尔的说法更强烈："国家有权抚育她的子民，这份工作，不可以交付家庭或个人，任由他们依自我的骄傲或特别的偏见决定；因为这两件事情往往是培养贵族意识与家庭封建的温床。"[36]依他看来，家庭的权利，往往与特殊的权益挂钩，却与总体的意愿无涉。而这些特殊权益，最终都指向贵族与封建的统治。两者的性质虽然殊异，却同为极力对抗雅各宾党革命的两大反动主力。

共和国行进的方向很明显：反对大家长式的专制统治。政治上的父亲已遭弑杀，一般为人父者的权利亦大受压抑，不是被法律多方限制，就是为国家夺权取代。随着革命激进的继续发展，父亲的唱段完全从舞台中央消失，取而代之的主题是兄弟情谊里的紧张关系以及女子在新生的共和国中具有何种地位。由兄弟主演的家庭罗曼史，到底是一个兄弟一条心、团结起来共御外侮的温馨传奇，还是一出冲突、不和、分裂的大悲剧？而女人的地位，是依然属于胜利者的奖品，挑拨离间的祸水，共同奋斗的伴侣，代表美德的

㉟ Pierre Lascoumes, "L'Emergence de la famille comme intérêt protégé par le droit pénal, 1791 - 1810", in Théry and Biet, eds., *La Famille, la loi*, pp.340 - 348.

㊱ Garaud and Szramkiewicz, *La Révolution françasie et la famille*, p.142.

理想化身，还是干脆不用考虑这个棘手问题算了？更进一步，如果说，如今父亲不在家了，众兄弟中是否应该推举出一或两位，想象成取代父亲的位置，或是大家依然平等，永远保持平等的手足关系？

图 12　题为“里尔工人马太”的版画(1793)。
图片来源：法国国家图书馆

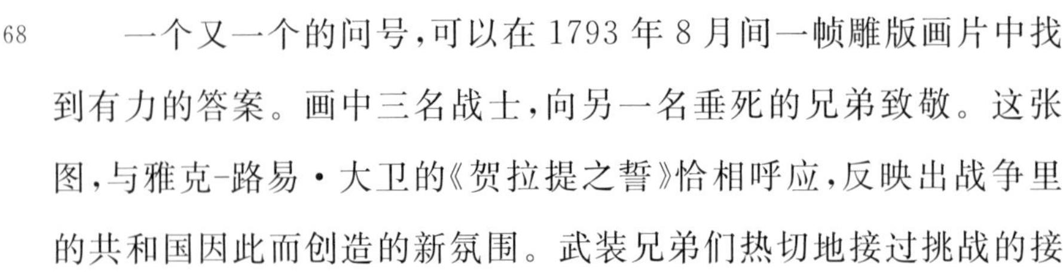

68　一个又一个的问号，可以在 1793 年 8 月间一帧雕版画片中找到有力的答案。画中三名战士，向另一名垂死的兄弟致敬。这张图，与雅克-路易·大卫的《贺拉提之誓》恰相呼应，反映出战争里的共和国因此而创造的新氛围。武装兄弟们热切地接过挑战的接

力棒，出发对抗邪恶的力量；整张画面可以说唤起了一种文学性的传奇感。弗雷将罗曼史称为“所有文学形式中最接近愿望实现梦境的一种”。它是一个时代理想的反射，总在冒险遭遇之间打转。根据弗雷的看法，罗曼史有三个阶段：首先是风波艰险的旅程，其 69
次是决定性的一搏，最后是英雄终得成功。[37] 这三大阶段，在图中都有所隐示：三名年轻人都经过一场战事，正准备继续出发，再拾战斗，因此可以建立他们的英雄功业。他们团结如手足的行动，是共和国理想的体现，是兄弟情、兄弟爱的梦想实现。

从早先雅克-路易·大卫所绘的誓言图，到这张图所代表的情境，一路的发展变化实在惊人。在此，交换誓言的男子，也许是也许不是同一家里的手足，但铁定是共同献身革命的革命弟兄。共和国的部队，已经建立了它自己纯粹由兄弟组成的家庭。三名革命伙伴，站在另一名男子身前，向共和国宣誓效忠。而这名男子，虽然口称三人为“我亲爱的孩子们”，其形象看起来却显然更似兄弟而非父亲。而且无论如何，他也快要倒下死去了，不像雅克-路易·大卫《贺拉提之誓》的父亲，身强体健。如今父亲的形象，不是已经不在，就是即将消失，而弟兄们则正在团结起来，取代他的位置。不管原来这个父亲做得好不好，此刻已无关紧要，因为故事的焦点，都已经转到兄弟身上。至于女性的世界，更完全在行动的画面以外。

革命人士似乎希望，在这个由兄弟情组成的新家庭罗曼史里，

---

[37] Northrop Frye, *Anatomy of Criticism: Four Essays* (Princeton, 1957), pp. 186－188；引文出自186页。

自己可以如同传奇里的英雄一般，永远年轻。他们只想做永远的革命兄弟，却不想成为开国之父。甚至连无套裤汉的好住家男人，也把自己想象成年轻的英雄好汉。[38] 因此，在法国大革命最激进极端年代的图像里，几乎不见任何代表父亲的表征。[39] 这帧赫克
70 力斯的男子形式以象征人民的图像，呈现的是一个年富力强的兄弟式人物。我们之所以知道他是具有兄弟的身份，是因为旁边尚有他的众姐妹们：自由与平等。不为别的，就因为是姐妹俩，就不可能是妻子，更不可能是母亲 * [40]

因此，1793 至 1794 年间的法兰西众兄弟们，似乎不愿意追随弗洛伊德在《图腾与禁忌》里布好的既定对白，却坚守族中人人"民主平等的原始精神"。他们也不肯尊崇其中表现特别杰出的分子。借用弗洛伊德的口气，他们根本就卡在谁也拿不到，同时也不让谁拿到"父亲无上权威"的不上不下的僵局里。[41] 法国人跟美国人不
71 同（至少在拿破仑自导自演，大搞其个人崇拜之前），从来不曾对活人作神话。他们的领袖，米拉波、拉法耶特、马拉、丹东、罗伯斯庇

㊳ 正如安托万·德巴克（Antoine de Baecque）所解释的，"Le sans-culotte s'idealise...en jeune soldat héroïque，alors que l'on sait，depuis les études sociologiques effectuées sur les sans-culottes parisiens et marseillais，qu'il est en fait un père de famille boutiquier.""Le sang des héros：Figures du corps dans l'imaginaire politique de la Révolution française"，*Revue d'histoire moderne et contemporaine* 34（1987）：573－574。

㊴ 著名的杜歇是个例外，他是亚伯赫报纸的发行人，杜歇有妻有子，但他似乎很少提及后者。

* 所以他也不是丈夫或儿子。——译者

㊵ 关于赫克力斯的重要性，笔者在书中已有讨论，请参阅 *Politics，Culture，and Class in the French Revolution*（Berkeley，1984），pp.87－119。

㊶ Freud，*Totem and Taboo*，pp.148－149.

图 13 赫克力斯的男子形式以象征人民的图像(1793),卡纳瓦雷博物馆(Musée Carnavalet)。
图片来源:由作者提供

尔,一个个来去舞台,都不曾建立起长久的个人崇拜。更有甚者,不论个人或集体,他们都没有获得开国之父的地位。

与同时代的美国革命形象相比,两国的表现实在大相径庭。美国革命的雄辩滔滔里,充满了家庭的类比:美国的革命领袖们,以充分自觉的方式,先将自己比做自由之子,后又变成开国之父。不过开国众父的观念,一开始并没有立即在 1770 和 1780 年代出现。所谓"开国众父"的说法,事实上可能很新。美国历史上使用的旧称，一般原系“共和国众父”(fathers of the republic)，或“先父们”(forefathers)。[42]

对于美利坚独立一事，争执的两方都爱用父子的关系做类比，这种意象遂在彼此的政治文字里层出不穷。[43] 而美英双方，异口同声，都将美利坚比作儿女，英吉利比作父母。1766 年出版的一本英国小册子里，主张美洲殖民地应该为自己“竟然对大不列颠怀有敌意”而感到脸红，因为人世间再没有比如此卑鄙、不知感恩的“逆父弑父”之举更值得责斥的败德恶行了。英国境内站在美利坚一方的人士，则将美洲比作一个“勤勉聪慧的少年，刚刚步入成年时期”，他们警告道，做父母的若一味强加暴政，只会带来反抗。[44] 进入 1776 年，革命宣传家开始将英王乔治三世比作“不近人情、违反自然的父亲(unnatural father)”。[45] 更有甚者，在美国大革命本身的各种仪式表现里面，不论在实质或象征意义上，孩童都扮演了重要的角色。成群结党的小男孩们，在“拒斥英国进口货运动”期
72 间，对商人造成很大的威吓作用；在一场又一场的抗争活动之中，大胆地辱骂嘲弄士兵；并多次参加暴动。在 1760 及 1770 年代的

[42] 关于“开国众父”一词的现代意义请参阅 Wesley Frank Craven, *The Legend of the Founding Fathers* (New York, 1956), p.2, n.1，这个观念则是受到威廉 · R.埃弗德尔(William R.Everdell)的启发。

[43] “父子关系类比”(parent-child analogy)一词出自 Edwin G.Burrows and Michael Wallace, “The American Revolution: The Ideology and Psychology of National Liberation”, *Perspectives in American History* 6 (1972): 167 – 306。同时也请参阅 Jay Fliegelman, *Prodigals and Pilgrims: The American Revolution against Patriarchal Authority, 1750 – 1800* (Cambridge, 1982)。我很感激琳达 · 克尔贝(Linda Kerber)提供我关于美国文学的建议。

[44] 引自 Burrows and Wallace, “The American Revolution”, pp.229、245。

[45] Paul K.Longmore, *The Invention of George Washington* (Berkeley, 1988), p.204.

群众行动里面，美洲人民更等于把自己完全变成了小孩子的地位。“英吉利自由之友”不再，如今纷纷挺身而出取而代之的是“自由之子”（Sons of Liberty; Sons of Freedom）和“自由男儿”（Liberty Boys）。[46]

到了独立战争期间，美国人的自我形象进行了一项重大的转变，儿子们开始将自己想象成为父亲，至少，开始把他们其中的一员想象成为政治上的父亲。当乔治三世这位“父亲”被人抨击为“不近人情”之际，乔治·华盛顿却逐渐取代他的位置，成为“我们政治上的父亲，一个伟大人民的首领。”1778 年间，华盛顿首次被称为“国父”；1779 年，美国平民开始与军官携手，一起为华盛顿祝寿，从此揭开一直延续到今日的庆祝传统。[47] 华盛顿个人地位的步步高升，事实上是循着一条由于美洲殖民一向尊崇自己的过去而铺好的道路前进。1760 年代，他们就已经有口称“我们可敬的先祖们”的习惯，对于开山祖师中的重要人物如威廉·佩恩（William Penn，开创美东宾夕法尼亚州的创始人），更敬称为“我们的父亲”。[48]

美国人建立了华盛顿的神话地位，因此也将 18 世纪教育宣传小册子里宣扬的新好父亲形象更加发扬光大，与此同时，他们也为自己树立了良好的道德模范。约翰·亚当斯说道：“我颂扬华盛顿的品德，因为我将他视为美国品德的具体代表……如果只当作他

---

[46] Peter Shaw, *American Patriots and the Rituals of Revolution* (Cambridge, Mass., 1981), p.195.

[47] Longmore, *The Invention*, pp.204 - 205.

[48] Graven, *The Legend*, pp.29、40.

个人的德性,我就不会太看重了。”[49]及至1790年代,美国革命人士已透过华盛顿其人的中介——内化有慈爱父亲角色的男性领导形象——由政治儿女的地位集体转换成政治父亲的身份。因此,现在美国人可以开始想象,通过契约文件如1787年宪法的安排,进行政治权力的世代承袭转移。也许,从儿女变成开国之父这项心理政治转变的总观,在重要性上胜过了美国各派政治语言特定
73 歧见的细节。于是不论民粹共和论,或洛克式的自由说,或强调工作伦理的新教观,或国家至上的主权理论,都可以融纳在这个由善体人心的好父亲所组成的新家庭罗曼史里面,好父亲们以贤治家治国,不必诉诸专制。[50]

反观法国,没有一人取得如华盛顿般生时即拥有的神话地位,至少,在拿破仑攫得权力之前无人如此。美、法之间竟有如此不同,论其果,比究其因容易许多。法国的共和人士,决意维持革命时期立下的集体领导模式,因此,他们系由国民公会代表本身轮流出任,组成行政委员会执政,代表一种模糊界定的行政权力,而不曾设立单独存在的行政机构。1795年国民公会通过新宪,规定成立一个由立法机构选出五人的督政府(directory),而不是由一人出任总统。整个大革命期间,政治人士不分党派,都不希望看见独裁出现。罗伯斯庇尔之所以失权下台——他是由12名权力均等的委员组成的公安委员会成员之一——就是因为他有抬高自己,

---

[49] 引自 Fliegelman, *Prodigals and Pilgrims*, p.223.关于华盛顿成为国父的情形,请参阅 Graven, *The Legend*, p.200。

[50] Isaac Kramnick, “The ‘Great National Discussion’: The Discourse of Politics in 1787”, *William and Mary Quarterly* 45 (1988): 3 - 32.

逐渐从其他代表分别出来的迹象。

法国大革命坚持弗洛伊德所谓的族中人人"民主平等的原始精神",与其另一面极端激进的作为相辅相成。凡是区别社会差异的形式表现都成了嫌疑,一如凡是基于父权制度建立的权力形式也都不是好东西。如果说,基于平等原则与人民主权建立的政府,系以兄弟模式为基准,那么任何带有父亲形象暗示的做法,就都大有问题。或许,美式共和与法式共和之所以有此不同,其中关键,就在后者对父亲这号人物的信任不足。法兰西的国王与父亲们,在旧政权下势与天齐,因此革命烽火一起,父亲地位立刻受到质疑。正如法国最大文豪巴尔扎克所说:"共和国砍下了路易十六的脑袋,不啻也等于砍下了每一家父亲的脑袋。"[51]

法国革命里最接近"华盛顿神话"现象的状况,不是对任何个
别活人,却是对已死英雄的崇拜。第一位上榜的人物是弑君的国 74
民公会代表之一,勒佩尔蒂埃,在法王登上断头台的前夕遭保皇党暗杀身亡。身兼代表及艺术家的雅克-路易·大卫,承大会之命,于同年 1 月 24 日举办了一场拜谒大会,让民众瞻仰遗容。在旺多姆广场已遭弃毁的路易十四雕像座上,雅克-路易·大卫搭盖了一座两侧有台阶的凸起平台。勒佩尔蒂埃的上身没有遮盖,特意露出伤口。纪念仪式当中,国民公会主席为他戴上代表不死的桂冠。[52] 典礼既毕,移灵万神庙,革命众英雄的最后安息之所。

---

[51] *Mémoires de deux jeunes mariées*,引自 Yvonne Knibiehler,*Les Pères aussi ont une histore* (Paris,1987),p.161。

[52] 关于这场典礼的叙述和分析,请参阅 Herbert,*David*,*Voltaire*,pp.95－96。

图 14　版画：勒佩尔蒂埃观灵大典，出自《巴黎革命》第 185 期，1793 年 1 月 19—26 日

图片来源：宾夕法尼亚大学，范佩尔特-迪特里希图书馆，麦克卢尔收藏，特别系列

慎重其事的勒佩尔蒂埃观灵大典，可以看成是国民公会所做的一种答复，用来回答大家对弑君一事仍有的怀疑，以展示那些投票赞成处死法王的代表们，并不是嗜饮人血的食人怪物，而是一群愿意为国就死的正常人。勒佩尔蒂埃的伤口，是他作为政治烈士，因此而成就为神圣奉献的表征。为此之故，必须让众人都看见他的伤口。更有甚者，他的身体依然完整，不似国王头躯两离，不得全尸；于是像圣者的遗体一般，拥有一种虽死犹生的神奇力量。《巴黎革命报》更毫不隐讳地将两者相比，指出路易的身体迅速腐坏，勒佩尔蒂埃却进登"神榜"(apotheosis)，认为国民公会"透过这段悲哀插曲，却也得到一点好处，可以维系群众的士气不坠。"贝雷尔(Bertrand Barére)在典礼上致颂祭文，结语建议在场众人"向着

勒佩尔蒂埃遗体”立誓，“消除所有私人仇憎，重新联合起来，共赴国难。”[53]如此一来，烈士的遗体，成为巩固生者兄弟之情的接合剂。

观察人士认为，这是一种前所未有的新壮举，因为在此之前，死者的身体从未如此公开地展示过。雅克-路易·大卫展示他所绘的《勒佩尔蒂埃临终图》(*Lepeletier sur son lit de mort*)——此画日后被毁——特别说明其身体构图的重要性：“看他的容颜多么安详，这是因为当一个人为国家付出生命，心中一片心安理得，不会有半点自疚难安。”[54]勒佩尔蒂埃为国捐躯，让代表们对自己的所为，获得了一个强化信心的正当理由。而他宁静安详的遗容，更表示他们毫无理由感到罪疚(但是这件事的本身，就承认许多人心中感觉有罪)。

当出身报界的代表马拉，也于同年 7 月 13 日遇刺之际，他的死，立刻就成为以个别政治人物为崇拜中心而组织的一场最大规模盛事的核心主题。马拉的葬礼，触发了广大群众悲伤情绪的涌流，接下来的年月里，马拉之死，始终是无数庆典、图画、戏剧表现 76
的主题。[55] 被刺身亡之后，他的血，似乎取得了法王在 1 月 21 日所失去的神圣性质。1793 年 7 月 16 日的送葬行列上，一个称作“共和革命会”的女子会社成员，抛掷鲜花在他快速腐烂的遗体之上，并收取他似乎依然由伤口汩汩流出的鲜血。一位致辞者呜咽

---

[53] *Révolutions de Paris*, no.185, 19 – 26 January 1793.

[54] 引自 William Olander, “*Pour transmettre à la postérité*: French Painting and the Revolution, 1774 – 1795”(Ph.D.diss., New York University, 1983), p.248。大家对此丧礼的反应请参阅 244 – 245 页。

[55] Jean-Claude Bonnet, ed., *La Mort de Marat* (Paris, 1986) and Marie-Hélène Huet, *Rehearsing the Revolution: The Staging of Marat's Death, 1793 – 1797*, trans. Robert Hurley (Berkeley, 1982).

喊道:“让马拉的鲜血,成为大无畏共和人的种子。”女子会社的成员则大声应道,发誓“要尽她们的力量,在地球上布满马拉一般的英雄”。[56]

这个模糊的意念,认为马拉的血可以生出更多英勇的共和之士来,是在整个纪念会上将马拉与政治父亲的形象发生联系的唯一关联(在勒佩尔蒂埃的例子里,连这种模糊的意念也不曾出现)。但是就绝大多数情况而言,他属于一个殉国的弟兄,一如雅克-路易·大卫对其遗容所绘的名作所示,或雅克-路易·大卫为其送葬行列上所做的安排:将他的遗体抬在一具罗马式灵柩架上缓缓前进。致悼词者向他致敬,都将他比成人民之友——他办的报即名为《人民之友》(*L'Ami du Peuple*)、自由的使徒与烈士。马拉其人,不朽、无畏——简单地说,就是一个悲剧的兄弟式人物与范例,就像本章稍早前曾讨论过的那位垂死中的弟兄一般。或如他的新闻同业埃贝尔几天后提醒他的读者所言,马拉喜欢把自己看成革命事业里不为人所信所喜的预言专家卡桑德拉(Cassandra);这个角色,显然与开国之父的形象差得更远了。[57]

将马拉比作“人民之父”的说法,只有在被刺事件过去之后才开始出现,事实上可能是某种意图恢复父亲形象的总体工作的一部分。这项为父亲形象复健的趋势,于 1793 年底及 1794 年间逐

---

[56] 引自 Jacques Guillhaumou,*La Mort de Marat* (Paris,1989),p.63。这个场景被视为一种仪式性的牺牲:Bonnet,ed.,*La Mort de Marat*,p.71。

[57] Guilhaumou,*La Mort de Marat*,p.85.关于马拉与希罗英雄、现代共和英雄,甚至是《圣经》中的英雄(摩西、耶稣)之间的诸多相似处,请参阅 Jean-Claude Bonnet,“Les Formes de celebration”,in Bonnet,ed.,*la Mort de Marat*,pp.101 - 127,尤其是 110 - 111 页。

渐成形(也是本书第六章所要讨论的主题)。如果父亲真的会再度
露面,一定也只能是一个好父亲,作为子女的朋友,而不能再是一
个严峻、难以亲近的人物。1793 年秋天,巴黎各区为马拉组织的
纪念活动里,有一节诗歌将他称为“我们的父亲”,但是下一节马上
就改变语气,换回常见的称呼:“人民的朋友”。[58] 共和二年出版的
另一首诗歌,也在人民之父与之友间拉上关系:“他是人民之父,最 77
热情的友人。”[59]

马拉死后,有关其人其事的各项戏剧演出,也显示出相同的趋势。圣奥班(Camaille Saint-Aubin)的《人民之友》(*L'Ami du Peuple, ou la mort de Marat*)剧本,以这一句话宣告剧终:“全体人民都向他欢呼致敬,称他为他们的父亲。”圣阿芒(Gassier Saint-Amand)版的《人民之友》剧本的结尾则更为直接:“我们大家都失去了父亲,一位朋友。”但是正如于埃(Marie-Hélène Huet)对这几句台词的看法,他的父性地位只有透过他的死才获得确立;而他之为父是一
个上无系谱,下无后代的身份。[60] 强调马拉伟大性质的种种纪念行
为本身,似乎正历历暗示着他的贡献,是无法仿效、无法模拟的。[61] 78

[58] Guilhaumou, *La Mort de Marat*, p.107, civic festival organized by the Secion de la Cité, 21 October 1793.

[59] “Stances en l'honneur de Marat”, par d'Hannouville fils, *Le Chansonnier de la Montagne* (Paris, an Ⅱ), quoted by Lise Andries, “Marat dans les occasionnels et les almanachs (1792 – 1797)”, in Bonnet, ed., *La Mort de Marat*, p.96.

[60] 摘自 Huet, *Rehearsing the Revolution*, pp.75, 79。在第 83 页处,于埃的结论是:“在革命的框架中……有其断裂与不连续,革命阻绝了传承,为父者虽有儿女,却无所谓传承之嗣。”

[61] 在以马拉的传奇为主题的版画中,多半将他描绘成烈士、公众人物,有时则以基督形象出现。不过,父亲的形象倒是少见。参阅 Lise Andries, “Les Estampes de Marat sous la Révolution: Une Emblématique”, in Bonnet, ed., *La Mort de Marat*, pp.187 – 201。

图 15　版画：人民之友——马拉(1793)。

图片来源：法国国家图书馆

对死去英雄的崇拜，不限于成人老人，也延伸到那些为共和国奋斗牺牲的年轻男孩身上，从此事就可看出，革命人士对于寻找父亲形象以供效仿不感兴趣。年轻的英雄烈士，是共和国儿童学习的榜样，同时也代表革命之子自我内化的形象：年轻浪漫的革命英雄。儿童英雄之中，最知名的是一名 13 岁的少年约瑟夫·巴哈(Joseph Bara)，自愿为对抗旺代省的反叛分子而死，他的英雄事迹，在雅克-路易·大卫一幅未完成的画作中成为不

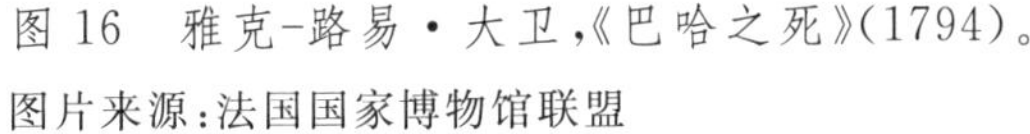

图 16　雅克-路易·大卫,《巴哈之死》(1794)。

图片来源:法国国家博物馆联盟

朽。[62] 巴哈的英勇故事,在 1793 年 12 月的国民公会上被人提起 79
而受到注意,并立刻为罗伯斯庇尔所注目,并予大量润饰增色。他将巴哈称为这名"了不得的孩子",亟欲"为国尽忠,为家尽孝",但是最后不得两全,为国壮烈牺牲。[63] 一如罗伯斯庇尔本人曾于

---

[62] 若要讨论巴哈在雅克-路易·大卫作品中的位置,可能稍嫌离题。不过,值得注意的是,这名年轻男子的形象相当女性化,犹如雌雄同体一般。雅克-路易·大卫在革命前的作品强调男子气概,1795 年后则转而强调阴柔,《巴哈之死》便是一例。可参阅 Warren Roberts,"David's *Bara* and the Burdens of the French Revolution",*Proceedings of the Consortium on Revolutionary Europe*, *1750 - 1850* (Tallahassee, Fla, 1990), pp.76 - 81。

[63] 关于此画以及罗伯斯庇尔的支持,可参阅 Olander,"*Pour transmettre*", pp. 293 - 302。雅克-路易·大卫笔下的巴哈具有雌雄同体之特性,此点很吸引人。这是革命分子本身害怕性别界限渐趋模糊的无意识表现吗?关于此主题详见第四章。

1792年11月间所说："法兰西立法者的家庭就是国家。这个家庭包括全体人类，只有暴君及他们的共犯不在其内。"[64]

巴哈的故事，正如许多有关他的版画作品的内容所示一般。他是一个无父的孤儿，工作非常努力，用当兵的微薄薪资奉养他的寡母。雅克-路易·大卫计划在1794年7月28日举办一场盛典，纪念巴哈及另一名年轻英雄维亚拉(Agricola Viala)。后者也是一名孤儿，因力抗法国南部的叛军而出名。雅克-路易·大卫计划的庆典，因背后主要的支持者罗伯斯庇尔，在大典的前一天7月27日下台而告取消；但是计划的细节，却已经公告。根据他的设计，纪念台的布置将反映两名少年英雄无父的背景：两根大柱子，一根代表儿童，一根代表母亲。[65] 虽然纪念典礼未能如期举行，巴哈及维亚拉两人的故事却仍然成为众多歌曲、歌剧及戏剧的主题。[66] 同样的主题，也表现在有关年轻的达乎德(Darrudder)的版画作品中。达乎德是一名14岁的军鼓手，见父亲在身边倒下死去，立刻抓过枪来继续杀敌。在这个故事里，父亲同样已经故去，而且正是因为父亲的不在，才令儿子的英勇如此让人动容。

因此，在他们自我的形象世界里，法国革命人士始终保留在作为兄弟的地位。他们都是愿意为德，为善，为共和国的得胜，为对

---

[64] Marc Bouloiseau, Jean Dautry, Georges Lefebvre, and Albert Soboul, eds., *Oeuvres de Maximilien Robespierre*, vol.9, *Discours, septembre 1792 - 27 juillet 1793* (Paris, 1961), p.94.

[65] *Rapport sur la fête héroique pour les honneurs du Panthéon à décerner aux jeunes Barra et Viala, par David; Séance du 23 messidor, an 2 de la République* (Paris, 1794).

[66] James A. Leith, "Youth Heroes of the French Revolution," *Proceedings of the Consortium on Revolutionary Europe, 1750 - 1850*, (Athens, Ga., 1987), pp.127 - 137.

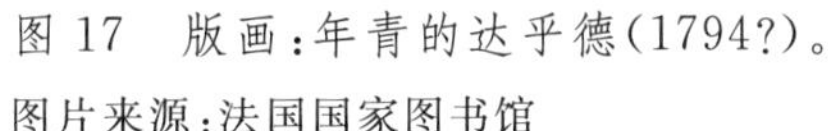

图 17　版画：年青的达乎德(1794?)。
图片来源：法国国家图书馆

抗罪恶、腐败而战的浪漫英雄人物。他们随时准备就死，为理想、 80
为目标，在战场、在工作岗位上殉职、殉难。他们期待国人对他们
的付出表示感戴，但是他们最大的报酬，却在与弟兄们产生一种团
结意识。他们完全不曾将自己视为开国国父，他们也不曾在自己
中间挑出一两人当作父亲崇拜。法国革命的英雄，都是已死的英
雄，而不是活着的领袖（至少在拿破仑时代来临以前），这一点，殊
可称异。这些故去的英雄，没有一人拥有如美国国父华盛顿般，那
种“国之大佬”型的智慧气息。法兰西的共和人士还在奋斗的过程
之中，因为革命大业尚未成功，共和国犹未完全屹立。因此，无人 81
能够成为这份薪传的具体象征。

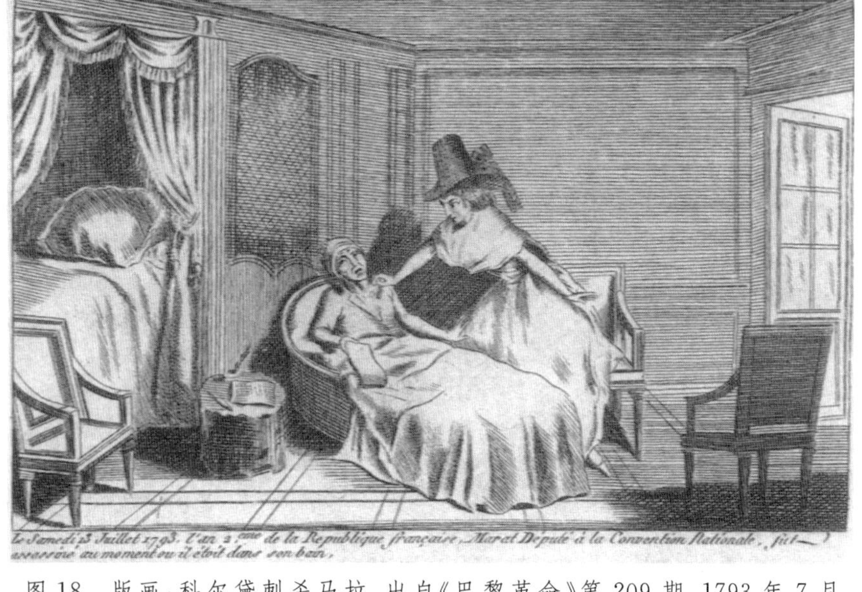

图 18　版画：科尔黛刺杀马拉，出自《巴黎革命》第 209 期，1793 年 7 月 6—20 日

图片来源：宾夕法尼亚大学，范佩尔特-迪特里希图书馆，麦克卢尔收藏，特别系列

但是在这个由兄弟情组成的新式家庭罗曼史里面，姐姐妹妹们的地位却依然暧昧不明。就父亲的遗产而言，她们作为继承人的身份已经革命立法确定，但是她们作为共和国公民的权利却仍然未决。共和国的男性们，对于女性参与公共事务早已感到非常不自在，待得刺杀马拉的凶手，竟然又是一名女子，更火上加油，令男人不安到了极点。女刺客科尔黛(Charlotte Corday)自告奋勇，身兼《贺拉提之誓》中的众子及《扈从们归还布鲁图他儿子的尸体》中的父亲角色，挥刃向前，护卫她理想中的共和国。她是以一名好女儿的姿态，愿意牺牲自己的性命，以为共和国除去一霸。她在留给父亲的遗书中写道："请父亲大人宽恕，未得您同意就擅自赴死。

但是女儿是为许多无辜的受害者复仇，并避免将来更多的灾害发 82
生。大家一旦省悟，知道自己是从暴君的统治下解放出来，一定会欢天喜地。”[67]

有关方面认为报章的报道似乎有偏袒科尔黛之嫌，于是便发表了一篇通告，攻击她毫无女人味，而且女子干政，岂有此理：

> 这个女人，有人说长得很漂亮，事实上根本不是这么回事。她其实是一个强悍的女人，浑身肌肉，毫无风姿，而且不修边幅，跟那些女哲学家、女书呆子，完全是一个模子里印出来的……她今年25岁，根据我们的文化风俗，尤其照她这种男人婆的德性，可以说是一个老处女了……因此这个女人的所作所为所是，根本已经不是一个女人了。[68]

科尔黛式的政治角色在此受到无情的排斥。我们在第四章时也会看见同样的排斥不久就延伸到所有打算从事政治行为的女人，包括当初在马拉祭典上角色如此突出的共和革命会在内。妇女若踏入政治的公共舞台，立刻被斥为不守女人本分，越界犯规，模糊了两性分野；男不男，女不女，女人不像女人，想要做个男人。

但是在极端激进的共和国家庭罗曼史里，女人的图像并未缺席。有关共和国的形象、意念，多用女像表现，而且几乎都是青春玉女——而且常常是处女——不过有时也用幼儿代表。官制的图

---

[67] Guilhaumou, *La Mort de Marat*, p.150.

[68] *Ibid.*, pp.74－75.

像里面，更是一片纠缠不清的女人国，不论哪一种政治理念：自由、理性、智慧、凯旋甚至力量，都爱用女性为象征。任何时候，需要以寓言图像寄寓政治讯息之际，画中人物都是以女性为主角。

革命的图像世界里，为什么处处由女人领衔？她们的存在，完全只在象征作用，还是另有含义？也许，她们如此重要，暗示着某些有关革命法国女人及公共场域的特殊之处？女性形象泛滥，由此而生的疑问、联想很多。[69] 图像画的传统，一向以女性代表抽象
83 性的事物，即使这种做法与代表的对象有矛盾性——如兄弟情或力量——也照画不误。更有甚者，法文文法（拉丁文、希腊文亦然）往往将有关这一类性质的名词列为阴性，更进一步强化了这种将抽象性质予以女性化的做法；而天主教对圣母玛丽亚的膜拜，当然也有推波助澜之功。

除此之外，以女性神话入画还有政治上的理由。[70]新生的共和国，不但务要除去一切与王权有关的制度，为求巩固，同时也需要一套与王权距离越远越好的符号系统。根据法律的规定，在法国只有男人才能为君，女性不得继承王位；因此用女人寄寓共和，显然大有好处：绝不会有人分不清楚，把“她”误会成父亲或君王。更有甚者，在法式民主的运作之下，但凡沾惹上个别领袖人物象征的做法都会很有问题。如果说，众兄弟们意志已坚，决定要以弗洛伊德所谓的“原始的民主平等”作风维持各成员一律平等，拒绝对任

---

[69] 简短而有益的讨论请参阅 Maurice Agulhon，*Marianne au combat*：*L'Imagerie et la symbolique républicaines de 1789 à 1880*（Paris，1979；English version，Cambridge 1981）。

[70] 请参阅笔者在 *Politics*，*Culture*，*and Class* 一书中的讨论，pp.87－119。

何特定人物表示恭敬，就很难要他们接受单单挑出一人，以一名男性的政治形象，来代表人民、国家或公民的性质。法郎不论硬币、纸钞，都没有任何个别的政治人像。反之，女性既然与政治无涉，就不会产生任何真人真事的政治联想；因为照定义，所有政府人员都由男性担任，单靠这一点就有十足的保障。

因此，女性入画，不表示女性对政治有影响力。正如华纳(Marina Warner)所宣称，在研究 19 世纪时，自由以女性为象征，系在一定的前提下运作：既不能投票、在现实生活中若真欲实行自由又必惹人讪笑的女人，她们之所以雀屏中选，成为代表自由理想的最佳象征，正是因为这份与政治自由遥不可及的距离。自由被画成女人，不会有被想象成真实政治人物的危险。但是以女性表现政治理念，也打开了另一扇门，带来了另一个不同的想象。正如华纳所言："女性扮演的象征化角色，对真实血肉的女人而言，在意义、价值上，既'取'之于女性，同时也'予'之于女性。并具有两种可能的肯定作用：一是女性本身的价值，一是她们所代表的美善。"[71]

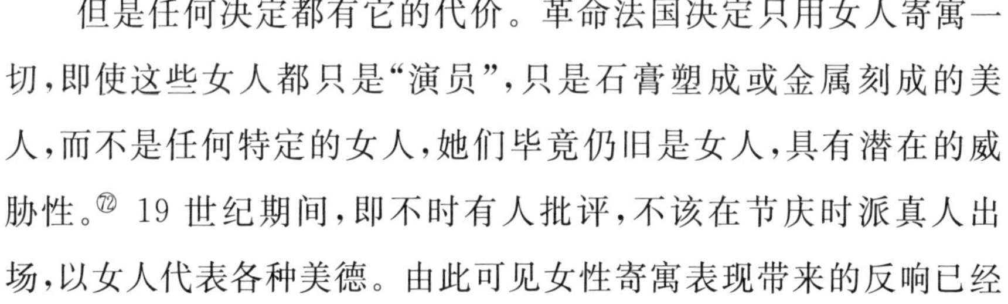

但是任何决定都有它的代价。革命法国决定只用女人寄寓一 84
切，即使这些女人都只是"演员"，只是石膏塑成或金属刻成的美人，而不是任何特定的女人，她们毕竟仍旧是女人，具有潜在的威胁性。[72] 19 世纪期间，即不时有人批评，不该在节庆时派真人出场，以女人代表各种美德。由此可见女性寄寓表现带来的反响已经

[71] Marina Warner, *Monuments and Maidens: The Allegory of the Female Form* (New York, 1985), pp.xx, 277.

[72] 在笔者对赫克力斯的分析中，我认为议会成员想消除女性寓言所造成的不确定时，因此选择了一个富男子气概的形象。参阅 *Politics, Culture, and Class*, pp.87 - 119。

远超出象征寓意的范畴，下面几章将对此详加讨论。在此，笔者只打算强调：原本由君父垄断的象征空间，现在多由女性取而代之了。

不过在共和国正式的肖像装饰里面，虽然从来没有过任何父亲式的形象，毕竟还是有年轻男子，尤其是年轻力壮的赫克力斯，有时会三人一组与他的两名姐妹，自由与平等，一起出现。但是在他们三人同时露面的场合，平等、自由两姐妹往往被表现成被握在这名作为征服英雄的兄弟手中的战利品。因此借用图像研究的术语来说，父亲不在之后，禁止乱伦的禁忌似乎执行得不大彻底。这是一个既没有父母，也没有系谱的画中家庭。家中兄弟姐妹之间对彼此的关系可谓暧昧不明、爱恶交织。

代表们、艺术家们、作家们，从来不曾明言对乱伦表示关切，可是许多人却看出，革命为政治、社会带来了惊天动地的大变动，这份经验，与如今众人对家庭关系感到的焦虑之间，确有某种不可分割的关联。圣茹斯特曾在1792年写过一篇文章，如今只剩下断简残篇，他认为在纯真不知的状态下发生的乱伦，事实上是一份美德："他因为有德，才因纯真下行出此事，如此乱伦就不能算作乱伦……看看各地风俗，读读各族律法，越是败坏、越是堕落的民族，才越对近亲相交感到厌惧。那些纯洁无邪的民族，对所谓乱伦根本没有概念。"[73]同样这位仁兄，疾言主张立即将法王当作叛徒处死，在此却同样大声疾呼，最害怕乱伦的人，就是那些在政治上最腐败的人。因此可以这么说：近亲所以相奸，正是因为纯洁、无邪，

---

[73] "De la nature, de l'état civil, de la cité ou les règles de l'indépendance, du gouvernement", in Louis-Antoine Saint-Just, *Oeuvres complètes*, ed. Michèle Duval (Paris, 1984), pp. 946 - 947.

不知道父家律法之威；既然思无邪，就比较不会被父亲专制暴政的 85
经验所玷污。我们在第五章里将会看见，这个论述到了萨德，竟然峰回路转，又发展出一个意想不到的结局来。

大革命进入激进时期，乱伦似乎已经从小说里消失无踪；事实上连小说创作本身，此时也开始风光不再，从 1789 年一年即出版 112 部作品的盛况，到 1790 年的 66 本，1792 年的 40 本，1793 年的 20 本，一路下滑到最谷底的 1794 年的 15 本。[74] 从直接证据，我们无法判断出为什么小说家们忽然一下子都停止创作了，但是可能原因甚多，纸张严重短缺当是其中之一。[75] 但是剧本及歌曲却未呈现类似的减产，至少，剧本的创作量甚高，在 1789—1799 年的十年间共有 1500 部新剧本问世，其中 750 部以上是在 1792—1794 年间出版。同样地，新编的政治歌曲不断出炉，从 1789 年的 116 首稳定成长，到 1794 年已达 701 首。[76]

显然，小说已经逐渐自成一种文类，因为它是一种私密性而非公开展出的艺术；或许，也因为不论其作者或读者，它都与女性息息相关。及至 18 世纪最后的 1/4 时光里，一般评论的看法都已经认定女性特别喜爱小说。拉克洛在 1784 年写道，他认为女人尤其

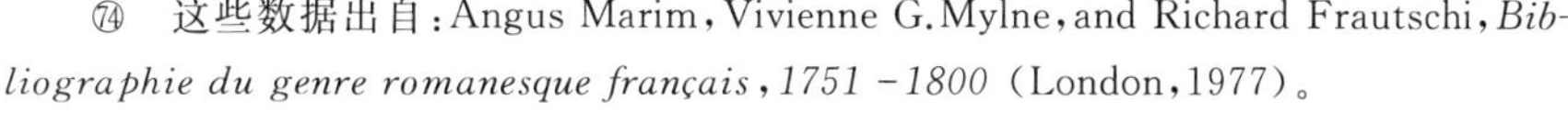

[74] 这些数据出自：Angus Marim, Vivienne G. Mylne, and Richard Frautschi, *Bibliographie du genre romanesque français, 1751 -1800* (London, 1977)。

[75] 关于纸张短缺及其相关的问题请参阅 Carla Hesse, *Publishing and Cultural Politics in Revolutionary Paris, 1789 -1810* (Berkeley, 1991)。

[76] Beatrice F. Hyslop, "The Theater during a Crisis: The Parisian Theater during the Reign of the Terror", *Journal of Modern History* 17 (1945): 332 - 355; Robert Brécy, "La Chanson révolutionnaire de 1789 à 1799", *Annales historiques de la Révolution française* 53 (1981): 279 - 303.

倾向于写小说。卢梭也谆谆警告，要女孩子提防受到他自己的小说的影响，而且还表示总的来说，小说和腐化脱不了干系。1780年代梅赫西耶在他编制的《巴黎情景》(*Tableau de Paris*)上，更下了一个结论：女人作的小说，是伟大社会中"最快乐、最愉悦的奢侈品。"[77]如果说，到了1792—1794年间，过度的私密化、奢侈性以及女性味，已经被视为一种有问题的性质——雅各宾派对此尤其攻击得不遗余力，认为这些都是导致腐败的因素——难怪，小说本身也成了问题玩意。

至于那些犹在1792至1794年间出版小说的作者，笔下也多
86 偏爱田园，因为牧野风情正合乎共和国当时爱说教、讲德性的政治气氛。[78] 在这些牧歌式的故事里面，英雄人物都善良贞洁、胆识过人、慷慨豪爽。"神圣的任务""简单朴素"的生活与爱情，以及好人、坏人之间黑白善恶分明的对比，是这些作品一再出现的主题。比方罗什福尔(A. T. de Rochefort)的小说《阿达斯特与南希》(*Adraste et Nancy V.Y.*，1794)，即讲述美国独立战争期间一名法国军官的故事，他深受美洲人民的德性感动——尤其是他们慷

[77] Georges May, *Le Dilemme du roman au dix-huitième siècle* (Paris, 1963), expecially chapter 8, "Féminisme et roman", pp.204 - 246.此处引自219页。

[78] 笔者讨论牧歌式的故事时，采取马尔克姆·C.库克(Malcolm C.Cook)的分析，读者可参阅 Malcolm C. Cook, "Politics in the Fiction of the French Revolution, 1789 - 1794," *Studies on Voltaire and the Eighteenth Century*, vol. 201 (Oxford, 1982), pp.290 - 311。亨利·库尔特(Henri Coulet)认为费奈隆(Fénelon)形式的说教小说适合温和的共和主义，而描写女英雄的小说则适合罗马、希腊，东方色彩的小说则适合爱国的激进共和主义。此言或许正确，但其分析同时处理太多年代，以至于很难评估。"Existe-t-il un roman révolutionnaire?" in *La Légende de la Revolution*, actes du colloque international de Clermont-Ferrand, juin 1986 (Clermont-Ferrand, 1988), pp. 173 - 183.

慨好客的作风——相信了共和制度的确是一个很好的制度。田园画的风格,也改编入当时的时代背景,杜洛朗(Dulaurent)的故事《约瑟夫》(*Joseph*)或作《扫烟囱的小工人》(*the Little Chimney Sweep*,1794?),就是描写汶地省地区来的一个小男孩,父亲在当地对抗共和国的暴动中不幸被杀。经此种种变故,约瑟夫被迫离开幸福安宁的家园(也就是田园的环境),成为清扫烟囱的工人。但是他并不气馁,始终保持他慷慨豁达的好性情。在同样的风格之下,多明尼也在这些年里写了一些短篇小说,显示人对乡野之爱,对同胞之爱,以及对国家之爱,是属于同一种交错纠结、不可分离的情愫。他最知名的作品之一,《自由橡树》(*The Oak of Liberty*)即成于这段时期,以一名老人为中心,讲故事给许多在革命战争里失去父亲的孤儿们听。

由此可见,在1792—1794年间的小说里,充斥着父亲的死亡,亲共和国的作家们,似乎忙不迭地要证明无父的孤儿很可以成为具有共和美德的生力军。这些故事里的儿童,个性一点也不有趣,从里到外就只是好上加好的好孩子。这段时期的小说家们,似乎对于由兄弟组成的家庭罗曼史有点儿不大自在,因此才极力要向读者保证:一个没有父亲的世界不会制造问题。这种坚持“一切都
会没事”的心态,也可以从某个直接处理弑父课题的情节里看见。87
巴赫伯-卢瓦耶(P.F.Barbault-Royer)所作的《共和小说》(*Republican Novellas*)里,有一节是讲述得莫丰(Démophon)的故事。得莫丰受神谕感召,杀死暴君阿尔西诺(Alcionaus),但却发现暴君原来是他的父亲。然而众神却极力敦促得莫丰无须感觉有罪:“事关众人福祉,天意要你除去世上最凶恶的暴君,为什么你还一定要

恸哭悔恨呢？他是你的亲生父亲并不重要，国家及兄弟才胜于一切。”[79]在这些作品里面，几乎看不见任何暗示，显示父亲之死，将导致兄弟之间的不和，或某种痛悔的表现。

同理，1792—1794 年间的绘画作品，也鲜少暗示兄弟间的冲突。雅克-路易·大卫所画的勒佩尔蒂埃及马拉，都宛如圣人，是英雄烈士，遗容自信安详。他们系因对抗反革命分子自私、腐败、邪恶的设计而牺牲，而非为了革命兄弟彼此权力斗争而亡。画面的构图，强调牺牲者展现的人性、感性、宽容一面，以及他们为共和人树立的榜样；革命的流血暴力一面，因此获得超脱。

绘画这项活动，并未在大革命的激进时期销声匿迹，但是多数名家都在此时退隐。1793 年的沙龙展，吸引了 350 位画家及版画家，共有 800 余幅作品参展；但是艺术界知名的画家大多数都裹足不前（包括雅克-路易·大卫在内，他选择在议会大厅展示他的作品）。画评界对这次美展也极少谈论。想当然耳，当时的小说家亦是基于同样理由，决定封笔不写。人物肖像画是 1793 年沙龙展的重要展项，占全部送件量的 1/4。其中近 2/3 的画中人都未在目录里指名道姓，这些画作可能正系捕捉住革命群众的无名性质。然而肖像画这个画类本身，却正表示在茫茫人海中特意单挑出一名人物为对象描绘。对“个人”这个角色爱恨冲突的紧张心理，正是革命意识形态的写照。革命需要高度的个别英雄表现，但是在革命的理论里，人人都有成为如此英雄的能力。及至 1793 年，至少已经出版了五套有重要革命人物为对象的版画系列，但是画中

[79] 引自 Cook，“Politics in the Fiction”，p.300。

所传达的讯息却始终不变：革命之功，是因为许多个人共同行事而 88
成。革命之所以成就，不在这些个人的个别性，却在他们的数目集成；众人中间，没有任何一名特别凸出的伟人。[80]

总之，弑父弑君之举，显然在革命的支持者心中挑起了极大的不安。最激进的共和人士，则否认众人有这种焦虑不安的必要。但是他们否认的方式——不论是哪一种形式：演说、报章、小说、版画、绘画——通常却还是露出了马脚，显示这个啮人心口不去的疑问的确存在。他们的回应，似乎是向着一群看不见的对象作辩解。比较温和派的共和人士，则希望大家可以忘却国王和他的死，至少，只是用一种有距离、有秩序的方式纪念此事。两种想法都不正确。如果说，众人系因为在时代的大变动里对自己的暴行感觉恐惧，而使国王成为替罪羔羊，杀掉他，并不能取代或超越暴力之虞。事实证明，在他以后，成千上万更多的牺牲者，男女老少，各个社会阶级，同样一一步上了断头台。

共和人士竭尽所能，想为自己想象打造出一个兄弟友爱、和平共处的世界。他们甚至采取实际行动，以法律条文，保证这个和平友好的理想人间，规定财产的继承平均分配，并提供全民教育系统。然而，兄弟之间的争竞、冲突、暴力终不可免，事实上是革命时期里的生活现实。为什么自由、平等、博爱的理想老是无法实现？共和人士到处找敌人顶上破坏罪名；他们也找到了，于是“恐怖”被发明设计成强迫人民公敌就范的机关。但是在终日恐惧、制度化

---

[80] 关于 1793 年的沙龙展，我主要参考了 Olander，“*Pour transmettre*”，pp.254－284。

暴力的场景背后，另一场戏也在酝酿上演，这是我们下一章要讨论的主题。这场后台好戏，系针对女性地位及责任之间而发。国王已死，共和国还是摇摇摆摆，大家只好一起再来捉贼，揪出另一名该负罪责的共犯：王后。

第四章　坏母亲

父亲虽死，兄弟爱却不曾因此一帆风顺地成就。[1] 众兄弟面 89
对两项重大课题：一是对内，彼此之间如何共处；一是对外，对待如今已经“解放”的众女——因为根据弗洛伊德的分析，在此之前，女人是父亲一人独霸的资源。当然，法国国王本人并不曾直接控制全法国女人的命运；但是旧政权之下的法律与文化体制的确掌握了所有女人的身家性命。因此，旧政权一旦成为过去式，最迫切需要解决的问题中，自然有几项关乎女人的地位问题：女人对遗产有没有同等的继承权利？她们在家中有没有同样的权利？她们是否可以全程且全面地参与政治？简单地说，她们到底是不是完全的公民，具不具公民一词所代表的完整意义？在这个新兴的革命家庭里面，她们到底扮演什么样的角色？

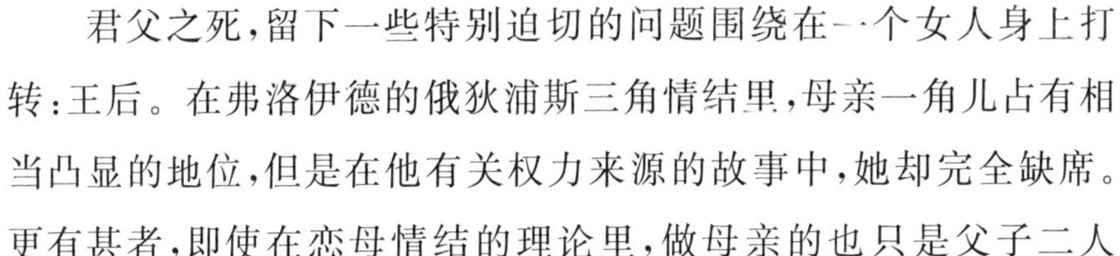

君父之死，留下一些特别迫切的问题围绕在一个女人身上打转：王后。在弗洛伊德的俄狄浦斯三角情结里，母亲一角儿占有相当凸显的地位，但是在他有关权力来源的故事中，她却完全缺席。更有甚者，即使在恋母情结的理论里，做母亲的也只是父子二人

---

① 本章初见于 Lynn Hunt, ed., *Eroticism and the Body Politic* (Baltimore, 1991), pp.108－130。

(其夫与其子)欲望的目的物,而不是以本身的人格地位存在。同样地,法兰西的王后这个角色,一向也没有本身的权利、地位,因为女人不能继承王位。她们最多只能在自己儿子年纪尚幼时摄政,却不能以自己的名位执掌王权。话虽如此,法国王后仍受到很大的注意——尤其是负面的注目。一如路易十六之后玛丽-安托瓦内特的例子,她们多系外国人,常常被看成带来邪恶的影响,似乎根本没有母仪天下的资格。

玛丽-安托瓦内特这个女人,以及其他所有女人的地位问题,两者之间有着极为密切的关系;虽然玛丽-安托瓦内特本人可能对
90 女权问题毫无兴趣,而法国早期的女权主义人士,也同样对她不投以关注。但是这两个问题——即使只是在下意识——事实上却息息相关,因为王后其人,是身为女人却在公共圈中行走最重要的事例。卢梭在《致阿勒拜君论剧场书》(1758)中,大肆抨击女人在公共生活中所发挥的影响:"不甘心继续忍受隔离,又不能把自己变成男人,女人只好把我们也变成女人……君主制度上只要大家听话,做王的并不介意臣民是男是女;但是共和,却绝对需要男人。"②

作为王后的玛丽-安托瓦内特位居要冲,正在公私两面的接壤之处,具体而微,代表着问题更广泛的一面,也就是18世纪妇女在公共生活中应有的关系地位。这个议题,正如卢梭的论点所示,不只关乎着妇女地位这个特定点,同时更涉及两性之别的大题目。

---

② Jean-Jacques Rousseau, *Politics and the Arts*: *Letter to M.D'Alembert on the Theatre*, trans. Allan Bloom (Ithaca, N.Y., 1968), pp.100 - 101.

妇女进入公共场域，卢梭警告，很有把男人也变成女人之虞。这层忧虑，不仅止于泛泛之谈，甚至被具体举出实例。当年路易十五的情妇——彭巴杜夫人（marquise de Pompadour），尤其是巴里夫人（comtesse Du Barry）——即曾被一些地下刊物指名叫骂，认为她们对国家有很坏的影响。根据宣传小册子《路易十五的命运》（*Les Fastes de Louis XV*，1782）的说法，这些女人对公共生活的影响日盛，不但将内阁诸臣，甚至连国王本人也变得女性化了。法王现在更是逐渐不理国政，终日耽溺"内殿，过着骄淫怠惰的酒色生活"。③

大革命的前夕，这类观点依然很盛。1788 年 9 月间报端某篇评论新刊小说的文章，虽然不曾指明出处，却全文照登引用黑斯蒂·德·拉·布雷东（Restif de la Bretonne）在《不贞的妻子》（*The Unfaithful Wife*，1786）序言里的观点。④ 黑斯蒂·德·拉·布雷东攻击那些主张女子也应受教育的所谓"牝鸡派"（gynomanes），他认为，女子无才便是德，绝对不可使知之，才能让她们永远服从，永远乖乖地待在家里。女子一旦进学，井然的性别秩序必会大乱："一言以蔽之，把女人变成学者，男人就会变得愚痴。"两性天生就不平等，破坏这项自然秩序，有违天道天理："我坚决以为——这是事实——要是出了个女夫子，女的伏尔泰，生出的小孩 91
一定畸形不正常；同样地，要是有个女卢梭，她一定永远喂不出母

③ Sarah Maza, "The Diamond Necklace Affair Revisited (1785 – 1786): The Case of the Missing Queen", in Hunt, ed., *Eroticism and the Body Politic*, pp.63 – 89，尤其是 63 – 69 页。

④ *Journal général de France*, no. 117, 27 September 1788. 托马斯·毕比（Thomas Beebe）使我将黑斯蒂·德·拉·布雷东的小说《不忠的妻子》（*La Femme infidele*）视为报纸报导的资料来源。

奶。”[⑤]我们在以下将看见，这种怪物论的想法愈来愈盛，革命男人每思及女人进入公共领域，就越把她们视为不男不女的妖魔鬼怪。[⑥]

长久以来，大家都知道，进入旧政权的最后数十年，以及大革命期间，玛丽-安托瓦内特一向是大量色情文学中的女主角。诚然，王室人物向来是这类作品里的要角，但是并非人人有奖，时时中选，通常都是出了问题才会变成焦点。因此我们可以确定，每当王室中人的“肉体”成为注目所在之际，“国体”(body politic)必定也有一点什么毛病。比方说，罗伯特·丹东即曾指出，旧政权下春宫文学当道的现象，其实是一种侧面攻击整个体制的绝妙手段——包括宫廷、教会、贵族、学院、沙龙及王权本身在内。[⑦] 在这一股时代文学风气里面，玛丽-安托瓦内特占有一个很奇特的地位：她不但被人用最色情、最下流的字眼极尽挖苦贬辱之能事，她还受到审判，且被处以极刑。

革命期间，其他也有几个名女人受到类似的命运，如路易十五那声名狼藉的情妇巴里夫人即是。但是没有一人的审判，受到的注目之盛，或涉及问题的层面之广，比得上玛丽-安托瓦内特这位倒霉王后。相对之下，法国国王本人的受审，完全只集中在他政治上的罪行；因此王后之审，尤其是在意象成真、具体反照文学想象的

---

⑤ Maribert-Courtenay [Restif de la Bretonne], *La Famme infidelle* (Neuchâtel, 1786; reprint, Geneva, 1988), vol.1, pp.3 - 10；引文引自 8—9 页。

⑥ 在下面的论述中，有多处受惠于琼·兰德斯突破性的分析：Joan Landes, *Women and the Public Sphere in the Age of the French Revolution* (Ithaca, N.Y., 1988)。

⑦ Robert Darnton, “The High Enlightenment and the Low-Life of Literature”, reprinted in *The Literary Underground of the Old Regime* (Cambridge, Mass., 1982), pp.1 - 40，尤其是 29 页。

这种奇异气氛之下，愈发为革命大众的政治想象提供了一个充满蛊惑力的独特空间。在这件事上——也许，比大革命其他任何事件都更为有力——政治与色情纠缠的事实，获得了最大的展现与启示。

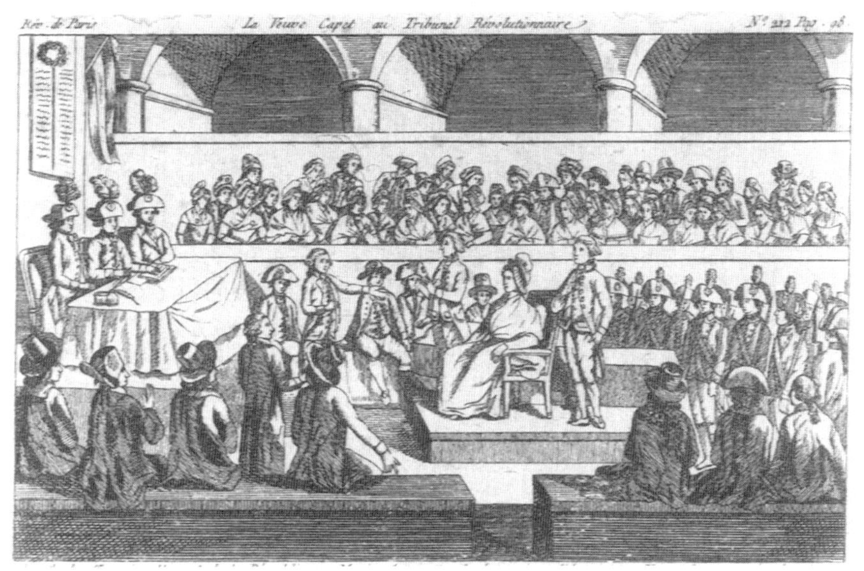

图 19 版画：玛丽-安托瓦内特受审，出自《巴黎革命》第 212 期，1793 年 8 月 3 日至 10 月 28 日。画面中描述了许多妇女在楼上旁听席观看审判的景象。

图片来源：宾夕法尼亚大学，范佩尔特-迪特里希图书馆，麦克卢尔收藏，特别系列

1793 年 10 月，玛丽-安托瓦内特终于被带到审判台前，由大 92
名鼎鼎的检察官富基埃-坦维尔（Antoine-Quentin Fouquier-Tinville）提出起诉，诉状起首，所用的字眼即使在那个愤怒狂热的年代也属少见：

> 美莎琳娜-布恒伊尔德（Messalinas-Brunhildes）、弗蕾德贡（Fredegund）、美第奇（Médicis），这几名前此被称为法兰西

> 女王或王后、臭名永远狼藉、永远遗臭史册的女人，与玛丽-安托瓦内特——路易·卡佩的寡妇，都是一丘之貉。在她为后的年月里，玛丽-安托瓦内特是带给全法国人民灾难的祸水，剥削全法国人民的吸血鬼。

接下来，起诉书开始一一列出她的罪状：革命前，她挥霍法国公帑，用来满足她“伤风败俗的佚乐”，并秘密资助奥地利的皇帝（玛丽兄
93 长）。革命后，她是宫中反革命阴谋的精神主脑。由于她只是一名女人，她这些阴谋诡计的不忠行为，显然只能透过男人的手来达成，如国王的众兄弟及拉法耶特等。更令人发指的危险罪行，当然是她对国王本人的邪恶影响。她不但被控犯下操纵人事、指派奸臣任职的特定罪名，而且更教唆国王虚与委蛇，对人民装糊涂，在人前满口允诺，回到深宫却另有计谋。最后（这一点，笔者看来最为怪异）还特别指出：

> 卡佩的寡妇，道德败坏到了极点，简直是阿格丽品娜(Agrippina)再世，这个女人，邪恶乖张已极，犯罪如家常便饭，完全忘了自己应有的母职，也逾越了自然法则规定的界限，纵情放欲，甚至连自己亲生的儿子路易-查理·卡佩也不放过——有后者亲口承认为证——行为之乖戾发指，令人毛骨悚然。⑧

---

⑧ 我在此处采用的是《综艺导报》(*Moniteur universel*)中刊载的审判报道。*Moniteur universel*，no.25，16 October 1793；引文是1793年10月14日的报道。

乱伦，是终极首罪；光是这两个字，就足以令人悚然。

大审王后，本来就非同小可，尤其这个在基本法上，就已经将女人排除在统治人名单以外的国家，必定更非常事。要援引前例，可谓少之又少——英国人虽有先例，被审的毕竟只是他们的国王，而非国王的老婆——而在时间上，王后之审与路易的审判亦颇有距离（路易受审为时两个月，由前一年 12 月到当年 1 月），先后有十月之久，似乎也冲淡了两审之间的关联。更有甚者，路易的审判官是国民公会的成员，玛丽-安托瓦内特却被视为常人，像巴黎其他人犯一般被带上革命罪犯法庭接受公审。陪审团及九名法官，全由男人组成。[9]

法国既然规定，除了因幼主冲龄，可以由母后间接摄政之外，永远不准有女主当政，她们就不会像身为男性的国王，被人视为拥有两个“身体”。根据对“‘王有双身’迷思”有所研究的坎托罗维奇（Ernst Kantorowicz）表示，英法两国的君王，都各自拥有两个身躯，一是看得见、摸得着、会死、会腐朽的个人“肉身”，另一是看不 94
见、摸不着、永远不死、不朽、代表模范理想的“政治躯体”，亦即国家。正如 1662 年法国教士波舒埃（Bossuet）在路易十四面前主持礼拜时所言：“你乃位属神籍，你人虽死，你的权柄却永远不死……诚然，人都有死，但是王，我们要说，你永远不死。”[10]这个双身的道

[9] 至少这是许多法官签署 1793 年 10 月 14 日逮捕令的情况，可参阅 *Moniteur universel*，no.25，16 October 1793。关于革命罪犯法庭之运作，可参阅 Luc Willette，*Le Tribunal révolutionnaire*（Paris，1981）。革命罪犯法庭成立于 1793 年 3 月，在审判国王时尚未成立。

[10] 引自 Ernst H. Kantorowicz，*The King's Two Bodies：A Study in Mediaeval Political Theology*（Princeton，1957），p.409，n.319。

理，经过百年时光流转，到了1793年是否还适用在国王身上，我们不敢说；但是它从来与王后无关，却是可以肯定的。如此说来，我们却要问，那么为什么，王后会腐朽的区区身体之死，竟然让法国人如此神魂颠倒、举国若狂呢？这个身体，显然毫无神秘象征性可言，到底又代表着什么呢？笔者要说，它代表着多重意义：说起来，玛丽-安托瓦内特可谓有许多许多的身体。这许多个身体——借用革命派最爱套在反革命分子头上的比喻：就像那九头怪蛇，杀一个，长两个，越杀越多，难以根除，一个个轮番揪出来被攻击、毁灭，因为下意识或有意识地，它们代表着对共和可能产生的威胁。而且这些可不是普通的威胁，因为王后其人，不但是反革命阴谋的最高代表，同时也是一切女性及女性化的象征，隐隐危及着共和对男性及男性化的观点。

更令人讶异的现象，是那股对王后女性身体的狂热关注，竟然从政治宣传物及讽刺漫画的场域，一路燃烧到了大审本身。审判之中，经常提到凡尔赛宫不断有“酒肉狂欢”，从1779年开始，一直到1789年间为止。最后终结演辩之际，富基埃-坦维尔更把性与政治合而为一，大肆抨击前王朝“乖张背性的行为”、玛丽-安托瓦内特与某些不友好国家“罪不可赦的不法私通”，以及她与“卑鄙之徒结党勾搭”。[11] 然后，审判庭庭长埃尔茫(Armand Herman)举槌总结，也指出她与“奸臣、恶将、叛民的私通”。他特别抨击1789年10月1日凡尔赛宫别舍举办的“狂欢”，据称王后在宴上怂恿禁卫军践踏革命军的三色帽徽。简单地说，玛丽-安托瓦内特利用她的“性

[11] *Moniteur universel*，no.36，27 October 1793，刊载了10月14日的审判会议。

身”,或与有罪的政客“私通”“勾搭”,或透过对国王、群臣、将士行使 95
性魅力的能力,腐化了国家的“政身”。

埃尔茫长篇大论的数落里,也仔细观察王后的身体表情,以检视其内在的心绪与动机。在她出奔瓦伦不成的遣返途上,外人可以发现她的神色、举动,刻画着一股“最强烈的报复欲望”。甚至当她被幽禁在坦普堡期间,狱卒们始终可以“在玛丽-安托瓦内特身上察觉到一种桀骜不驯、对人民当家做主感到不屑的态度”。[⑫] 逮捕、下狱甚至行刑的可能,种种做法,是希望借此撕落王后的最后一层面纱,夺去她掩饰心情的危险能力,让她毫无遮掩,完全暴露在公众面前。值得注意的是埃尔茫甚至将王后与作为公共力量的民众,摆在一起并列:最后揭发王后心中真正动机、情绪的途径,并非是什么秘密信函遭到披露,而是人民及其代表的阅读人的能力,从身体表情“读出”了她的内心世界。

众人对王后身体的注意力,一直延续到最后行刑的一刻。当审判庭宣判死刑之际,有人报道她神态自若,保持着一路以来受审时的“镇静自持”。在往刑场的路上,玛丽对大批围观的武装群众也表情漠然。“脸上看不出到底是颓丧还是骄傲。”[⑬]激进派报纸虽然解读出不同的表情,但却对她的一举一动予以同样注意。《巴黎革命报》宣称,在自由神像的脚前(也就是断头台矗立之处),她依然不改其“矫饰傲慢的个性,直到最后一刻”。出发途中,当她发现他们只把她放在一辆普通囚车,而非马车前赴刑场之际,不禁感

⑫ *Ibid*.

⑬ *Ibid*.

到“又惊又怒”。⑭

图 20　版画：玛丽-安托瓦内特被送上断头台，出自《巴黎革命》第 212 期，1793 年 8 月 3 日至 10 月 28 日。

图片来源：宾夕法尼亚大学，范佩尔特-迪特里希图书馆，麦克卢尔收藏，特别系列

96 因此，王后的肉身之所以“有趣”，并不是因为它与神圣有关，刚好相反，正因为它代表着一切违背神圣原则的事物：但凡举国视为神圣之物，都有可能遭它亵渎。同样地，在这一切注目焦点之中，同时也显现了一个事实：那就是王后其人，竟然可以代表这么许多事物。

王后的身体毫不稀奇，如果从“王有双身”这个观点出发，但是从她一人竟能奇妙地具有多重象征的角度而言，她的身体却的确

⑭　*Révolutions de Paris*, no.212, 3 August - 28 October 1793.

具有一股神秘作用。它有这么多重意义，代表着如此众多的危险威胁；正如自由女神代表的形象，不但可能有多重变调，变调之间甚至还偶有冲突。

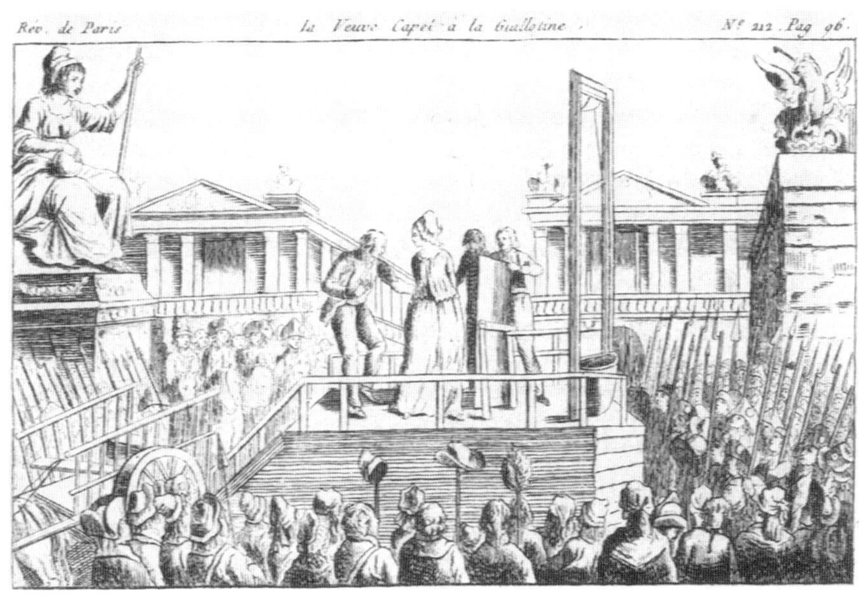

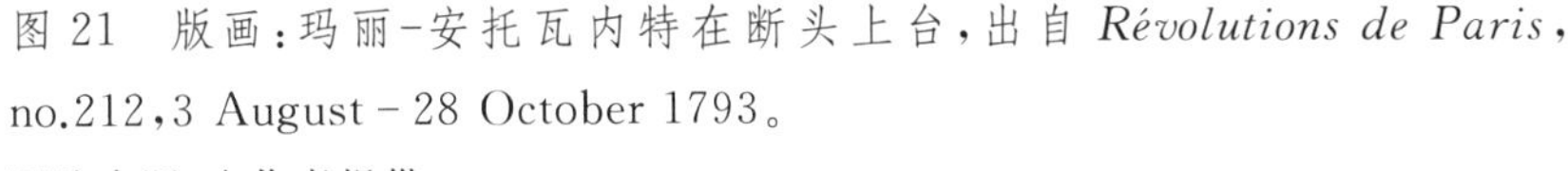
图 21　版画：玛丽-安托瓦内特在断头上台，出自 *Révolutions de Paris*，no.212，3 August－28 October 1793。

图片来源：由作者提供

因此，虚伪掩饰的个性，是王后众多罪状里尤其重要的一环。有能力遮掩真相，不让自身的心情在人前一个模样，人后另一回事；这种虚假欺瞒的行为，一再被提出、指控，为宫廷生活的基本特性及贵族阶段的典型作风。要做到这一点，外观的掌握尤其重要，亦即训练有素，能够自制、自知地运用自己的身体作为面具掩饰。有鉴于此，共和人士自然相反，要求一切透明化——内外如一，心里想什么，就立刻表现于外——认为透明是做人的最高品德。透

97 明的身体，是一个不说谎、不隐藏秘密的身体。透明，就是美德，因此被共和人想象成共和国未来之所系。[15] 反之，虚伪诡秘，却是破坏共和国生存的威胁，每一个阴谋诡计都是由它主导，是反革命伎俩的核心。因此，玛丽-安托瓦内特有教唆国王装假的行为，这项指控，可不是小罪名。

在 18 世纪的社会里，虚伪掩饰也被看成是一项女性共有的特
质，而非贵族所专有。根据孟德斯鸠及卢梭两位大哲的说法，是女
98 人教会男人如何装假，如何掩饰他们真正的想法、感觉，好在公共生活面取得他们想要的目标。[16] 沙龙，就是训练这项技能最重要的场所，同时也是社交女子得以进入公共场合的所在。因此，就某种意义而言，女人在公共场合（一如娼妓），就等于与虚矫同义，在公、私生活之间，有着很大的差距。

女人除非退出“江湖”，重返私人场合，才能恢复她们失去的德性。[17] 卢梭在《致达朗贝尔夫人的书信》中尤其把这种心态表露得淋漓尽致：

> 对于另一性，我们应该保护，而非阿谀屈从，但是现在我

---

⑮ 在以下这本书中，我将“透明”这个概念放在一个稍稍不同的脉络中加以阐述：*Politics, Culture, and Class in the French Revolution* (Berkeley, 1984), pp.44 – 46 and 72 – 74。

⑯ 关于启蒙哲士对于女人的态度，请参阅 Paul Hoffmann, *La Femme dans le pensée des lumiéres* (Paris, 1977), especially pp.324 – 446。

⑰ 乌德汉姆认为法国大革命有反女性的理论基础，因为法国大革命将旧政权时代的权力归于女性身上。笔者认为此言夸大了旧政权中女性对权力的认同，却反映了男性革命政治家想要规避罪恶感的方式。参阅“*Le Langage mâle de la vertu*: Women and the Discourse of the French Revolution”, in Peter Burke and Roy Porter, eds., *The Social History of Language* (Cambridge, 1987), pp.120 – 135，尤其是第 125 页。

> 们却陷她们于不义，随她们的意志起舞。看起来像是听她，实际上却等于轻视她，看起来仿佛奉承，实际上却在侮辱。巴黎每一名女子，都在香闺里豢养了一批比她自己还要娘娘腔的男人；这些男人，只知道如何曲意承旨，对其美貌顶礼膜拜，却不知道女人的心，才是真正值得他们尊重的对象。[18]

因此女人的性别性征，在公共场合透过虚伪运作之际，对男性造成莫大的威胁，极有可能把他们也变得酷似女人——也就是把男人的身体，真正变成女人。卢梭担心“女人把我们也变成女人”，有人批评他的见解，他便进一步将自己的立场表达得更清楚，反驳道：“我不同意你的看法，认为如果男人堕落，并不是女人的错，而是我们自己不对。我整本书，都在说明一点，证明其实错在女人。”[19]

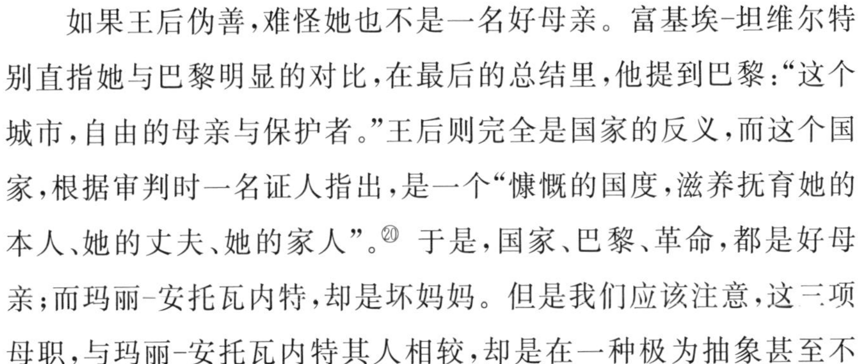

如果王后伪善，难怪她也不是一名好母亲。富基埃-坦维尔特别直指她与巴黎明显的对比，在最后的总结里，他提到巴黎：“这个城市，自由的母亲与保护者。”王后则完全是国家的反义，而这个国家，根据审判时一名证人指出，是一个“慷慨的国度，滋养抚育她的本人、她的丈夫、她的家人”。[20] 于是，国家、巴黎、革命，都是好母亲；而玛丽-安托瓦内特，却是坏妈妈。但是我们应该注意，这三项母职，与玛丽-安托瓦内特其人相较，却是在一种极为抽象甚至不 99

---

⑱ Rousseau, *Politics and the Arts*, p.101.

⑲ 引自 Carole Pateman, *The Sexual Contract* (Stanford, 1988), p.99。

⑳ *Moniteur universel*, no.36, 27 October 1793, and no.27, 18 October 1793.后面这段引文是出自鲁西莱(Roussillon)的证词。鲁西莱是位理发师兼外科和牙科医生，也是位炮兵。

具女性特质的概念下进行的。

政治上的好母亲形象，因此既抽象又不带女性气质；这两项特性，与巴特曼对西方社会契约所做的洞察解析，有相互印证强化之妙：

> 原始契约之说，可能是在这个由男性创导的政治新生活里一个最大的政治神话。可是一路下来，女人早已被判出局，不论在生命或政治上，都被归为局外人了。现在父亲的地位也岌岌可危，根据原始契约的说法，原本由他独霸的政治创制权，遂被攫夺，平分给其他男人。在公民生活里面，所有男人，不只限于父亲，都可以生发政治生活与政治权利。因此政治上的创造力，不属于父权，却属于男权。[21]

于是，在法文里位属阴性、作为母亲的国家(La Nation)，事实上并没有女性特质。它不是一股具有威胁意味的女性化力量，因此与共和观念没有冲突不容之处。这个“母国”，其实是一个男性化的母亲，或者说，是一个具有生育能力的父亲。1791 年宪法诞生之际，即曾有漫画戏绘塔尔盖代表(Deputy Guy Target)“分娩”的画面。这些图片，有意无意之间，正好显示这个下意识的想象：在兄弟携手共治的新政权里，男人可以自己“生出”新秩序来。[22] 玛丽-安

---

[21] Pateman, *The Sexual Contract*, p.36.

[22] 关于这种政治观点的分析，请参阅 Vivian Cameron,“Political Exposures: Sexuality and Caricature in the French Revolution”, in Hunt, ed., *Eroticism and the Body Politic*, pp.90 - 107，尤其是第 98 - 100 页。

托瓦内特的身体则在中间挡路，是这个新版社会契约的绊脚石，因为在旧政权里，下一位继承王位的人选，是由她肚子里生出来的孩儿。[23]

在民约论论者中间，巴特曼可谓是一个异数，因为她将弗洛伊德本人以及他的“兄弟帮”观念纳入严肃考察：“弗氏提出的故事，100
凸显出在原始协议达成以前，所争议者即不仅限于自由这个题目，尚包括男人对女人的控制管辖在内。他的理论更显示，公民政治与私人两性，这两个不同方面的分野，也是经由原始契约而创立存在。”[24]巴特曼的分析，强调了性别问题在政治重构里的重要性，不过她却忽略了当男人在女人问题上寻求解决之道之际，所引发的焦虑之情。她主张兄弟间的夺权斗争，很快就改道经由市场及婚姻的竞争得到出路。[25] 但是在法国大革命里，兄弟之间的竞争仍属死亡竞争，女人问题也未轻易获得解决。解决之不易，可以从乱伦主题不断回旋出现的现象看出蛛丝马迹。

在王后的大审里，乱伦罪名系由激进报人埃贝尔提出，他编的 101
八卦报《杜歇老爹报》，绝对是当时最“畅销”的报纸。埃贝尔本人，系以巴黎市助理检察官的身份出席审判，但是他的报纸，却因攻击

[23] 尚塔尔·托马(Chantal Thomas)表示，反玛丽皇后的手册，在1777年玛丽皇后第一次怀孕时敌意尤其强烈。参阅 *La Reine scélérate*：*Marie-Antoinette dans les pamphlets* (Paris，1989)，p.40。

[24] Pateman，*The Sexual Contract*，p.12.

[25] 参阅巴特曼 *The Sexual Contract*，p.114。巴特曼并未详细讨论法国大革命或其他特殊的政治事件。笔者并非批评他忽视了法国大革命，只是认为检视此类事件将能使他在某方面进行理论修正。

图 22　版画：塔尔盖代表“分娩”出 1791 年宪法。
图片来源：法国国家图书馆

王后不遗余力而大大有名。[26] 埃贝尔出庭作证，表示派驻看守路易之子的鞋匠西蒙(Antoine Simon)，曾请他到坦普堡监狱谈话，因为西蒙当场捉住 8 岁的小人儿竟然在做“不规矩的脏事”(亦即手淫)。问他是从哪里学来这种坏样，小男孩答道是妈妈和姑姑(王妹)教他的。在市长和检察官的面前，他们又教他亲口重复这项指控，小男孩听命照办，并指称两个女人常叫他睡在她们中间。埃贝尔结论道：

㉖　关于埃贝尔对王后的完整分析，请参阅 Elizabeth Colwill, “Just Another *Citoyenne*? Marie-Antoinette on Trial, 1790 – 1793”, *History Workshop Journal* 28 (1989)：63 – 87。

> 我们相信，这种罪恶的淫弄，并不只是为了作乐，事实上还有一种政治动机，想要把这个孩子的精力掏空。因为她们相信，他日后一定会继承王位，经过这种摆布，保证以后可以继续左右他的道德操守。

男孩的身体，也反映出这种乱伦行为的影响：有一个睪丸曾经受伤，必须包扎保护。埃贝尔又报道，自从母子分离之后，小男孩的身体越来越强健。㉗ 有什么事情，能比日渐萎缩的小鸡鸡，更能表彰卢梭所预言的女性化的毁坏效果？

这番话的确耸人听闻，不过庭上并未深入追索这项罪名。当面质问王后时，她则拒绝作答，因为竟有人“对一个母亲提出这种问题”，如果答复，等于自贬身价。㉘ 可是消息在报纸上已经登载得满天飞，甚至连雅各宾派也注意“母子、姑侄之间这些无耻的场面”，并严斥“（男孩）血管中所流的毒液，这一切坏事可能都是这不 102
干净的血源所造成的”。㉙ 大审期间，雅各宾派报纸《自由人刊》（*Journal des hommes libres de tous les pays*）甚至针对这个题目做了一篇很长的社论，严厉斥责玛丽-安托瓦内特及她的小姑带坏了小卡佩，让他小小年纪就开始探入“放荡无度的禁域”。㉚ 奇怪的是，王家的血脉沦丧堕落，与共和国的男子何干，他们为什么这

㉗ *Moniteur universel*, no.27, 18 October 1793.

㉘ *Ibid.*, no.28, 19 October 1793.

㉙ *Ibid.*, no.29, 20 October 1793.

㉚ *Journal des hommes libres de tous les pays, ou Le Républicain*, no.348, 15 October 1793.

么穷紧张？想必是乱伦罪名的背后还有一个牵连更广、也许多为下意识的反响作用。

在最明显的层次上，乱伦只是王家罪恶本质的又一表征。埃贝尔怪罪王室的支持者，比喻说道：“你们牺牲了自己的弟兄，为的是什么？为的是一个既没有信仰、又不遵守法律的老淫妓。她已经害死了数以百万的男人；你却还要替她吹号卖命，等于在鼓励杀人抢劫、通奸乱伦！”[31]乱伦之罪，虽非革命论述里的主旋律，但在革命前的小说以及旧政权最后数十年甚至革命时期本身的政治春画里，却经常出现。[32] 也许最骇人听闻的例子，要算萨德的情色画，笔下尽是父女兄妹之间的乱伦情事（详见第五章）。

长久以来，民间对王后私生活所作的色情与半色情描述，为官方对她提出的乱伦指控，等于预先铺设下了背景预备。[33] 虽然这项罪名的依据，系在王室成为阶下囚后根据他人指称发生在狱中的行为；但是它依然可以成立，因为早就有旧政权自己当政时的政治春宫画，以及革命后出现的成打的宣传刊物指证。当《巴黎革命
103 报》大声疾呼：“谁能忘记她私生活的种种不检？”，或一再重复她与“阿图瓦（Artois，国王的一个兄弟）、费桑（Fersen）、夸尼（Coigny）等秘密纵欲”的罪名，事实上只是在提醒读者，他们自己早就已经

㉛ *Le Père Duchesne*，no.298（October 1793?）.

㉜ 关于18世纪下半叶的情形，请参阅 Hector Fleischmann，*Les Pamphlets libertins contre Marie-Antoinette*（Paris，1908；reprint，Geneva，1976），especially the chapter，“La France galante et libertine à la fin du XVIIIe siècle”，pp.13－36。

㉝ 关于革命前讨论王后的文学作品。请参阅 Maza，“The Diamond Necklace Affair”。

自地下刊物得到了这样的印象：王后秽乱后宫。[34]

有关法国王后行为放纵的流言，早从1774年她嫁到法国四年之后即已开始，首先是一张讽刺漫画，影射她每天一大早必做的"晨操"。同一年，路易十五花了好大一笔银子，才把流传于伦敦、阿姆斯特丹两地，一本绘形绘影、细说他孙子（也就是未来的路易十六）性无能的小册子收购一清。[35] 没有多久，各种歌谣、"小报"的内容变得更为露骨和下流，第一本长篇细述深宫春帏的册子，也开始秘密出版，以后越出越多。据某位专门研究这个题目的专家声称，根据他搜罗分类的结果，共有126部小册子，可以归入"玛丽-安托瓦内特·放荡篇"的种类下。[36] 甚至在1785年有名的难堪事件"钻石项链丑闻"爆发之前，以及这件公案结束之后许久，法国王后始终都是一派创作量极丰的讽刺写作焦点；这支文学中的旁门左道，全神贯注，以她女性的身体为话题。

玛丽-安托瓦内特面对的罪名，多数早就已经在革命前的宣传册上出现。1783年被禁的《红高跟贵族的文件夹》（*Portefeuille d'un Talon Rouge*），沿袭18世纪的写作习惯，一开始，先由所谓的这位出版人来上一篇序言，表示有人路经皇家宫殿——此宫是

[34] *Révolutions de Paris*, no.212, 3 August-28 October 1793.

[35] Fleischmann, *Les Pamphlets libertins*, pp.103 - 109.

[36] Hector Fleischmann, *Marie-Antoinette libertine: Bibliographie critique et analytique des pamphlets politiques, galants, et obscènes contre la reine: Précédé de la réimpression intégrale de quatre libelles rarissimes et d'une histoire des pamphlètaires du règne de Louis XVI* (Paris, 1911). 关于这类宣传品最近的诠释请参阅 Thomas, La Reine scélérate. 托马尤善于分析反玛丽-安托瓦内特的宣传文献；但是关于审判记录，她几乎一无所知。

有名的嫖赌场所，当时由法王堂兄奥尔良公爵所居，有人说这些小册子很多是他出钱发行——发现了一个文件夹，里面有一卷致法兰西学院 H 君(Monsieur de la H...)的手稿。手稿开头道:“你真是疯了不成，我亲爱的 H 君，你竟然想，他们告诉我说，写出凡尔赛宫内搞女同性恋的秘闻。”接下来，马上就是标准的飞短流长，指称玛丽-安托瓦内特与波利尼亚女公爵(duchesse de Polignac)、巴尔比夫人(Madame Balbi)等女人有不正常的关系。据称阿图瓦
104 公爵(comte d'Artois)是唯一令她感兴趣的男人。这些指控，虽然尖锐凌厉，却只是整本小册子的一部分。其他内容，多半系对宫中及内阁各部所做一般性的长篇攻击。谈到路易宫中的廷臣，作者叹道:“你们真是一群令人厌恶的种类，就靠你们猴子、毒蛇般的角色讨生活。”[37]

随着 1789 年大革命的袭来，闸门大开，洪流泛滥涌入，攻击王后的册子，数量如雨后春笋般迅速增加，种类也从歌谣、童话到杜撰的所谓传记(如流传甚广的《玛丽-安托瓦内特史》〔*Essais historiques sur la vie de Marie-Antoinette*〕，1781 年曾以各种不同的书名出版)、自白书、剧本等等，花样繁多。有的作者，纯粹从色情出发，并没有太多的政治内容，比如 16 页的小册子《王家阳具代替品》(*Le Godmiché royal*，1789)，即系讲述朱诺(影射王后)与艾蓓(应该是影射波利尼亚女公爵或朗巴尔亲王夫人)的故事。朱诺抱

---

[37] *Portefeuille d'un Talon Rouge*，*contenant des anecdotes galantes et secrèts de la Cour de France* (Paris，1911).该版本乃以下列这版为基础:“l'an 178 –，De l'Imprimerie du Comte de Paradès。”

怨在家里得不到满足，说着从手袋里拉出一根假阳具（“真要感谢修院替我们发明了这样的恩物”），保证可以有想象不到的美妙尺寸可用。[38]

1789 年出版的那部长篇传记《玛丽-安托瓦内特史》（法国的增附版长达 146 页），早就透露出民众对王后个人越来越高的敌意，到了革命时期，更在春宫画中表露无遗。[39] 这部书是在所有反玛丽-安托瓦内特的揭秘文字中，内容最细密详尽者，声称系以王后自己第一人称的观点来看事情：“我的死，是曾经被我用最残忍的手段、镇压过的全体人民一致的愿望。”书中的她，将自己形容为一名“残忍野蛮的王后，通奸不贞的配偶，没有道德感的女人，浑身上下染满了罪恶淫荡”。并细述前此各种小册子加诸她的各种罪名，将事情本末娓娓道来。首先话说从头，原来她的同性恋经历早在当年在奥国宫廷做公主时即已开始，所有和各王公贵人的私通经过也都有了具体内容。然后又另加一笔，给自己再添上一个罪 105
名，1789 年初早夭的太子，原系她亲手下毒害死。这本书与后来其他许多同类书刊有一个共同的奇异特点：在色情描写与政治论述之间来回转换，一会儿以第一人称，大胆露骨详细叙述私通情节，充满了小鹿乱撞的心情与热情的动作；一会儿则是政治的说教、道德的忏悔，放在王后自己同一张嘴里说出来。淫荡的王后与国王之间，两相对比差异惊人：他“那份纯洁、真诚的爱，被我如此

---

[38] *Le Godmiché royal* (Paris, 1789).

[39] 此传记于 1781 年出版后，出现许多不同的书名。关于书名的更易，可参阅 Henri d' Almeras, *Marie-Antoinette et les pamphlets royalistes et révolutionnaires : Les Amoureux de la Reine* (Paris, 1907), pp.399 - 403。

残酷、如此再三地苛待”。[40] 法国王后，也许是王族世家日趋堕落里具代表性的人物，但是她本人绝不代表王家的全部。

有关玛丽-安托瓦内特的小报，反映着政治色情文学制作越来越热门的趋势：1774—1788 年，这一类书刊的数量开始稳定增加，1789 年后更飞跃成长。王后并不是这场色情攻击战的唯一目标，当时尚有一系列的“私生活”记事，向 1789 年前朝臣的行事发动攻击，连革命诸将从拉法耶特到罗伯斯庇尔，也不能在这场炮火中幸免。书中描写的贵族，都阳痿委顿、性病缠身、淫荡恣纵。在这些作品里面，同性恋行为与阳痿具有同样作用，以旧政权中人——教士与贵族——的颓废，显示旧政权本身的衰败。因此性的堕落，与政治的腐化并行下坡。[41] 1789 年后春宫文字大为泛滥，显示政治

[40] *Essai historique sur la vie de Marie-Antoinette, Reine de France et de Navarre, Née Archiduchesse d'Autriche, le deux novembre 1755: Orné de son portrait, et rédigé sur plusieurs manuscrits de sa main* (A Versailles, Chez La Montensier [one of her supposed female lovers], Hôtel des Courtisannes, 1789), pp.4, 8, 19 - 20.某些人认为此手册是布里索所著，但德阿尔梅拉(d'Almeras)与弗莱舍曼(Fleischmann)对此皆有争议。D'Almeras, *Marie-Antoinette*, p. 339; Fleischmann, *Marie-Antoinette libertine*, pp.67 - 70.Fleischmann 报导说，萨德侯爵(the marquis de Sade)写了 1789 年版的第二部分(68 页)。1789 年初，一本名为 *Essais historiques sur la vie de Marie-Antoinette d'Autriche, Reine de France; Pour servir à l'histoire de cette princesse* (London, 1789) 的书，语气较和缓。该书并未以第一人称的笔法铺陈；虽然书中详载王后在性事上的诡计，但本书在风格上不算是色情作品。该版本的写作目的是要让王后知道自己所犯的罪恶：“但愿上天保佑，这些真理如果讲给这位公主，能够纠正她，让曾经轻率的她因美德而焕发光彩”(Fasse le ciel cependant que ces vérités, si elles sont présentées à cette princesse, puissent la corriger, et la faire briller d'autant de vertus qu'elle l'a fait par ses etourderies)(p.78)。

[41] 综论贵族腐化和共和国健康状态两者间对比的资料，可参阅：Antoine de Baecque, “Pamphlets: Libel and Political Mythology”, in Robert Darnton and Daniel Roche, eds., *Revolution in Print: The Press in France, 1775 - 1800* (Berkeley, 1989), pp.165 - 176。

色情学一事并不能只被视为政治文化的附属品，因为政治上不得参与，只好借性的攻击表达为发泄。因为一旦政治渠道开放，参与率大为提高——尤其在报禁解除，各种书刊报章大量出现之后，政 106
治大道还是不曾从此踏上坦途。[42]

在这一波又一波的攻击里，玛丽-安托瓦内特一枝独秀，显然是最被“宠爱”的人物。有关她的书刊，不但比谁都多，攻击的炮火也最火辣持久。有人宣称，单是《玛丽-安托瓦内特史》一书，就卖出了两三万册。[43] 1789 年不但是出版数目大增的转折点，在文字语气上也有重大突破。1789 年以前的地下刊物，都是在偷偷地讲脏故事；1789 年后情势大变，开始自觉地以内容吸引更多群众。现在公众不再只满足透过印刷书刊，“道听途说”朝臣秽廷的传闻；现在他们要“亲眼看见”堕落情事的动作经过。1789 年以第一人称出版的法国版《玛丽-安托瓦内特史》，就是这种写作手段的一个例子。两年后问世的《路易十六之妻，玛丽-安托瓦内特的子宫热》(*Fureurs uterines de Marie-Antoinette, femme de Louis XVI*)，黄色笔法更为细腻，还带彩色图片，显示路易不能完事，由阿图瓦、波利尼亚女公爵取代他的位置。

这一类带有第一人称小标题的猥亵图片是直接展示女性淫荡最具象的表现。长篇巨作《法国国王路易十六之妻——奥地利的玛丽-安托瓦内特的一生；从失去童贞至 1791 年 5 月 1 日》(*Vie*

[42] 此处我采用的是达恩顿(Darnton)在“高级启蒙运动”(The High Enlightenment)中的论点，尤其是 33 页。

[43] D'Almeras, *Marie-Antoinette*, p.403.然而，关于这项看法，他并没有提出证据。

de Marie-Antoinette d'Autriche, femme de Louis XVI, roi des Français; Depuis la Perte de son Pucelage jusqu'au premier Mai 1791），一卷不足，后面又出了卷二及卷三，名为《前法国王后——奥地利的玛丽-安托瓦内特放纵的私生活及丑闻》（*Vie privee, libertine, et scandaleuse de Marie-Antoinette d'Autriche, ci-devant Reine des Francois*），里面的图片颇具集大成的标示作用。[44] 只见左一张右一张，都是玛丽-安托瓦内特与情人欢爱相拥的画面，凡是可以想象的对象都到齐了：一位德国军官，传闻中是她的初恋情人、老迈的路易十五、无能的路易十六、阿图瓦公爵、各种不同的女伴或男女三人行、钻石事件的罗昂主教（Cardinal de
107 Rohan）、拉法耶特，巴纳夫以及其他形形色色诸人。配图的双韵诗，有时以第一人称自称（天也！妙也！哦！我的魂灵儿飘也！无语以言之也！）；有时则为第三人称。其中的用意则一：制造出行为的戏剧效果，让读者同时满足偷窥与道德审判的需要。但是即使在最猥亵的文字图画里，政治的意图也极为明显。卷二及卷三里面，黄色画面与描绘贵族密谋、革命群众进攻土伊勒里宫的图片穿插出现。甚至有一张怪画，显示路易头戴自由的小红帽，举杯祝国泰民安，一旁则是王后和仅存的皇子和王位继承人。这般政治与色情的奇异交错并列，在我们看起来觉得很奇怪，事实上却在强

[44] 这三册收藏于国家图书馆 Enfer nos.790－792。出版日期实属捏造，第一册名为"Paris, Chez l'auteur et ailleurs, Avec permission de la liberté"（no date）。第二册："Aux Thuileries et au Temple, Et se trouve au Palais de l'Egalité, ci-devant Palais-Royal, l'an premier de la République"。第三册："Paris, Palais de la Révolution, 1793"。

调，性行为的错乱失德，与密谋图乱的政治行为有很密切的关系。

黄色政治书刊吸引了许多读者的现象，其实如出一辙，与其他非黄色政治书刊、“热门”报纸、公众会社等的陈情报告，以及大审判记录诸文字作品一般，运用着同样的表达公式。1789 年的《玛丽-安托瓦内特史》，早就有一段不久即将成标准公式的比较手法，将玛丽-安托瓦内特与法国史上其他名女子如麦蒂奇、阿格丽品娜以及美莎琳娜等人并列比较。1789 年出版的另一本 16 页小册子，则把她与前任众王后做一些细节上的比照。希尔贝里克一世(Chilperic I)邪恶的情妇，后来终成其后的弗蕾德贡(Fredegund)，与梅迪西在书中对话：“我们俩的罪过，迟早都会湮没，被人遗忘……可是乱伦、通奸，还有那最无耻、最淫荡的行为——颠倒阴阳的神圣自然法则——却是这个大淫妇美莎琳娜的专长。”㊺

这些对比，被另一本古怪的政治小册子《法兰西历代王后之 108
罪》(*Les Crimes des reines de France*)借题更上一层楼大加发挥。该书的作者是位名叫路易丝·德·格哈丽欧(Louise de Keralio)

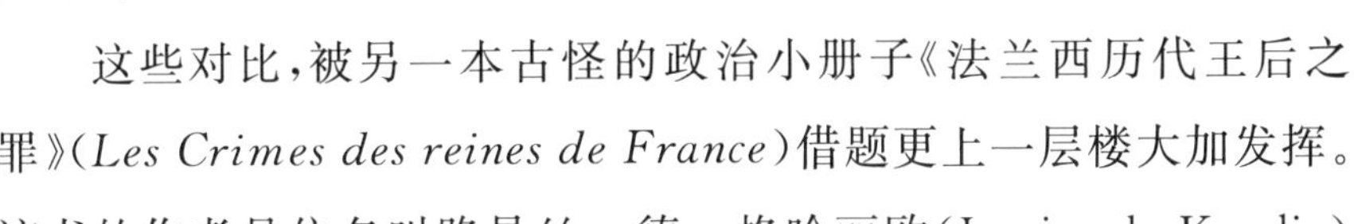

㊺ *Le Petit Charles IX ou Médicis justifiée* (n.p., 1789), pp. 3, 7. The figure of Fredegund had an interesting prerevolutionary history that may well indicate the growing worry about women with public power. When Jean-François Ducis rewrote Shakespeare's *Macbeth* for the French stage in 1784, he gave Lady Macbeth the name of Frédégonde (Fredegund is the common English equivalent). Fredegund encourages her husband to murder in order to secure the throne for her son, but in the end she mistakenly kills the son in a sleepwalking scene. Macbeth accuses his own wife of pushing him to murder in terms that are reminscent of the anti-Marie-Antoinette literature: “C'est toi, c'est toi, barbare, en empruntant ma main.” E. Preston Dargun, “Shakespeare and Ducis”, *Modern Philology* 10 (1912): 137 – 178. I am indebted to Reeve Parker for alerting me to Ducis's use of Fredegund.

的女子(不过却是以出版人伯乎多姆的名义出版。)[46]从这本小册子的内容演变,可以一窥一般人对王后罪名的看法:从原本质疑她可能德性有失,到后来完全确认她恶性昭彰。在本书早期的版本里(1791,1792),对王后的抨击只使用假定的语气:“她应该受我们
110 这样一再的仇恨与轻蔑吗?这些罪名并没有确切的证据,我们不能只凭臆测行事。”[47]但是后来标为“共和二年”出版的“修订增补”版却改变了口吻;如今所有的犹疑都已成为肯定,原本的问号,都改成王后有罪的宣判。[48]

《王后之罪》一书,并不是一本异色书,它只是列举王后的“罪状”为背景,作为政治批评的论点。细述法国历来王后的一本账,并强调“虚假掩饰”的主题。“勾引、出卖、二心、媚惑、装哭掉泪、长吁短叹、奉承祝祷”——这些都是法兰西王后用来迷惑众人的武器(并且也被卢梭指认是所有女人的武器)。[49]

历代王后逐一点名,最后点到路易·卡佩的老婆,该书作者列出传言中王后的众情人,有男有女。但是作者坚持略过这些“私

㊻ 这项发现是因为我注意到卡拉·赫西(Carla Hesse)。当我着手研究另一计划时,有人谴责我说,格哈丽欧才是这本书的作者。下面这本匿名的宣传小册对格哈丽欧是该画的作者一事,做了一番抨击:*Les Crimes constitutionels de France, ou la Désolation française, Décrétée par l'Assemblée dite Nationale Constituante, aux années 1789, 1790 et 1791. Accepté par l'esclave Louis XVI, le 14 septembre 1791* (Paris, 1792)。

㊼ *Les Crimes des reines de France, depuis le commencement de la monarchie jusqu'à Marie-Antoinette* (London, 1792). p.325.也请参阅1791年巴黎出版的版本。

㊽ *Les Crimes des reines de France depuis le commencement de la monarchie jusqu'à la mort de Marie-Antoinette; avec les pièces justificatives de son procès Publié par L. Prudhomme, avec Cinq gravures. Nouvelle édition corrigée et augmentée.* (Paris, an II).

㊾ *Ibid.*, p.2.

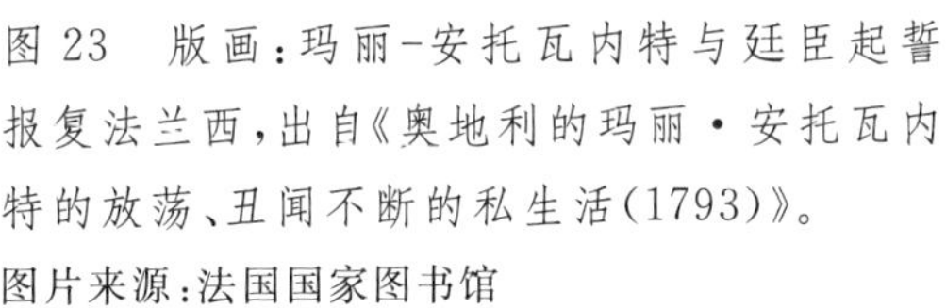
图 23　版画：玛丽-安托瓦内特与廷臣起誓报复法兰西，出自《奥地利的玛丽·安托瓦内特的放荡、丑闻不断的私生活(1793)》。
图片来源：法国国家图书馆

罪”，尽快把话题转到这个女人在公众面前所犯下的罪过。玛丽-安托瓦内特，是“所有阴谋、诡计、恐怖背后的主脑、中心、来源”。是一只不折不扣的“政治毒蜘蛛”(这个名词，系在后面几版出现)，“肮脏淫秽的贱虫，在黑暗中密织下它的罗网，没有经验的蚊蚋遂陷身成为它的诱饵。”下一页里，安托瓦内特又被比成一只大母虫，

一旦尝试鲜血的滋味，胃口就越来越贪难以餍足。这一切所作所为，都印证该书第一张插画的文字："一国之人，尽皆俯首后威，尊严既已荡然，只配为奴之份。"[50]

其他篇幅比较短小、政治气息稍重的小册子，也不放过色情文学的主题，更直截了当地与政治目的放在一起炒作。比方 1792 年间，一套系列宣传小书即洋洋洒洒地列了一张应当立予处决的政敌名单。附录部分，更详列凡是与王后有过"放荡关系"的人名。这类册子如出一辙，都把王后描写成"逆女、恶妻、坏母亲、坏王后、
111 总而言之一个超级大妖怪！"[51]曾就革命时期讽刺画撰写评论的保皇派人士布瓦耶-布伦（Boyer-Brun），对这些小册子尤其反感。他指出，这些文字在 1792 年 6 月出现，而且就在土伊勒里宫的窗口底下公开叫卖；甚至连革命大报如《爱国者年鉴》（*Annales patriotiques*）、《巴黎纪事报》（*Chronique de Paris*），也竟然一再登载同样"不敬的冒渎言论"。[52]

因此，在 1792 年 6 月的政治总攻击发动以前，小册子文学就已经在王权头上动土。雅各宾党人也早在 1792 年春开始搭上这

[50] *Ibid.*, pp.440, 445 – 446. Elizabeth Colwill has suggested to me that Keralio did not write the added sections in the year Ⅱ version of *Les Crimes*, if indeed she wrote the book at all. It is true that the later edition incorporates a language of bestiality and a tone of declarative certainty that is missing in the earlier editions.

[51] 例如：*Têtes à prix, suivi de la Liste de toutes les Personnes avec lesquelles la Reine a eu des liaisons de débauches*, 2nd ed. (Paris, 1792), and the nearly identical *Liste civile suivie Des noms et qualités de ceux qui la composent, et la punition dûe à leurs crimes... Et la liste des affidés de la ci-devant reine* (Paris, n.d.)。

[52] Boyer de Nîmes [J.M.Boyer-Brun], *Histoire des caricatures de la révolte des Français* (Paris, 1792), vol.2, pp.8 – 11.

个话题。1792年4月，有人在该党会所发表谈话，称玛丽-安托瓦内特为“这个不检点的无耻女人，现代的布恒伊尔德”，十足的祸水，并劝告路易赶快把她打入冷宫。布瓦耶-布伦认为1791年面世的《法兰西历代王后之罪》，是后来所有攻讦王后文字的始作俑者，“其唯一目的，可能是为了令法国人再也不存任何恻隐，不会因凯撒女儿的惨怖命运而有半点不忍。”如此一来，以后不管再如何编派王后的不是，即使没有证据，人民——“被误导的群众”——也会照单全收深信不疑。报上更大声疾呼，应该把王后绑到戏院当众鞭笞。总之，根据这位义愤填膺的保皇派的看法，从市场到宫门，到处都可听到人们在诋毁王后。[53]

从主张王后行为失检，到引用各种禽兽比喻，这种明显的论调转变，不独前后版次的《历代王后之罪》之所为，更是当时其他许多所谓“当红”评论的标准讲法，在玛丽死前数月尤其愈演愈烈。早在《杜歇老爹报》里，埃贝尔就已经把弗蕾德贡与美第奇扯进来混为一谈，不过还没有那么太离谱。他惯用的笔法，是假装自己跟王
后当面对话，让她听懂一点道理。[54] 及至1792年间，王后已经变 112
成众矢之的，一旦王权坍塌，埃贝尔更动不动就用上“皇室动物奇观”的字眼。狱中的废后，被他说成是只“母猴子”而不名，废王则是猪。书中幻想气氛极高的一幕里，杜歇借神奇指环之力，摇身一变，成为波利尼亚女公爵的模样，前来探王后的监。废后扑进朋友的怀里，泄露她希望反革命赶快成功的心情。[55] 待其老公被砍头

[53] *Ibid.*, vol.1, pp.217, 296 - 297, 309 - 311.

[54] *Le Père Duchesne*, no.36.

[55] *Ibid.*, no.194.

之后，字里行间对她的恨意更深，唤她做母狼、奥地利的母老虎。待她本人受刑之际，埃贝尔更建议把她剁成肉酱，做成馅饼，为她造成的血泪报仇雪恨。[56]

地方上的好战人士，也沿用同套讲法。塞纳-马恩省的人民团体荷沙瓦(Rozoy)，致函国民公会，恭贺它处决王后的大功告成，信中提到"这只嗜法国老百姓血成性的母老虎……美莎琳娜再世，腐烂的心里藏着一切罪恶的种子，愿她败坏的历史从此湮灭无踪"。贝斯-庇里牛斯山省的人民团体加兰(Garlin)，也抨击"这只吞吃全法国的狰狞母豹，这只全身汗毛孔都渗冒着无套裤汉纯净鲜血的妖女"。[57] 弥漫在这些文字里面的意象，尽是王后身体扭曲恐怖的变形，从原本只因淫荡失检受到咒骂的肉体，一路演变成危险的野兽，狡猾的蜘蛛，吸吮法国人民鲜血的吸血鬼。

以一般大众为对象的文字，似乎尤其爱用这类以禽兽为比喻的论调。态度比较严谨自持的雅各宾派报纸——它的读者可能多为党魁，而不是一般激进好斗的老百姓——往往避用这类禽兽字眼，只专注恣纵情事的批评。比方《自由人刊》那篇广受地方报纸转载、庆贺王后受刑的长篇社论，[58]虽然强烈数落玛丽-安托瓦内
113 特的诸多罪状，大肆渲染她的"好色、自满""淫荡""奸情""挥霍"国库，以及她决心"要浴法国人民鲜血"的心狠手辣等等——却只字不提任何如老虎或母狼的禽兽字眼。《自由人刊》赞扬，这场行刑

[56] *Ibid.*, nos. 296 and 298. 关于这种兽性的比喻，请参阅 Thomas, *La Reine scélérate*, pp.130－134。

[57] 引自 Fleischmann, *Marie-Antoinette libertine*, p.76。

[58] 例如：*Journal révolutionnaire de Toulouse*, no.9, 24 October 1793, which repeats the editorial in *Journal des hommes libres*, no.350, 17 October 1793。

不啻“净化”全球,各地的罪恶为之一清。[59]

有关血统的话题,也在极端或保守的言论里或明或暗地沸腾。比方在1789年后出版的宣传手册里,就经常质疑皇子们的正身,怀疑他们的老子到底是谁(通常都是安在王兄阿图瓦公爵的头上)。种种血源不正的传闻里,有趣的一记变招却是《杜歇老爹报》否定其中一项说法,认为王后私养了一名容貌酷似皇太子的男孩,以便偷梁换柱,暗中调包。[60] 最大的罪名,当然是乱伦之罪。这项罪名,在正式的审判上,虽然只限于母子乱伦,但是在民间流传的文字里,却范围广大,包括国王的兄弟、国王的祖父(路易十五),甚至她自己的父亲——教她“淫罪之首的恋奸情热”,再来则是“对法国人民的嫌憎,对妻职、母职的厌恶,简而言之,将一切人性贬堕到禽兽不如的地步”。种种指控之极端、幼稚与可笑,可以以下面这一段为精粹,翻译完全不能传达其中的精髓:

这里,躺着荡妇曼侬
她,在她妈妈的肚子里
就知道什么姿势更好……
即使是跟她老子。[61]

---

[59] *Journal des hommes libres*, no.350, 17 October 1793.

[60] *Le Père Duchesne*, no.36.

[61] *Vie privée, libertine et scandaleuse*, reprinted in Fleischmann, *Marie-Antoinette libertine*, pp.173 – 174. The same “Epitaphe de Manon” appeared earlier in *La Con-fédération de la nature, ou l'art de se reproduire* (London, 1790), p.48. 此处并未提及玛丽-安托瓦内特(并非省略之故)。这本48页的小册子中,包含了许多猥亵下流的韵文,其中有些是反对教权的。

兽性的比拟，放浪形骸的罪名，对于系谱的篡改，在此都以最直接和密切的方式连成一气了。

杂交、乱伦、毒害太子、调包——种种指控，都显示众人对王后职守的焦虑，因为它代表女性侵入公共空间的最高点。卢梭担心
114 沙龙女主人会把她“后宫众男子”变成“比她自己还女人”的女人，极端好战一派的路易丝·德·格哈丽欧则警告她的读者：“女人当了王后，就会变了性别。”[62]因此，大革命带来了众人害怕的心事：两性疆界的瓦解；而王后一角，则成为这场趋势的表征（及牺牲品）。

吉拉德研究仪礼中的暴力，主张“牺牲性危机”带来一种深恐性别角色趋于模糊的心情（所谓牺牲性危机，系一种令社群感到有必要寻找替罪羔羊的危机）：“牺牲性危机导致的一个后果，就是男人开始发生某种程度、性质的女性化，与此同时，女人也开始经历某种男性化的蜕变。”[63]于是需要找一个替死鬼，恢复社群原有的性别意识。吉拉德举出法国王后，作为他涵盖面更广的总体理论的论证。在他研究替罪羔羊及集体迫害现象的书中，作者认为法国大革命具有促成集体迫害行为爆发的重大危机的全部特征。根据他的看法，玛丽-安托瓦内特之所以被指乱伦，是要她为性别角色的混淆担上罪名；因为性别错乱，是众人同感威胁的一场集体危机。因此欲加之罪，必须是一种“消除区分”（dedifferentiating）性质的罪名，才能“名正言顺”成为替社群集体暴力担罪的牺牲品。[64]

---

[62] *Les Crimes des reines de France*, p.vii.

[63] René Girard, *Violence and the Sacred*, trans. Patrick Gregory (Baltimore, 1977), p.141.

[64] René Girard, *Le Bouc émissaire* (Paris, 1982), pp.33 - 34.感谢詹姆斯·温切尔(James Winchell)让我引述这段内容。

乱伦是“消除区分”行为中最骇人听闻的一种，因为它直接威胁到家庭中的角色界定，并危及建筑在“族外通婚”（exogamy）及家庭与社会有别的整体架构。

笔者引用吉拉德，并不表示法国大革命的走势，系完全按照他“牺牲性危机”或“替罪羔羊论”的脚本演出。事实上，危机当头的时刻，大革命并不曾单单只挑出一人顶罪；相反地，大革命的特色，却是不断地找寻新的牺牲者，仿佛社群自己也弄不清楚自己，无法在一名牺牲者身上了事（不管国王还是王后）。不过吉拉德指出，社群内部深重的危机意识，往往带有一股对“消除区分”的强烈恐惧感，这一点倒是裨益良多，借此可以厘清革命事件背后的性别动 115
力（罪名？）。

王后被控的罪名众多，乱伦只是其中最显著的一项，把她个人的命运与众人对区分泯灭的恐惧连接起来。其他如同性恋罪名，也负有同样任务（当时形容女同性恋的名称是 tribadism）。在众多诋毁她的小册子里面，玛丽-安托瓦内特被描写成一个贪婪无餍的色情狂、性饥渴，穷凶极恶到一个不分对象、不分男女（这一点，甚至连阶级也不顾了）的地步。她常常被骂成娼妓，也就是公共户口，把人伦、父系、血源，一切关系线索都打乱了。比方在某本狂热打击娼妓的小册子里，王后又被点名辱骂为娼妓之后；此处所指的娼妓（garce）一字，更带有明显的性别混淆意味，因为此字与法文的男孩（garçon）同有一个字根：“可鄙的娼妓，可厌的烂货……你乱伦无耻、奸淫无度，是贞操德行永远的耻辱。”[65]

---

[65] *Jugement général de toutes les putains françoises, et de la reine des garces, Par un des envoyés du Père Eternel* (De l'Imprimerie des Séraphins, n.p., n.d.).

革命法国害怕失去两性之别，这种焦虑的心情其实延伸极广。1790 年 5 月间保王派讽刺报纸《城市宫廷总报》(*Journal général de la cour et de la ville*)，即有一首黄色诗歌，颇能反映出对性别错置的惧怕：

> 我们已经开到一个奇迹时代
> 戴季荣公爵(the duc d'Aiguillon)男扮女装
> 安托瓦内特反串英雄(应该暗损其同性恋的行为)
> 伪装贵族的人得到颂扬。[66]

此诗系以保皇派为对象有感而发，认为它们的力量已经被自己的内讧、丑闻给削弱了。

性别差异泯灭的问题，并不仅限于王后一人。众男子不分党派，对女人涉入政治均感不安。革命初期，反革命就讥嘲女人想在政治讨论中插上一脚。德华尼·德·梅里库尔(Théroigne de
116 Méricourt；她的真名是安妮-约瑟夫·泰尔瓦尼(Anne-Joseph Terwagne))被保皇党报谩骂为母狗般的"娼妓"、全身披猩挂红的"亚马逊悍女"，愿意跟任何一名代表上床的荡妇，是那些享有"男权"、所谓解放女子自我幻想的形象。[67]

1789 年 10 月，当革命群众向凡尔赛宫前进，妇女在其中扮演了很突出的角色，令右派发出一片喊打叫骂之声；根据法国某名评

---

[66] *Journal général de la cour et de la ville*, 5 May 1790.

[67] Elisabeth Roudinesco, *Théroigne de Méricourt: Une Femme mélancolique sous la Révolution* (Paris, 1989), pp.44 - 46.

论人士的看法，参加此行的市井妇人，都是“谋杀刺客、野蛮女人”。柏克更用阴森可怖的字眼，将这一批市井泼妇，与那位不幸在十月受辱之前的“美好身影”，也就是王后——做一强烈对比：

> 只见枪尖挑着（两名国王近卫的头颅），引导队伍前行，被捕的王室，则在行列中缓缓跟随，四周不时发出可怕的叫喊，刺耳的尖鸣、狂舞、谩骂，充斥着一片无法形容、最可怖的地狱狂暴景象，在最卑贱鄙劣的妇女、扭曲变形的身上展现出来。[68]

女人在公共场合行动——不论是柏克笔下的市井妇人，或共和眼中的玛丽-安托瓦内特——都被比做禽兽；她们既失去了女人味，因此连人性也没有了。社会罩在她们脸上、限制她们在公众场合露脸的那层面纱既裂，她们危险、野性的泼妇本色就将展露无遗。

1792 年 2 月，一份保王派报纸登出一帧广告，用讥嘲手法牢牢捉住了那一片唯恐性别混淆的恐惧心情。图片题为《反宪法军队的大溃败》（*Grand Débandement de l'Armée Anticonstitutionelle*），显示多名同情革命的贵族妇女，对着奥国大军撅起光屁股。领衔之人，就是梅里库尔，揭开她的“公处”（public thing，即私处）给奥军观看。后者一见之下大惊，完全就是弗洛伊德笔下“性恐惧”的狼狈相。至于雅各宾派及无套裤汉，则躲在娘子军的一排光臀后面，高举悬挂着火腿、香肠和其他猪肉食品的矛枪。[69] 117

[68] Edmund Burke, *Reftections on the Revolution in France* (New York, 1973), p.85.

[69] 关于这幅版画的进一步分析，请参阅 Cameron，“Political Exposures”，pp.90－107。

图 24　版画:“反宪法军队的大溃败”(1792)。
图片来源:法国国家图书馆

这幅画面充满层层暧昧,可是在此最令笔者感兴趣的一层,则在它充分表现了背后对两性角色极度不安的情绪。比方说,画中爱国贵族妇女展现的姿势,是一种最淫荡的姿态,来表示她们对反宪法军队的羞辱,与此同时,在这个特殊情境之下,也具有同性恋的意义。根据内文,女人是在展示她们的“维雷特”(Villette),而所谓“维雷特”,系暗指拥护女权的知名同性恋者及鸡奸者维雷特侯爵(marquis de Villette)。梅里库尔身携长枪,却也在暴露自己。她的姿势,再加上背后飞扬的香肠、火腿,明显地在威胁去势,并暗示男女角色的倒置(女人带枪,而男人却躲在身后,萎靡到只能举起象征物代表自己的男子气概)。图名用字,更是语带双关,强调了阉割的威胁气息:“débander”一字可作两解,一是“解散” 118
(to disband),一是“软下”(to lose an erection)。此图与前诗一般,都显示女同性恋与女人的阳刚化与唯恐性别界限大乱的整体忧虑息息相关。这层忧虑,不但反革命有,革命党也有,双方都为此感到激躁不已。

革命期间,每到紧要关头,只要妇女稍有出头迹象,就立刻招来同样论调的反应。1793 年 5 月当山岳派(Montagnard)与吉伦特派(Girondin)两派内斗,为革命方向争执不下之际,某些妇女,尤其是“共和革命会”的成员,在地方议会的内部冲突中扮演了十分积极活跃的角色。吉伦特派的报人抨击她们是罗伯斯庇尔的爱将,跟随马拉狂欢作乐的走狗,一帮“泼妇军”。听说妇女还携带武器,因为她们激暴成狂,誓要见血复仇。[70]

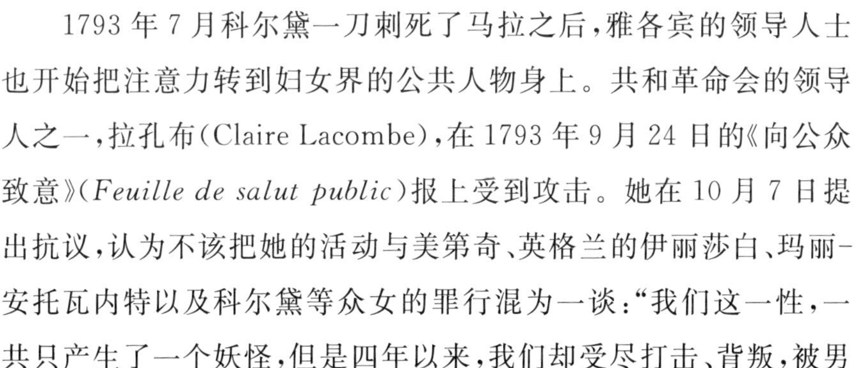

1793 年 7 月科尔黛一刀刺死了马拉之后,雅各宾的领导人士也开始把注意力转到妇女界的公共人物身上。共和革命会的领导人之一,拉孔布(Claire Lacombe),在 1793 年 9 月 24 日的《向公众致意》(*Feuille de salut public*)报上受到攻击。她在 10 月 7 日提出抗议,认为不该把她的活动与美第奇、英格兰的伊丽莎白、玛丽-安托瓦内特以及科尔黛等众女的罪行混为一谈:“我们这一性,一共只产生了一个妖怪,但是四年以来,我们却受尽打击、背叛,被男

[70] Dominique Godineau, *Citoyennes tricoteuses: Les Femmes du peuple à Paris pendant la Révolution française* (Aix-en-Provence, 1988), p.137.

性制造的无数怪物在背后放冷枪。”[71]

外界对妇女政治团体的敌意，多时以来也与日俱增。1791 到 1793 年间，法国女子在巴黎，以及在至少 50 个县城里，成立各种政治俱乐部，并受到地方上男性政治团体的支持。虽然多数女子团体都矢志坚守爱国情操暨共和母职，但是区区女性参政这个事实就招致许多攻击。早在 1793 年 1 月，普律多姆就在报上批评地方妇女团体，视其为“良家妇女的瘟疫”。各省的雅各宾党人也纷纷提醒女人，别忘了自己天生就缺乏理性、善变、容易受骗。他们
119 不知疲倦的，正如波尔多某个男子团体一般，天天不忘提醒她们：“你们这个性别，跟我们可不一样。”[72]

当 1793 年秋，雅各宾党人转头反对妇女政治俱乐部，他们的攻击语言，也与当初右派报纸如出一辙。1793 年 10 月 16 日王后遭处极刑后方才两周，国民公会就妇女参政一事——尤其是共和革命会所应扮演的角色——展开讨论。雅各宾派的代表法布尔·德格兰丁(Fabre d’Eglantine)坚持，这些妇女俱乐部的成员不是“一般家中忙于照顾年幼弟妹的母女、长姊，而是一批女冒险家、女游侠，是不再受家庭管束的解放妇女、女枪手”。[73]

---

[71] *Ibid.*，p.179.

[72] 这段引述出自 uzanne Desan，“Constitutional Amazons：Jacobin Women’s Clubs in the French Revolution”，该文即将刊印于小布赖恩特·T.拉根(Bryant T.Ragan，Jr.)和伊丽莎白·威廉(Elizabeth Williams)编辑的书中。感谢苏珊娜·德桑(Suzanne Desan)提供我这篇文章和其他许多令我获益良多的建言。

[73] 在 *Moniteur universel*，no.39，9 brumaire an Ⅱ (30 October 1793)中，对国民公会于雾月 8 日(1793 年 10 月 29 日)所召开的会议作了一番报道。关于社群及其受到镇压的广泛性讨论，可参阅 Godineau，*Citoyennes tricoteuses*，pp.129－142，163－177。

艾玛代表(Deputy Jean-Baptiste Amar)在议会的治安委员会上讲话，列出为什么妇女不该涉入的官方理由：

> 妇女自然命定的天职与社会的总秩序息息相关；这个秩序，源自男女天生的不同。每一性，都有天赋适合的职分……男人强壮有力，生来就有极大的精力、胆子大、勇气壮……一般而言，女人则缺乏高深思想及严肃思考的能力。如果说，古时候的女人，即因天生的胆小怯懦，无法出门抛头露面；那么时至今日的法兰西共和政体，难道就愿意看见她们登堂上台、开会演讲，跟男人一样参与政治吗？

为重建“自然秩序”，为防止妇女脱离家庭赋予的身份认同，代表们郑重宣布，所有的妇女组织均为违法。[74]

两天之后，当一群妇女代表头戴红帽，出现在巴黎市政厅时，有名的激进派发言人(兼市府官员)肖美特(Pierre Chaumette)高叹道：

> 女人家硬要像男人一样，是违反一切自然规律的行为。120
> 市议会一定记得，此前不久，这些不合自然的女人，这些男人婆，头戴小红帽，在街头市井招摇，破坏了自由标记……什么时候开始，可以随便放弃自己原本的性别乱来？什么时候开

[74] *Moniteur universel*, no.40, 10 brumaire an Ⅱ (31 October 1793)，报道了雾月(brumaire)9日(1793年10月30日)国民公会的会议。

> 始，女人可以不管家务，不顾儿女，可以公然进出公共场所，登上讲坛高谈阔论？

接下来，肖美特提醒他的听众，最近方才发生在那厚颜女人欧琳柏·德·古婕(Olympe de Gouges)身上的命运。此女是《妇女与公民权利宣言书》(*The Declaration of the Rights of Woman and Citizen*,1791)的作者，“是首创妇女团体的第一人，她弃家庭不顾，在公共场合鬼混。”他又抨击另一名“傲慢不可一世”的罗兰夫人(Madame Roland)，她以为自己力可治国，结果只加速其亡。[75]欧琳柏·德·古婕于11月3日被送上断头台，罗兰夫人则于8日行刑。两人都是擅越自然本位的“错置”例证，她们的下场，就是最好的教训。[76]

即使在种种压制手段之后，报上依然不满，认为妇女花在出席会议的时间太多，不论是群众大会，还是地方议会。[77] 1793年11月19日，《综艺导报》对最近几场死刑发表评论(玛丽-安托瓦内特、欧琳柏·德·古婕、罗兰夫人)，把她们全部归成一类，判为违反自然的女人。废后的罪过，是因为她是一名“恶母、淫妻”；欧琳柏·德·古婕则是“妄想成为国之男子”并“忘记适合她本身性别的德性”；罗兰夫人则“违反天然，妄求提高自己，过其本位”，忘记

---

[75] 1793年11月17日的演讲，引自Darline Gay Levy, Harriet Branson Applewhite, and Mary Durham Johnson, eds. *Women in Revolutionary Paris, 1789 - 1795* (Urbana, Ill., 1979), pp.219 - 220。

[76] 关于这项说法，请参阅Godineau, *Citoyennes tricoteuses*, pp.268 - 270。

[77] Catherine Marand-Fouquet, *La Femme au temps de la Révolution* (Paris, 1989), pp.268 -269.

了其“本身性别的德性”。《向公众致意报》则劝告举国妇女，“追随群众大会的时候，千万别兴起在会场上讲话的念头。”[78]

玛丽-安托瓦内特当然绝对不会是共和革命会、罗兰夫人或欧
琳柏·德·古婕等人的同志。但是，即使在政治上属敌对立场，在 121
政治上所受的限制待遇却无不同，只因她们同为女人——正如路易丝·德·格哈丽欧本人也发现的事实一般——路易丝·德·格哈丽欧自己，也同王后一样，被人骂成受到“子宫热”的驱使。通过发表文字，路易丝·德·格哈丽欧不是也把自己变成公众人物？诽谤她的人，把这种求名欲望归因于她长相太丑，不能吸引男人：

> 路易丝·德·格哈丽欧小姐，又丑又老；即使在革命之前，灰发杂驳，没有男子追求的她，就已经得靠平静的文字生涯寻求慰藉。革命爆发之后，既受外面种种哗众取宠的煽动影响，无疑又受到本身子宫热的驱使，遂嫁与一名罗伯特……于是自家人不要她，诚实人看不起她，只好寡廉鲜耻地跟这名卑贱男子一同混日子……靠着替那个不要脸的普律多姆爬格子赚钱为生。[79]

乌特朗(Dorinda Outram)指出，凡是希望积极参与法国革命大业的女性，都陷在一个两难的困境里；德性，像是一把两刃的利剑，将国权一刀劈成两个不同的命运，一个属于男人，一个属于女

[78] 两份文件皆引自 Paule-Marie Duhet, *Les Femmes et la Révolution*, *1789–1794* (Paris, 1971), pp.205–206。

[79] *Les Crimes constitutionnels de France*.

人。男人的那一份美德，是参与政治的公共领域；女人的那一份美德，则是退回家庭的私人天地。甚至连当代最突出的女性，也得勉强默认这项划分法。罗兰夫人就觉察到这一点："我一向知道，什么角色最适合我的性别，我也从未放弃这项角色。"[80]当然，她最后以付出自己的生命为代价，因为其他人可不这么想，不认为她事实上已经自我设限，不参与公共领域的活动。

从这个角度阅读男女德性的差异，就可以看出各种有关王后或其他知名女性的文字与图像背后，其实暗藏重大的焦虑意识，在根本上对社会新秩序的建立存有一份不安的感觉。当他们处死玛丽-安托瓦内特的当儿，共和男性的关切所在，并非只在处罚一名反革命阵营的领导人。正如巴特曼所说，他们系要将为人母者，从任何公共活动的领域中分离出来，好靠男人自己，生出一个新的政治组织体来。为达成这项目的，首先，他们必须先毁弃旧制度在统
122 治家族与政治体之间、在君王的真实肉身与皇家代表的神秘象征之间所建立的那股联系。简单地说，他们必须把作为大家长的父亲与母亲杀死不可。

明显的是，弑父归弑父，却很少对父亲有任何人身攻击。虽然有埃贝尔又猪、又食人恶魔、又醉汉的指骂，却属于个别的偶然事例。叫废王为王八、乌龟，与一味抹黑玛丽-安托瓦内特的做法，两相比较实有天壤之别。[81] 相较之下，革命人众对路易的辱骂声可谓安静许多，可能反映在骨子里，他毕竟还是代表着权与势的男性

---

[80] Outram，"*Le Langage male de la vertu*"，p.125；引文引自 126 页。也可参阅"Women and Revolution"，in Landes，*Women and the Public Sphere*，pp.93－151。

[81] 例如 *Le Père Duchesne*，no.180。

一面。因此真正的目标，是除去父亲作为权力的来源，并改由共和取代，一仍其权势本身的男性气息。

共和美德的思想基础，系建立在男性间的兄弟爱上，在这个兄弟爱的世界里，女性只被分配到家居的内室空间。公共领域里的美德，需要阳刚的男子气来完成，后者则又需要以激烈的手段拒斥贵族阶级的堕落腐化，并排除女性入侵公共领域的任何动作。借着对玛丽-安托瓦内特及其他活跃公众女人的攻击，共和男子加强了彼此之间的结合力。玛丽-安托瓦内特，尤其是一个负面人物，完全违反共和自由模式所期许的女性楷模，是众共和贤母塑成的共和里面最可恶的坏母亲。

反之，与前者相反的另一种爱国母亲的理想形象，也始终潜藏在共和的言论里面。比方在 1790 年 6 月，就有一名穆蕾女士(Madame Mouret)向巴黎市府提出一项成立“妇女大联盟”的计划，由在场妇女一一宣誓，誓言将子女培养成共和的好公民、爱国者。[82] 1791 年 2 月，普律多姆也在他的《巴黎革命报》提出不久之后即成为革命派标准观点的看法。革命需要你，他向妇女读者写道：“却不需要你离开家庭即可达成，你在家中就已经可以为它效力许多。人民的自由，建立于良好的道德与教育，而你，就是道德、教育的守护人，是道德、教育最初的分授者。”数月后，他又写道，一切就该如罗马共和一般，“男有分，女有归，各有岗位……男人制定 123
规矩……女人，虽然不得发问，却以其与其夫、其亲同有的智慧、知

[82] Jane Rendall, *The Origins of Modern Feminism: Women in Britain, France, and the United States, 1780 –1860* (New York, 1984), p.47.

识，同意男人所定的一切。”[83]因此，在这项男女共同普遍持有的看法之下，女人最重要的任务，就是扮演母亲的角色。教育出爱国的新一代，在1792年后，更教育出新生的共和一代。

甚至连争强斗胜的女性，也赞同共和母亲的理想形象。妇女俱乐部纷纷起誓，“无论任何情况，都将力劝我夫、我兄、我子，善尽他们对国家的责任义务”，代表着她们相信，女人重要的功能是在家庭之内。[84] 这些妇女团体，虽然也有促进女子进行独立政治活动的作用，与此同时，却几乎千篇一律，将此活动限制在一般的革命目标与共和大业之上，鲜少致力于明显的女性主义运动。但是，尽管他们自我设限，妇女组织毕竟促长了妇女对更多女性参政的呼吁；因此其存在本身，就令许多——事实上几乎是绝大多数——男人提高警觉，不管其政治立场如何。

换句话说，弗洛伊德所见的弑后问题——亦即如何处置女人——事实上是一个相当棘手的大难题。共和男子喜爱女色，并不亚于他们的前任；但是他们却面临一项新的意识挑战。如果说父权式的大家长制或旧有的风俗传统，都不再适用，无法再合理解释国中权力的来源，也不能再授予父亲管辖子女的权利；那么，将女人分离出来，在家事、国事上都只将次等地位派给她们，又是靠什么理由成立？在这出隐微，而且常常不自觉的两性连台好戏里，玛丽-安托瓦内特的形象扮演着一个关键性、具体性的最高角色。

[83] Prudhomme quoted in Candice E. Proctor, *Women, Equality and the French Revolution* (New York, 1990), p.56.

[84] *Ibid.*, p.62.

第五章　萨德的家庭政治

好父亲由兴而衰，兄弟们起来结党，玛丽-安托瓦内特作为一 124
个坏母亲与共和母职的对照，这些都是众人集体共有的时代意象。当然，并非大家在每一件事情上的看法都能一致，人有不同，群有不同，党派亦有不同；但是这类意象，以及因此而起的各种冲突，却可以将有关权势的言说整理出一个条理来。革命初起，柏克就清楚指陈家、国之间权力的相关，并坚称两者必同遭剪除。但是后来发展的结果，大破坏造成敬意荡然无存，令柏克反感至极，看不出革命人士其实正努力在新打的基地上重建家权、国权的秩序。1795 年，恐怖时期结束，萨德出版小说《香闺哲学》(*La Philosophie dans le boudoir*)，不啻是柏克预言的具体实现，也等于是对革命重建家、国关系的努力提出具普遍意义(也许有几分独特)的评论。萨德的作品，可说是就革命时期家庭罗曼史所做的最透彻的个别分析；因此在本章里，笔者即把注目焦点从集体对权力做成的意象转移到这本书上。

尽管萨德使几代法国前卫文学家着迷，并一再现身于女性主义理论，但是在有关法国历史的著作里，他却几乎完全没有地位。[①] 通

① 这并不表示萨德作品的历史侧面被文学批评家所忽略，读者可参阅如 Michel

常都只是公式化寥寥数语，提及他曾下狱并流亡多年，显示出他的绝大多数作品都是在革命爆发前夕或革命十年中完成。其中最知名的几部，显然系在革命经验下完成，有些时候，自觉的形迹相当明显。更有甚者，这些作品可以当作革命经验的评论阅读，一种自觉性、直接性极高的评论；而且，如果谈不上嘲弄的模仿，也往往充满了似是而非。其中心，是他对家庭罗曼史的独特视角。

在本章里，笔者提出的说法是，《香闺哲学》一书是最能揭露革命政治潜意识的文本之一，虽然有人以为这是他“个人作品中最不重要的一部”。[②]但是这本小说之所以能够揭发革命经验的真实意义（多以梦境出之），正在书中极端理性的论点，香艳猥亵的情节，以及特意将启蒙理念及革命论调简约成可笑概念的手法，尤其还不断暴露出新共和秩序的背后，潜藏着一股性焦虑的心理。若非如此，我们将很难窥破真相。[③]

Camus and Philippe Roger，eds.，*Sade：Écrire la crise*（Paris，1983），尤其是米歇尔·德隆（Michel Delon），让-克劳德·博内（Jean-Claude Bonnet）及让-皮埃尔·费伊（Jean-Pierre Faye）的大作。有关弗洛伊德学派与女性主义的观点，则可参阅 Angela Carter，*The Sadeian Woman：An Exercise in Cultural History*（London，1979）。

② Donald Thomas，*The Marquis de Sade*（London，1976），p.182.

③ 菲力普·罗杰（Philippe Roger）向笔者指出，阿尔多斯·赫胥黎曾指出萨德的“极度简约”：“他的作品令人百看不厌，价值永垂不朽，因为其中包含了某种革命理论的极度简约。虽以悲剧人生收场，萨德不愧为革命家，他不只抗拒旧政权时期的价值体系，更拒绝所有价值、理想主义与任何吃人的礼教……他贯彻始终，是历史上彻头彻尾的革命家。”Aldous Huxley，*Ends and Means：An Enquiry into the Nature of Ideals and into the Methods Employed for their Realization*（London，1938），pp.271－272。我们可将赫胥黎的言论视为1930年代前卫知识分子对萨德的普遍重新评价。笔者的观点在某些方面与赫胥黎迥异：我不视萨德为革命家，而认为他是一名诠释者，一名意识到革命原则的内在逻辑与革命修辞技巧的诠释者，关于“女人问题”对革命意识形态的向心性，以及革命修辞策略与色情写作间的关联，萨德则在无意间也有所诠释。

阅读这部文本，是一个奇峰突起却又困难重重的过程。此书虽成于1780年代末期，却迟至1795年间方才出版。[④] 有关出书及写作背景的资料极少。附录的一段短文“法国人，如果你要成为 126
共和人，仍须努力”，显示小说的背景在1794甚或1795年。[⑤] 附言中(198页)尚提及推翻巴士底监狱的经过、国王的死刑(198页)、“声名狼藉的罗伯斯庇尔”、他提倡的“至高之物”崇拜(195页)，以及新法典的准备过程(209页)等等。但是书中的其他对话内容，却显示正文很可能系成于1789年以前。萨德能够在一本即可能著于1780年代的小说里，插进这些写于革命时期的文字，可见他对情色文学现象的了解功力之深，已经可以预见组成革命政治想象结构的中心议题。他笔下的色情，稍事改写，便能与革命时代的背景配合得天衣无缝，事先就预期到革命化家庭罗曼史的演变；一如18世纪的小说，在事情发生之前，就预言甚至促成了王权下台的命运。

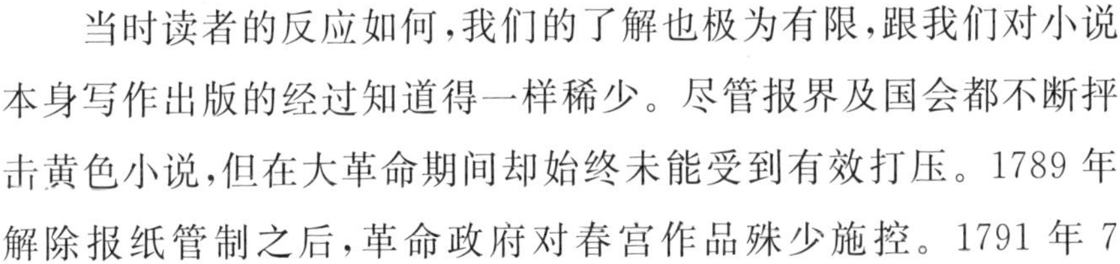

当时读者的反应如何，我们的了解也极为有限，跟我们对小说本身写作出版的经过知道得一样稀少。尽管报界及国会都不断抨击黄色小说，但在大革命期间却始终未能受到有效打压。1789年解除报纸管制之后，革命政府对春宫作品殊少施控。1791年7

④　在Gallimard版本的序言中(Paris，1976，p.19)，伊冯·贝拉瓦尔(Yvon Belaval)讨论的年代之推演。本文中标示的法文引言页数乃基于此版本的小说。原始版本保留在法国国家图书馆(the Bibliothèque nationale)的善本室，书名为 *La Philosophie dans le boudoir：Ouvrage posthume de l'Auteur de Justine*，2 vols.(London，1795)。

⑤　英文译文乃笔者自行翻译。此小说的英文译本可参阅 *The Marquis de Sade：The Complete Justine，Philosophy in the Bedroom and Other Writings*，trans. Richard Seaver and Austryn Wainhouse (New York，1965)。美中不足的是，翻译并不完全正确，如boudoir一词应是女性的休息室而非闺房。

月，制宪会议曾考虑立法取缔“无法无天、或以不实言论、或展售猥亵图片、或鼓吹淫荡、公开侮辱妇女贞节、败坏青年男女的不法企图与行为”。讨论过程之中，贝蒂翁(Pétion)与罗伯斯庇尔却都反对立即通过法案禁止猥亵图片，他们提出的理由，是所谓猥亵，并没有明确的定义，在采取任何立法行动以前，应该先设立基本的文字与图片检查原则。因此禁止或取缔的实行，被交给地方当局负
127 责；而巴黎公社也的确试过几次，删除不妥的剧中内容，或逮捕参加春宫秀的演员。但是绝大多数时候，公社的“卫道”行动并没有任何强制作用。[⑥]

《香闺哲学》出版之际，众人已对恐怖时期采取的政治、道德净化手段产生反弹；1790 年代末期，色情文学开始大肆泛滥。梅西埃在其 1789 年的《新巴黎》(*Nouveau Paris*)里，为猥亵文学畅行的现象感到忧心：

> 店面展售的作品，除了猥亵，还是猥亵。这些书的书名、插画既下流又没有品位。路上、桥上、戏院的大门口到处都在卖这种淫秽邪门的玩意儿。而且这些有毒的东西一点也不贵，十个苏就可以买到一大本……供应这些邪淫读物的家伙，似乎专门只卖垃圾：不脏不臭的书，他们决不展售。无论哪一种罪恶的内容，年轻人毫不费力便可轻易取得，一点阻碍、顾忌也没有。各种盗版、假书充斥，更推动这股歪风，此举迟早

---

⑥ 关于立法经过的讨论请参阅 Jean-Jacques Pauvert, *Estampes érotiques révolutionnaires*: *La Révolution française et l' obscénite* (Paris, 1989)，特别是 18 - 40 页。

> 会害死正当的出版业、文学界及作者。这一切，都是因为有一批最虚妄、最卑贱、最瞎眼的人，一味追求无限制的报业自由所致。⑦

只有到了拿破仑当权之后，法国当局才建立了一套全面的官僚机制镇压这类出版物。因此，我们可以假定，萨德在1790年代末期的作品，是整个大趋势的一部分。

整整一章，只专注讨论一部文本，也许有点奇怪，尤其本书前面几章都采取比较宏观的角度。但是萨德其他的作品，虽然也偶尔提及革命事件或口号，却只有《香闺哲学》一书提供了他对整个事件最周延、最直截了当的看法，其中尤以书中插附的活页文章为最。这一《法国人，你们仍须努力》的活页文章，不论形式、语气，都与其他革命政治宣传刊物大同小异（本身并不涉及淫秽），可是它的内容，我们在下面将会看见，却远超出一般作品。笔者之所以对 128
萨德如此感兴趣，正因为他展现的非常手段，不断以归纳法反映荒谬，很符合此处分析的需要。这一特色，同样也适用于小说文本，因为在这个香闺里面，萨德建立了一个由兄弟帮组成的家庭罗曼史，这个奇幻世界，比其他任何大众小说、绘画、图片都要来得极端。萨德笔下的描写，更远胜1790年代一般泛泛的春宫作品。他不以单单讥嘲教士、贵族、政治人物或妓女为满足；反之，他扩大笔触，为春宫文学在整个政治写作里面所占的地位，以及家庭在政治

⑦ Louis-Sébastien Mercier, *Le Nouveau Paris* (Paris, an Ⅶ [1799]), vol. 3, pp.178－179.

新秩序中扮演的角色提供了一种理论性的综观视野。

正因为萨德的奇想与逻辑如此极端；正因为他把革命的原则毫不留情地解构，放在显微镜下检查；正因为他能够将所谓“人权”这整个命题放在指间拨弄，甚至扭曲，我们因此可以从他得到对法国大革命经验涵盖面最广、最独特的观察角度。不过笔者必须强调，这并不表示笔者认为萨德的确反映了革命事件的“真相”；共和派对他的看法就完全排斥。然而萨德的文字，无疑透露了革命思想意识中的紧张一面：也就是男人与女人之间、父母与子女之间、人与人之间，小我与大我之间，种种关系、冲突、压力之所在。故意简化的手法最后看起来虽然可笑，但是一开始如果就抓住某项原则，是大家都挑不出毛病，而且都接受的道理，从此出发再借题发挥，却能达到意想不到的文字效果。

西方的黄色文学，于法国大革命时在萨德笔下达到最高点，这并不是一件偶然的事。萨德把他对欲念、自我、私欲的分析推到极致，直达死亡的限度。在《香闺哲学》里面，谋杀是最后高潮，在死亡线上，欲望与毁灭接壤，猥亵、淫逸，到此就是终点，不可能走得更远了；越过此限，就只能重复。萨德能够将想象力推展到这个极限，系因为其人其时，乃是生活在一个社会秩序正在瓦解、改革之中的年代，这新旧相逢的一刻，是原有社会关系中过时、老旧的一面正变得越来越明显的时刻。这个解体重生的过程，需要一个理论性的大角度来诠释；萨德、柏克二位，是首先体认到这项理论挑战的人。

萨德本人的心理状态也许可以解释为什么他会对这个时代的危机，以他特有的方式，产生其特有的敏锐感触。危机之生，系因为“社会”日渐“崭露头角”，亦即众人愈来愈发现，原有社会的建立，不是源于某些先行或外在的力量导致，却是由内部而生。[8] 不 129
论是基于何种个人因素，致使萨德以这种眼光观看世界，萨德笔下的“性社会”关系，必须与 18 世纪其他知名大家如卢梭、柏克等人对社会制度的评论放在一起解读。西蒙·波娃（Simone de Beauvoir）即曾论到萨德：“虽然谈不上是一流的艺术大家或思想一贯的哲学家，毕竟可以推崇为一名伟大的伦理思想家。”[9]希望待本章终结，笔者将他与其他 18 世纪的哲学家并提比较的做法，就不会再显得那么不合理了。

《香闺哲学》一书的架构，在萨德派小说里可说别具一格。全书由七篇“对话”组成，像剧本而不像小说（不过对话的形式，常有道德训诫的意味在内，一向是 17 世纪色情小说的最爱）。[10] 书中人物，唯一勉强具备塑造角色性格的是 15 岁的富家女尤琴妮，其父是一名财力雄厚的资本家，自遇上圣昂惹夫人、她的兄弟——米尔威尔骑士，以及书中的恶魔多蒙赛之后，便逐渐堕落败坏。一仍传统剧场的旧习，所有情节、动作，都在同一天、同一地点之内发生。从序言起，就表明本书遵循放荡文学传统的做法。从一开始，文本对两性地位举棋不定的矛盾情愫就极明显，作者写道：“致所有年龄、性别的酒色中人”。

一如萨德其他作品，本书系由一名女性扮演放荡女的角色，而

---

⑧　关于社会及其基础，请参阅 Brian C.J.Singer, *Society, Theory and the French Revolution: Studies in the Revolutionary Imaginary* (New York, 1986)。

⑨　Simone de Beauvoir, “Faut-il brûler Sade?” *Les Temps modernes*, 75 (1952): 1205.

⑩　关于色情小说的历史，请参阅 Patrick J.Kearney, *A History of Erotic Literature* (London, 1982)，尤其是 29 页。

且总是跟另一名比她自己更厉害，甚至更放荡的男人联手出击。一开场，圣昂惹女士就表明自己是一个“两栖类，喜欢一切事物，享
130 受一切事物，想把一切种类都结合在一起”。（第40页）全部情节里面，她都有如多蒙赛的左右手，扮演他的心腹，有着同样的立场与人生观。我们甚至大可以这么说，当她戴着假阳具鸡奸他的那一刻，她甚至与他站在同一个“性”的地位。更有甚者，这段情景发生的场景，是在她的房子里。

在诸多描写玛丽-安托瓦内特的“色情文学”中，我们已经看见那种因性别定义混淆而产生的紧张状态，在此经由萨德笔下赋与圣昂惹女士的多重“性义”，再次获得重现。路易丝·德·格哈丽欧振振有词地说：“女人当了王后，就变了性。”圣昂惹女士也宣称，她愿意与多蒙赛“交换性别”。（第41页）当然，她的地位从来不是他的对等，但是她绝对不仅是他取乐的对象。书中写她色诱尤琴
131 妮，写她鸡奸男人。因此从一开始，女人在这部小说里的地位就摇摆不定。若把它列为不过是又一部“反女性”意识的色情小说，势必无法成立。

文中其他部分也显示这部小说很难依一般定见强行分类。比方说尤琴妮一角，在区区几小时之内就变为堕落，不但邪门，也极其可笑。原文的插图，也同样传达着这种可恶亦可笑、黄色加荒唐的特色。理查森（Samuel Richardson）在《克拉丽莎》（*Clarissa*）或拉克洛在《危险关系》中那些明显是模仿的冗长的引诱场景，最后都变成反讽春宫文学的文类本身。这种手法，由萨德与其他作家
132 首开其端。18世纪的古典小说虽然也刻意经营这种一场又一场、纠缠反复、没完没了的色诱情节；但是原本暗藏的含蓄批评至此却

愈演愈烈，最后全速前进，发展成一种超级快板的写作风格；无以名之，只好称之为极度简约化的唯物写实手法。[11] 过去衣冠文明借鱼雁挑逗或眉目传情的低调做法，如今完全改观，一开始就直接入港，迅速揭起情欲交欢的帷幕；这种场面，以往在理查森或卢梭的小说里虽然也频频暗示，却从来不曾正式演出。萨德利用种种放浪形骸的场面，戳破了18世纪上流小说浪漫外观的气球。与此同时，却也对自己书中的情节产生了同样的“放气”作用。他自己也意识到这一点，因为他不停地进来打断这些欢爱场面，一再重复之下，现实白描的肉体快感也逐渐变得索然无味。[12]

18世纪的古典爱情小说常常强调“言语”一事的危险，萨德也不例外。不过在这一点上，他同样笔走偏锋，故意把这个命题发挥到荒唐极端的地步。当圣昂惹女士向尤琴妮谆谆诱导，指出强暴、乱伦、甚至谋杀、弑亲，都不见得等于犯罪，年轻女孩闻言喊道：“哦，我亲爱的，这些诱惑的言语是如何令我的神经兴奋，魂灵颠倒！”在此，这些打破禁忌藩篱的话语本身，也被带到想象力的极限；“言语”一事本身，就达成18世纪小说需要借言语加情感才能完成的震撼效果。

文学评论名家拉·阿尔(Jean-François La Harpe)即曾将法国大革命时期的越轨现象归因于当时的语言。他以为：“语言文字

---

⑪　关于萨德与其他18世纪小说家的关系(包括与Jane Austen的比较)。请参阅R.F.Brissenden,“*La Philosophie dans le boudoir*,or,a Young Lady's Entrance into the World”,*Studies in Eighteenth Century Culture* 2 (1972):113－141。

⑫　关于“妓女文书”中重复的问题，请参阅伊拉格瑞(Iragaray)所著具启发性，但阐述未尽详细的著作：Luce Iragaray,*This Sex Which Is Not One*,trans,Catherine Porter with Carolyn Burke (Ithaca,N.Y.,1985),pp.201－203。

也会成畸形怪物。”[13]革命文字展现的威力，根据他的看法，宛如《香闺哲学》之谈失控成脱缰野马的效果。语文的力量，不论是口说还是手写，都是萨德小说中一项主要的宗旨；而且，依他分析的
133 结果看来，语文的力量的确已呈脱缰野马之势。[14] 单靠其本身之力，就可以令尤琴妮为之败坏。文字语言之所以能够在新秩序下具有这般威力，是因为众人正在发现：社会是语言文字力量的来源；社会本身却自有一套自我设想的社会伦理为基础，无须仰赖超现实的真理空谈。而这个新浮现的社会若要作为建立社会秩序的基础，似乎仍相当脆弱。

如果说，言语的状态不安定，那么性事亦然；正如萨德笔下所绘。这本小说的诸多性爱场面，直接挑战社会道德习俗的定见，甚至超越这个极限，进入自我反讽的境地。比方说在第五篇对话的倒数第二场里，多蒙赛正咬着圣昂惹夫人的香臀，而她却在这个关头一屁放到他的嘴里。也许这一景的出现，是因为只要可以取乐，诸事百无禁忌，至于其中狂欢的意味，却同样不言可喻。

小说采取对话形式，还有另外一项便利，可以在两极的话题之间来回切换。一会儿是无所不用其极、花样不断翻新的性爱场面方才热烈演出，下一刻就变成装腔作势、严肃的哲理清谈。不但有

---

⑬ 关于拉·阿尔的观点，笔者曾做过简短的讨论。请参阅 *Politics, Culture, and Class in the French Revolution* (Berkeley, 1984), p.19。

⑭ 以下的著作对萨德的色情词汇有一番精彩的分析：Beatrice Fink, “La Langue de Sade”, *Eroticism in French Literature*, University of South Carolina College of Humanities and Social Sciences, French Literature Series, vol.10 (Columbia, S.C., 1983), pp.103 – 112。

趣，而且具有类似的滑稽效果。这种故意卖弄哲理的嘲弄手法，在书中一段超长的革命宣传里达到高潮。这段长达全书 1/4 的文字，《法国人，你们仍须努力》系以宣传小册子形式插入在第五篇对话里。根据多蒙赛在书中的对话所示，这本册子是在平等宫（第 185 页）购得——平等宫是旧制度的王宫所在，其时的罪恶渊薮，暗藏充斥着赌窟、妓院、春宫册页——此言充分浮现小说本身反讽性的自觉意识。欢纵情热的当儿，忽然一本正经地高声朗读起这本书，其荒唐不调和处，实在是扎耳刺眼地可笑。当然，这本所谓的小书，娓娓道来，将许多他二人早已经零星对话讨论过的众多道德观点，有条有理地再次逐一陈列。这种半路杀出的停格动作，这种特意反视文本极度物化风格的后设模拟手法，频频在春宫文字、政治书写及对二者同示嘲讽的安排之间出入、游移，小说不断颠覆其自我文学书写结构的意图可谓呼之欲出。

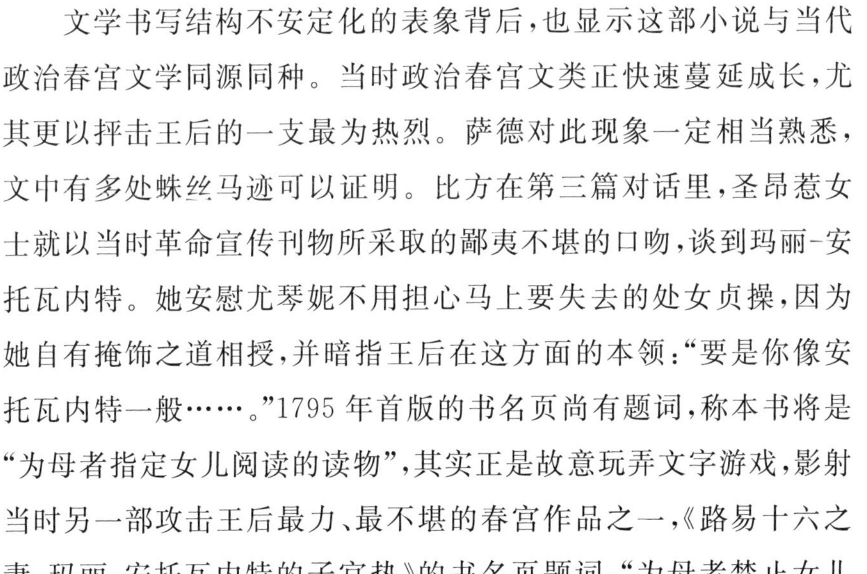

文学书写结构不安定化的表象背后，也显示这部小说与当代政治春宫文学同源同种。当时政治春宫文类正快速蔓延成长，尤其更以抨击王后的一支最为热烈。萨德对此现象一定相当熟悉，134
文中有多处蛛丝马迹可以证明。比方在第三篇对话里，圣昂惹女士就以当时革命宣传刊物所采取的鄙夷不堪的口吻，谈到玛丽-安托瓦内特。她安慰尤琴妮不用担心马上要失去的处女贞操，因为她自有掩饰之道相授，并暗指王后在这方面的本领："要是你像安托瓦内特一般……。"1795 年首版的书名页尚有题词，称本书将是"为母者指定女儿阅读的读物"，其实正是故意玩弄文字游戏，影射当时另一部攻击王后最力、最不堪的春宫作品之一，《路易十六之妻，玛丽-安托瓦内特的子宫热》的书名页题词："为母者禁止女儿

阅读的读物”。[15] 19 世纪藏书家杰克(P.-L.Jacob)认为，更早一部最有名的反后小册子之一——《玛丽-安托瓦内特史》的第二部分即是由萨德执笔。[16]

这部小册子在当时这一类作品典型的色情场景之外，并搀合反讽手法，讥刺如《法国人，你们仍须努力》代表的严肃型政治书写文类。政治春宫文字的作者，常采第一人称告白，或剧本对话的形式提出他们的主张。萨德也不例外，但是在类似的形式之外，其真正用意却不甚明确。他的上流社会角色都是矛盾人物，既是淫逸之徒又兼文明分子，颓废又开化，放荡又共和。他们之所以可以如
135 此理直气壮地行事为人，有一项根本的“正当理由”，那就是其时其人是生活在一个“人生的范围与权利皆经如此郑重扩充的世纪”。当时共和派作者推出的政治春宫作品，都旗帜鲜明，对象明确。萨德则不然，他的攻击目标不明，他笔下的放荡贵族，都聪明绝顶，不可能只是旧制度衰颓下的庸碌之辈。而那名 15 岁的资本家之女，更难以归类为布尔乔亚阶级的无邪女；她的被诱、堕落，太容易，也太彻底。

---

⑮ 出版地的名称为“Au Manège.Et dans tous les bordels de Paris”。类似的书篇题辞也见于 Pascal Pia, *Les Livres de l'Enfer, du XVIe siècle à nos jours*, 2 vols.(Paris, 1978), p.1044。*La Philosophie dans le boudoir* 的第二版将书篇题辞修改为“禁忌”(proscrira)，原因不详。

⑯ 手册的全名为 *Essai historique sur la vie de Marie-Antoinette, reine de France et de Navarre, née archiduchese d'Autriche, le 2 novembre 1755, orné de son portrait et rédigé sur plusieurs manuscrits de sa main.* (De l'an de la liberté française 1789, à Versailles, chez la Montansier, hôtel des Courtisanes)。杰克表示手册第一部分乃布里索所写，但此言尚有疑点。关于杰克的论点，可参阅 Hector Fleischmann, *Marie-Antoinette libertine* (Paris, 1911), pp.67 - 68。

因此在萨德笔下，政治色情文类达到它本身极端简约的极致。春宫文学真的是为政治服务，一如它在众反后小册子中公认扮演的角色吗？或者，这一切攻击王后、贵族的所谓政治寓意，其实都只是借口，用来遮掩背后真正、唯一的目的：就是要书写色情而已？而萨德借用这项文类写作，别无他用，就在揭露这项事实？他的文本，随时会爆破色情与政治之间脆弱的联系；在这项过程里面，共和的价值观也同时受到威胁。

摆饰在小说中央的是那本长篇大论的宣传手册《法国人，你们仍须努力》。文中表达的观点，多年来评论无数，同时也令人更不确定萨德插入这篇文字的用意。[17] 它似乎实现了柏克在《法国大革命的反思》(1790)中所作的预言，认为对革命分子而言，“弑君、弑亲及大逆不道的行为，都只是迷信的产物，统治权的单一性(simplicity)遭到破坏，因而腐化。”小册子从抨击基督教思想开始，一路引申，最后立论证明新起的共和国度，务要容忍窃盗、乱伦、鸡奸、谋杀。对柏克而言，这等辩论逻辑演变，正是“这个光明与理性的新帝国，一路势如破竹、征服各地后”不可避免的结果，将“生活一切高雅的帷幔”尽皆粗鲁撕裂。[18] 萨德所做的小册子，与柏克早期的观点可以并做比较，因为两者都看出(以他们各有的方式)，理性帝国正如何向“那一切令权力温柔、令眼目愉悦的幻象”(柏克语)挑战。

萨德的小册子，以最标准的放荡文学招式展开，一开始就猛烈

---

⑰ 例如：Brissenden，“*La Philosophie dans le boudoir*”.

⑱ Edmund Burke，*Reflections on the Revolution in France* (New York，1973)，pp.89－90.

攻击既有的宗教，主张无神论才是唯一可以符合懂得用理性思考
136 的人类的体系(第 193 页)。才提到家庭价值可能大有问题，就立刻对新约中玛丽亚母子开骂(第 192 页)。只有经由“全国教育”以新价值的教化取代“基督教的奇想”之后，共和的国度才能真正成功地奠立。第二段里，更进一步延伸一般的革命立论，认为新的政府，需要新的风俗习惯配合，而且是极端激进、彻底的习俗；一个“共和国度”，要有兄弟爱，却无须天下法。比方说，在一个以平等为目的的社会里，窃盗不应该算作什么了不起的大罪过；因为，我们怎么可能期待一个一无所有的人，同意我们必须保护那拥有一切的财主的财产？

窃盗之后，就是谦虚羞怯的话题。小册子的作者把话锋一转，借卢梭之语，却说出一段不同的话来。他辩论道，服装除了防寒保暖，并表现“女子娇态”之外，别无他用；因此“谦虚、害羞，不但不是美德，反而是腐化的立即结果，是女人作态的头号表情”。(第 216—217 页)卢梭的原意是要加强抑制女人受服饰的吸引，并把女人赶出公共场所，以保持她们天生的贞静羞怯。萨德却进一步扭曲成羞怯一事，根本可有可无。小册子的作者主张，在各城镇广设大型、卫生的爱神殿(ce temple de Vénus，第 223 页)，让男、女、老、少都有享受“痛快豪放、纵情奇想”的机会；在这里，“绝对的服从配合，是参加者必须严守的条件。”(第 218 页)

萨德在此处使用的推衍法，一仍他在整本小说惯用的极端简约手段。这种故意简化的逻辑处理方式，虽然遍及书中各处有关道德伦理的辩论，然而应用在女人身上的用心，却更格外明显。启蒙时代及革命时期的作者，都用问题化的角度观看女人的行

为——而且都离不开她们以“性”侵入公共空间的行为——作为其加强管制女人、将她们驱赶回私人空间的立论基础。[19] 萨德也使用同样论调，却达致完全不同的结论：既然女人不可信任，不能维 137
护自己的私德——也就是她们的好色嗜性——不如干脆把她们的身体公开，供全部男子享用。于公、私之间的紧张关系，遂在萨德手上得到一个非常不同的解决办法。但是这可不是一个失序的混乱，萨德有其理论基础；他将原有的旧理法用新秩序替代，而后者所受的管制程度，其严格细密绝不亚于前者，恐怕更有过之。在新设的爱神殿里，“绝对的服从配合，是参加者必须严守的条件，”小册子继续说道，“稍示拒绝，立由被伤害一方任意处罚。”（第 218 页）

设立干净卫生的爱神殿，这些建议倒不是小册子发明，而是基于黑斯蒂·德·拉·伯雷多纳更早的构想所做的延伸。黑斯蒂·德·拉·伯雷多纳在 1769 年出版了一部奇特的小说式短文，叫作《妓女文书》(*Le Pornographe*)。文中建议政府广设“帕特尼翁神庙”，即“公娼馆”供妓女使用。这项计划可谓周到完备，巨细无遗：出入口的设计、身孕如何处理、工作时数、价格、医药检查，甚至连花名的拟定也列入统一管理。香水、化妆品，一律禁止使用。黑斯蒂·德·拉·伯雷多纳表示，这类规定有其必要，如此才能抵挡这个行业对身心道德造成的破坏，亦即副题所示：“女人因公造成的

---

⑲　关于启蒙运动和革命时期女性在公共场所的分析，请参阅 Joan Landes, *Women and the Public Sphere in the Age of the French Revolution* (Ithaca, N.Y., 1988)。

灾难。”[20]

娼妓问题之所以成为严格管制的对象，正因为她是女人进入公共空间的主要典型（王后则是另外一大特例）。黑斯蒂·德·拉·伯雷多纳的春宫学一词，系使用希腊文的原义“妓女文书”（pornographe）。进入19世纪，这个名词逐渐变成与色情文字与图像同义。在这项文字意义的转换上，萨德同样展现一体两面的文字手法。他跟随17和18世纪放荡文学的传统，一面炮打神职，一面强调专为上流彬彬有礼之士设计的知性化性爱描写。与此同时，却又对性的场面进行平铺直叙的白描，完全是现代以三教九流大众男性读者为对象（也许女性亦包括在内）所做的色情肉欲、官能书写的先声。萨德的多数作品，恰在这个“色情大众化/民主化”的时刻出版；这一类型书刊，以其下流、卑贱的言词，对政治人物大

138 肆抨击，为性文、性画开发了更大、更广的读者群。[21]

“妓女文书”一词意义的转型演变，至今的了解依然有限，有关的分析研究也不多。[22] 这场流变，其中部分原因很可能出自新社会对女性角色的反思。19世纪初，文人笔下开始忧思一连串相关的社会问题，如卖淫这个行业带来的影响、妇女从事政治活动及儿童手淫等等。娼妓、妇女、儿童，一向是被排除在政治场合之外的

[20] Nicolas Restif de la Bretonne, *Le Pornographe ou idées d'un honnête homme sur un projet de règlement pour les prostituées* (London, 1769); reprinted in Restif de la Bretonne, *Oeuvres érotiques* (Fayard, 1985).

[21] 感谢莎拉·马萨引发笔者注意到放荡文学与色情之间的差异。笔者对此主题研究不深，留待日后深入探讨。

[22] 关于这个问题请参阅 Walter Kendrick, *The Secret Museun: Pornography in Modern Culture* (New York, 1987)。

一群;有关其形体的议题纷纷同时出笼,反映社会集体的焦虑感,将他们想成是造成社会纠纷紊乱甚至种族退化堕落的最大根源。难怪,妇女的地位问题(以及父母子女之间的关系)一直萦绕在萨德心头。

萨德在那本插叙的小册子里,首先借谦虚这个特定题目,提出在共和的社会秩序里面,妇女的地位发生问题。接下来,则开始就女性问题展开一般性的讨论。既然“众人生来平等,权利平等”(译注:此处的“人”[men],即“男人”),那么在这个大原则下,就“不可排除任何男人,妨碍他拥有女人”。(第221页)共和政体需要一个共享女人制:“如此,众人才能平等地享有众女。”(第222页)任何人,都不能专有、专享任何一名女人,女人应该公开她们的身体,让全部男人共享。在这套系统之下,女人也有权享受任何快乐,只要她们同意将她们自己献给任何向她们求欢的男人。在此,似乎暗示着一种女人性解放的讯息:“迷人的性啊,你将自由;你将和男人一般,享受自然责成的欢愉。”(第227页)但是这份自由必须有一个条款,就是女人必须俯首,屈就任何男人对她们的欲求(第225页)。在此,女人问题牵涉的深、广,再度被萨德以嘲弄的手法揭 139
露。他讽刺共和人士提出的办法,不但不响应他们把女人送回家中以保证血统纯正的老套,反而故意提倡女人应该共有。这下子,所有女人都成了娼妓。

一如柏克的预言所测,种种风起云涌的新趋势,势将动摇家庭作为一项社会组织的地位。小册子的作者问道:请问,在一个共和的国度里面,小孩子有无父亲,有什么大不了的不同?没有任何不同,既然“众人只有一个母亲,就是母国”。(第225页)正如丹东、

罗伯斯庇尔对教育的主张一般，共和国的儿童属于共和国所有。近亲相交有害吗？没有，因为它是出于自然的法则，存于各种人类社会的源头，而被一切宗教视为神圣。接下来，作者简短地综览了一下各民族的近亲相交习俗，做出以下结论："近亲相交，应该是任何以兄弟爱立国之国的国法。"（第230页）更有甚者，"女人共有制"的建立，更可以促成近亲相交的发生（第230页）。

在这项制度之下，强暴比窃盗更不成问题；鸡奸，也不再被视为有罪。从一部希腊、罗马的共和史看来，鸡奸行为较常发生在共和制度之中（第233页）。因此作者的推论更上一层楼：鸡奸于共和有益，可以加强男人之间的情谊。而且更进一步——卢梭、孟德斯鸠两大先贤早有喻示——指出依恋女色是独裁暴政性格的一大弱点：

> 童子之癖……大补也，可添胆气活力，能驱暴君之政……此乃强国健种之道，众人皆知。女子，祸水也，众人同唾也。亲之，恋之，实乃独裁之要害，众人共识也（第234－235页）。

于是萨德以他一贯的归纳简约法，揭露出共和思维想象三大
140 要务的联系：男人与男人之间的情谊，对女人爱恨交织、左右为难的地位，以及近亲相交的恐惧。于是在这本小册子里，男子间的共和情谊，变成了实质上的同性恋。是否该让女人介入公共领域的矛盾心理（女人干政，与专制直接拉上关系），则借设立大型卫生妓院的倡议而获得解决。至于近亲相交的忧虑，更180度的大转弯，不但不是罪恶，反而大事颂扬，是女人共享制的当然产物。这几项主题，下面将有更进一步的讨论。

如果柏克复生，读到小册子继续侃侃而谈，认为就物质与实用的立场而言，连谋杀根本也无罪了，应该也不会大惊小怪。这一段话，读来颇有为“恐怖时期”说词的味道：“一个早已衰微老迈的腐化国度，一朝竟然勇敢地奋起，挣脱那重压在颈项上的君主重轭，追求共和理想的实现；也只有靠不断的非常手段，才能站立不坠。”（第 243 页）小册子的作者结论道：“总而言之，杀人固然可怖，却常常是一项必要的恐怖，决不属于犯罪，是共和国体之下务必容忍的手段。”（第 249 页）最后的结语，仿佛是对自由主义的放弃：“少立法，立者皆好法。”（第 251 页）作者并以自由派的真精神，说明他为什么反对任何帝国主义的战争：别出门，好好待在家里振兴工商，欧洲众王座自会在不堪自己的重量负荷之下倾覆（第 252 页）。

萨德本人的政治立场与这本小册子的关系，对笔者此处的分析并不重要。我们也许很想如尤琴妮一般，认为多蒙赛是这本小册子的执笔人（并由此延伸想象，以为小册子中的观点也正是萨德本人托言寄意）。多蒙赛对这个质问的答复是：“没错，其中某些想法我很同意。我过去许多言论也证实我同意这些想法，如此更令我们刚刚听到的这本小书的教训，有一种针对私人而发的味道。”（第 253 页）但是多蒙赛的话到此为止，同样地，我们的臆测也不必再多所引申。真正重要的则在附录与小说的并读、并陈，揭发了革
命意识思想的紧张压力之处。笔者并不是说，革命对兄弟爱的信 141
念，对创造新人类的主张，一定会导向乱伦、鸡奸、谋杀的合理化。这是柏克提出的结论，而不是我；当然，也会被革命人士所驳斥。但是柏克与萨德都以他们自己的方式，看出在动荡不安的革命局势下所冒的风险是何等之大。

萨德以其特有的心理素质，抓住了革命下意识中最严重的问题，尤其是共和理想与女人地位之间的矛盾关系。他不但借着那本半革命性质的小册子（但是其中言论可谓纯属教条式甚至乌托邦式的想法），描绘出某种弗洛伊德式的家庭罗曼史，更把其场景设在女人香闺之中。这一点，是笔者现在要讨论的对象。女人的闺房，是最能具体彰显性关系的所在。正如共和的“性心理”大地之上。在这里，支配的主调也没有父亲，却只有对母亲无边的依恋。无父、恶母组成的基调里，奏出了闺房之中两性关系无数的微妙变化。

整本小说从不见尤琴妮的父亲露面，虽然我们可以假定，女儿在性事上的再教育、妻子所受的不堪待遇，事实上都得到他的允许。第六部对话里有他写给女儿的一封信，证实这个想法，好像作者事后忽然想起来应该有所交代才是。至于做母亲的，则到最后方才出现，而且她的下场之惨，恐怕也只有对为母者痛恶古怪到极点的萨德才编得出来。多蒙赛教尤琴妮将假阳具用在自己的母亲身上，又令他染有梅毒的随身男仆把病毒传给蜜斯提娃夫人。事后在圣昂惹女士的教唆之下，尤琴妮用红色针线把母亲的阴处缝合，以加速病毒的感染，也免得（尤琴妮解释道）她再生任何弟弟妹妹（283 页）。

这种简直精神错乱、匪夷所思的场面，背后可以有许多不同的阐释。比方克劳索斯基（Pierre Klossowski）就认为萨德患有一种“反面的恋母情结”，驱使他抨击一切附属母性的事物。[23] 最令笔

㉓ Pierre Klossowski, *Sade, mon prochain* (Paris, 1967), pp.177－186.

者触目心惊者，却在这个场景——依然脱不了极端简约的手法——展现了革命意识本身对血嗣、生殖及母亲这个角色等问题，142
在根本上所怀有的一种矛盾心理，是巴特曼曾指出的男性夺权现象的反证法，亦即男人想要独占政治的创造权力，并将女人逐出社会契约关系。[24] 尤琴妮的红线，直等于褫夺了其母的生殖能力，是对指称玛丽-安托瓦内特不配为人之母的种种色情攻击的荒谬化约。在此，“坏”母亲受到实质意义的惩罚，因为她是尤琴妮的母亲；她的罪行，是在母亲的地位之上所犯，她的施罚者，正是她自己的孩子。道貌岸然、一本正经的蜜斯提娃夫人，是用来代表女人普遍不可靠的共同特质。多蒙赛斥责她，认为她没有权利主张她的女儿属于她：“当蜜斯提娃夫人，(或谁知道到底是谁)，在你里面下种，生成尤琴妮出现的那一刻，你就看得见她、知道是她吗？”(270页，括号系笔者所加。)在萨德的文本里，革命并不曾吞噬了她的子女，却反过来由子女吞食了母亲，以表示对血源、繁殖的拒斥。

萨德的文本充斥着一片生殖意象，正如圣昂惹夫人对尤琴妮所做的解释：“一个漂亮女孩，应该只想着做爱，绝不要去烦恼什么生孩子的事。”(57页)因此她指导的重点，多在如何避免怀孕(这一点，就可以看出鸡奸的好处。避孕手法细节，详见该书97页)，以及如果不幸怀孕，打胎的得力之处。人口与政治之间的关系，在附录指陈得极为明显，认为政府应全力“防止人口增加”。(247页)

但是萨德对生殖一事攻击的炮火却集中在母亲身上，父亲完

---

[24] Carole Pateman, *The Sexual Contract* (Stanford, 1988).

全幸免。早在第三部对话录里，多蒙赛和尤琴妮就已取得一致的意见，两人都讨厌母亲，崇拜父亲。更有甚者，圣昂惹女士和多蒙赛强烈主张："我们完全是父亲的精血所成，跟母亲毫无关系。"(64页)他们承认，成孕之际，的确需要阴阳的精血调和，但是真正具有
143 创生之力的种子，却来自男性；依亚里士多德学派的论调，也就是这个"新人"生成的终极原因。可是说来说去，孩子的爸爸到底是谁，却只有女人知道。圣昂惹女士在第三部对话录里向尤琴妮解释道："女人测不透。"(88 页)正因为如此，萨德最后只有一个办法，就是干脆别再自寻烦恼，非要找出一个确定的爸爸不可。

一般的借口是女人既天性游移，因此应命她们守贞，并对她们的道德严加控制。萨德则不然，提倡把全体女人开放给全体男人。圣昂惹女士的说辞是："女人天生注定像母狗、像牝狼，谁想要，都可以上手。"(82 页)这段话用字的细节(牝狼、母狗)，与玛丽-安托瓦内特遭受的攻击相同，但是结果却更深一层，鄙斥一切有关血源、合法嫡裔的观念，并藐视任何形式的家庭情愫。多蒙赛对尤琴妮那位倒霉的母亲结语道："夫人啊，你一定要学会这一点，天下再没有比所谓父母爱子女或子女爱生我者的这份感情，更不实、更虚无缥缈了。"(270 页)早在小说里面，他也说过："我们不欠我们父母任何东西……因为生产之权不能建立任何东西，不能创造任何东西。"(171 页)

因此，父亲既不在场，一般沿用的嫡生规定与社会秩序自然宣告失效，正如弗洛伊德在《图腾与禁忌》里所预测的一样。他笔下描述的人间第一场牺牲——原型部族的弑父——就许多层面而言，都是萨德文本完全的逆向翻版。弗氏认为，性欲会离间男人，

所以弑父后的众兄弟不得不设下乱伦禁忌，以减众人弑父的罪疚。因此因谋杀而生的罪恶感——到如今，则是因为怀有谋杀父亲的念头而生的罪恶感——是一切社会结构与宗教习俗的核心。根据弗洛伊德的说法，举凡宗教、政治、社会、艺术，都有其源自恋母情结的源头。

但是如此推论，碰到母亲这个人物身上却有点行不通。弗氏
曾一度主张，最接近原型部族面貌的社会组织，是那些由“男性结 144
群而成，成员人人权利平等，同受图腾制度的限制，包括自母系遗受财产在内”的部族。对他来说，社会真正的发展突破，就发生在父性家长制度取代这类母性社会的一刻：“随父性神祇形象的引进，原本无父的社会，逐渐演变成一个在父性大家长制基础之上组织而成的社会。”他自己也承认对此现象的不解：“在这个演进过程里面，不知道在什么节骨眼上，竟然又跑出那些母性的大神来，我也说不出所以然。也许，一般而言，她们早在父神之前就存在了吧。不过，有一件事似乎很可以肯定，众人对父亲的态度发生改变，这一点，并不仅限于宗教一层，却相当一致地延伸到人类生活的另一面——也就是那因父亲之去而深受影响的社会结构。”[25]因此，社会的结构有赖父性地位的重建，以一种升华净化的形式，亦即律法的形式再现父威。

在萨德建构的香闺里，父亲不在，父法不再，乱伦遂生；书中还特意充斥着一股满不在乎、理所当然的味道。圣昂惹夫人泄露，她

---

[25] *Totem and Taboo*, in vol.13 of *The Standard Edition of the Complete Works of Sigmund Freud*, trans, James Strachey (London, 1958), pp.141, 149.

第一号情人就是其兄；全书对兄妹乱伦的描写，也采取一种就是这么回事、不用大惊小怪的态度（书中唯一不曾明目张胆鼓吹的乱伦关系，只有母子乱伦——但见萨德对母亲角色一向痛恨，这项例外自是想当然耳）。但是对于乱伦行为的意义，萨德的看法却与弗洛伊德不同。他张扬乱伦，至于乱伦一事到底会令男人团结抑或分裂，文中虽然语焉不详，但却提出一个妙法——干脆把女人公开，人人得而亲之，如此机会均等，男人就不致因性而起争执。

萨德也不以为同性恋是因正常性关系不能满足而生的暂时性偏差行为（依弗洛伊德一派，这是众子被全能、全势之父逐出门墙之后的权宜之法）。或者说得更透彻一点，萨德认为女同性恋是暂时出轨，男同性恋却不是。女同性恋一词，在书中并不曾直接提名道姓，只是淡淡提上几笔，而且是在衬托“男人的性追求”这个大题
145 目之下呈现。如圣昂惹夫人虽然对尤琴妮着迷，但是她同样也爱男子。而且双姝欢好，主要是为尤琴妮打底子，好为下一步更重要的性关系——与男子的性关系作准备。

鸡奸却不同，在萨德的情节里自有其特殊地位。多蒙赛花上好大力气与时间，大谈这方面的好处。乱伦透露父法不再的讯息，男交却显示性别之分的解体（这一点，与第四章所引反革命讽刺作品同）。在书中第三大对话段落里，多蒙赛细析所谓主动与被动式男交之不同，并认为作为被动一方更肉感、刺激：“换个性别尝试，滋味真是妙透了，学做一下婊子，感觉真不赖，把自己交给另一个男的，让他把我们当娘们一样……做他的情妇。”（120页）多蒙赛指出，女人也可以如法炮制，把自己“变为”男人；不过这方面他指点不多，主要还是把功夫用在教导尤琴妮肛交（247—248页）。

位置的优越感只为男性兽交者保留，他们的外貌与其他男性再也不同了：

> 他的屁股更加白皙丰满，没有一丝毛发亵渎这属于欢愉的圣殿，这位男性的私密领域有更细致、感官而敏感的薄膜，就犹如仕女的私处一般。我要再次重申，这位男性异于他人，比他人更柔软、更有韧性，他集女人的淫荡与高尚于一身（162 页）。

兽交和女同志恋情并不违背多蒙赛的观点；相反地，由于这两种行为不会造成种族的繁衍，反而顺应了多蒙赛的想法（160 页）。不过，兽交等抹杀性别界限的性行为，与萨德对血统和生殖的批判也 146
有所关系。

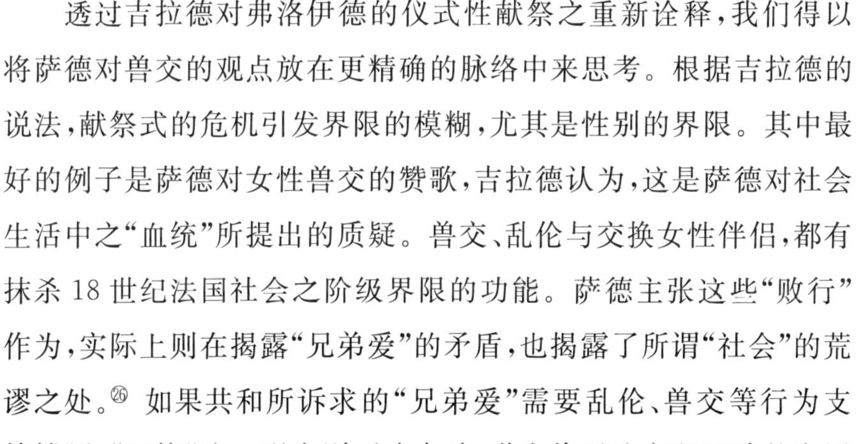

透过吉拉德对弗洛伊德的仪式性献祭之重新诠释，我们得以将萨德对兽交的观点放在更精确的脉络中来思考。根据吉拉德的说法，献祭式的危机引发界限的模糊，尤其是性别的界限。其中最好的例子是萨德对女性兽交的赞歌，吉拉德认为，这是萨德对社会生活中之“血统”所提出的质疑。兽交、乱伦与交换女性伴侣，都有抹杀 18 世纪法国社会之阶级界限的功能。萨德主张这些“败行”作为，实际上则在揭露“兄弟爱”的矛盾，也揭露了所谓“社会”的荒谬之处。[26] 如果共和所诉求的“兄弟爱”需要乱伦、兽交等行为支持撑腰，“正统”这一观念则不攻自破，世人将无法定义正确的亲属

㉖ 关于普遍兄弟爱更广泛性的问题请参阅 Marc Shell, *The End of Kinship*: “*Measure for Measure*”, *Incest and the Ideal of Universal Siblinghood* (Standord, 1988)。

关系；婚姻也不再是社会上的必存机制，甚至男人与女人的界限也不复存在。

萨德原本以赞颂男性自由的性庙宇来提倡男性管理的社会秩序，如今他沉溺于兽交，又抹杀性别的界限，似乎又威胁到之前的所言所行。因此，仿佛是为了因应他对女性兽交所作的赞颂，萨德紧接着发展出欲望的自我中心论。他掏空了社会秩序中的情感因素，指出爱的底层就是欲望（172 页），而欲望的底层就是自我中心。正如尤琴妮在觉悟后说道：“男人天生就是孤绝的，他们各自独立不相往来。”（170 页）

萨德与卢梭、柏克不同，他不承认建立社会生活的必要性。卢梭提倡的律法是基于全民意志而订定的社会契约，主张以“心灵透明”作为解决途径之前提；萨德则提倡“自扫门前雪，休管他人瓦上霜”的哲学，他认为社会秩序乃是基于男性欲望之满足之上。最
147 后，萨德背离了“兄弟爱”的想法：“在基督徒的年代里，不幸与悲惨乃随着兄弟爱而来。”（170 页）在男性之间，神圣何来之有！（175 页）

萨德在附录与稍前的叙述中铺陈了许多女性性解放的场景，之后他又再次重申女性乃是低人一等。萨德追随洛克的脚步，将女性的低劣归因于自然天生，完全没有提出智识上的理由。多蒙赛在第五段对话中说道：

> 大自然所赋予女性的无能，证明了天地万物都是为了男性而设。男人享受权力，以任何形式的暴力来行使权力，如果他希望，还可以用各种的酷刑。让那些崇拜女性的笨蛋尽管

> 跪倒在粗野的爱人脚下吧！他们等着对方来取悦自己，忽略了明明操之在我的自主权，而沦为性的奴隶。就让他们带着自然所赋予的，击败他人的权力，去享受二流的快感吧！（260—261页）

在此段文字中，萨德响应卢梭之前对沙龙女性的公开指责。先前，卢梭主张性意志应由社会保障，而反对那些献身性意志的人；[27]萨德则指责那些无法支配性而反成了性奴隶的人。当许多共和的领导者坚持女性天生不适合参与公共事务时，萨德则看到女人因为天性而接受男人的暴力蹂躏。萨德如常地将其想法推演 148
至极，直捣问题核心（亦如巴特曼之见）：性契约是社会契约的基础，而性契约的基础则是力量。[28] 在此萨德一反之前对两者关系的否认，而首次提出了清楚的政治图像：男人在性愉悦的那一瞬间，会感到心中对暴君制的欲求。他透过多蒙赛说："他支配一切，他，是个暴君。"[29]然而，即使在此处，萨德还是明显地自嘲一番：他马上引出圣昂惹夫人在多蒙赛面前放屁的一幕，夫人并说："我已经准备要报复了。"（262页）

社会秩序并非是友善合群的，其中甚至不包含男人希望交换

㉗ Jean-Jacques Rousseau, *Politics and the Arts: Letter to M. D'Alembert on the Theatre*, trans. Allan Bloom (Ithaca, N.Y., 1968), pp. 100 - 101.

㉘ Pateman, *The Sexual Contract*.

㉙ In a note, Sade insists: "La pauvreté de la langue française nous contraint à employer des mots que notre heureux gouvernement réprouve aujourd'hui avec tant de raison; nous espérons que nos lecteurs éclairés nous entendront et ne confondront point l'absurde despotisme politique avec le très luxurieux despotisme des passions de libertinage" (p. 260).

女人的情感，萨德对这样的社会秩序感到愤怒，认为这是革命为了要延续世袭制度而引发的荒谬。早在多蒙赛的演讲中，圣昂惹夫人说："你知道吗，多蒙赛？透过这个制度你将要被引导着去证明，人类的灭绝只是自然的安排。"多蒙赛则回答："大家都知道，夫人。"（98 页）多蒙赛淡漠的语气更加凸显了全文中最引人注目的特色，即对罪恶感的驳斥。根据萨德对家庭罗曼史中之兄弟爱的说法，兄弟们对于社会中缺乏父亲并不感到内疚，他们只根据自己的欲望来构筑自己的法律；他们并不像弗洛伊德所言，会重新构筑出一个期望父亲的法律。

整体说来，萨德描述了一个乌托邦，在其中企图建造不蕴涵社会情感的社会秩序。弗洛伊德与列维-斯特劳斯也做过如此的尝试。在《亲属的基本结构》一书结论中，列维-斯特劳斯提到，必须靠乱伦禁忌保障社会中的互惠，社会才能长存：

> 149 亲属关系与婚姻的规则并非是社会状态下的产物，它们本身就是社会状态……社会认定的婚姻（即让性杂交变成具有契约性、仪式与神圣性的性关系）一向都是种令人焦虑的冒险，我们可以了解到，社会早该尝试避免此冒险中连续且近乎疯狂的哄骗。[30]

面对这样的焦虑，萨德拒绝社会标记的投射，而试图在闺房这个与

㉚ Claude Lévi-Strauss, *The Elementary Structures of Kinship*, trans. James Harle Bell and John Richard von Sturmer (Boston, 1969), pp.490, 489.

日常社会并无关联的地方建立反社会的基础。列维-斯特劳斯解释了此举在逻辑上无法连贯的原因，并提供了他阅读弗洛伊德的《图腾与禁忌》后的看法：

> 对母亲或姊妹的欲望、弑父或是儿子的忏悔，无疑地并不在历史记载中出现。但是，这些可能象征性地表现了某种古老而延续的梦想。此梦想的神奇之处，在于这些行为从未被实行过，因为所有时空的文化都抑制它们。象征性的满足，乱伦冲动在此梦想中得到象征性的满足，体现了人类恒久对于失序或颠覆秩序的欲望。颠倒社会秩序的仪式庆典之所以存在，不是因为那样的状态曾经存在过，而是因为日常生活永远不会，也不能有任何改变。[31]

列维-斯特劳斯对弗洛伊德之修正在许多方面都颇具说服力，但是，法国大革命也挑战了他的确定性。通常，文化上是反对弑父的，但是这种文化力量在许多时空中都无法杜绝弑父行为，虽然弗洛伊德努力寻找弑父情节的根源，但却无从得愿，因为革命秩序不只是一种颠倒社会秩序的仪式行为。正如我尝试说明的，萨德的分析在逻辑上并不一致，也很难一致：自我中心（egocentrism）违反社会秩序，而女性团体并不赞同社会交换。然而，萨德企图撕去社会生活与习俗的面纱，也的确将社会秩序、习俗以及革命对前两者的挑战放在刺眼的亮光中供人检视，萨德追随其前辈卢梭与柏

㉛ *Ibid.*, p.491.

150 克，将社会秩序的基础与意义理论化。透过色情（春宫画）的媒介，萨德比卢梭与柏克更得以洞见弗洛伊德与列维-斯特劳斯的著作，也让后世读者获益良多。

在列维-斯特劳斯的著作中，有一种对反社会乌托邦的怀旧情绪。在书末结论中，列维-斯特劳斯坚称“女人仅只是一种符号”，然而，不论是萨德的理论倾向，甚至列维-斯特劳斯自身的论著，都一再强调与其结论相反之论调。就像是对萨德提出训诫一般，列维-斯特劳斯断言，女人必须是互相流通的符号；象征的思维源于将女人作为交换用的事物。在其最后一个段落，这位人类学家自己承认了一个不可能的梦想：

> 直至今日，人类总是梦想着能够相信自己将规避交换的法则，梦想着能捉住那一刻，使之永恒长存……走尽天涯海角，行遍古今未来，在苏美尔神话中的黄金年代，因语言的混淆而使得文字成为共同资产，人类因此终结了原始的快乐；在安达曼群岛（Andaman）关于未来的神话里，则描述一个女人不再被交换的天堂，在其中人类将获得极致的喜悦。换言之，我们要回到古老的以往或不可及的未来，在一个人人皆可独处的世界中，才能拥有社群生活中男性所无法享受的快乐[32]（当然，莱维-斯特劳斯此处所谓的独处者只限男性，女性并不在其叙述中）。

㉜ *Ibid.*，pp.496 – 497；emphasis added.

上述段落可为本章画下圆满的句号，因为它显示了萨德所解释而变形的共和经验是如何直捣社会存在的核心。然而，无论我们发现共和意识如何充满可议之处，不可否认的是共和意图建构一个意识形态的企图是显而易见的，而这恐怕是所有社会与政治生活中最深层的基础。

第六章　家庭重建

151 关于萨德对家庭所持有的特异观点，事实上与他同感的法国共和人士非常稀少。后者之所以对家庭法提倡各种激烈改变，对家庭事务展开基本性的质疑，其实是一心想要打破旧有君王贵族传统的后续作用。事实上他们从不曾试想把家庭消灭净尽，也不打算将公民道德与家庭义务之间的联系斩断。反之，1793 年提出的宪法强调："一家之父母，乃一国真正之公民。"[①]甚至在大恐怖时期结束，督政府着手取消某些最极端的革命性家庭立法以前，许多共和官员就开始对家庭进行重建，重新奠定家庭为共和政权的基石。

但是家庭地位的重估，一开始并非是一场有意识的政治运动。一如其他许多情况，革命当权派发现，不管采取任何方向，总是不断碰到障碍。状况又艰难不明，于是一路摸索，想要找出一条路来。在旧日的阴影笼罩之下，他们对专制父权形象（不论是一国或一家）的戒心始终不能除去。也许正出于这种心理，家庭作为一个社会单位，究竟应在新秩序中占有何种地位的课题，遂被暂时搁置

---

① 引自 Joseph Goy, "La Révolution française et la famille", in Jacques Dupâquier, Alfred Sauvy, and Emmanuel Le Roy Ladurie, *Histoire de la population française* (Paris, 1988), p.92。

不论，至少直到1793年前都被略过不提。建设新秩序的建筑师们，全副精神力量都放在如何在政台上改造这一代的成人，又如何在教育上塑造下一代的共和新生命。在这样一种环境氛围之下，说来也是一件怪事，一家之中为人父母者应该扮演的特定角色，在1794年之前却鲜有人提出正面和规范性的意见。

甚至连共和母职的高超理想，也多局限于反面性的言辞；每回 152
只要妇女积极参政一事引起争议，就被提出来讨论一番。妇女俱乐部组织的女性，宣称自己系坚守共和母性理想，以保障她们作为政治公民参与政治活动的身份。人权派的妇女们，即在一次对共和革命会的演说上宣示：

> 权利宣言，通用于男女两性，职责上则有区别……男子独有受征召执行〔公共任务的责任〕……不论在军中、参议院或公共集会，男子拥有优先任事的权利……反之，作为女人的第一要务，则在私人生活的责任，为人妻、为人母的女性职责交给她们担任。②

在场这些女子，虽然相信女人积极加入政治有其好处，与此同时，却把这份“积极性”局限于18世纪的女性地位观（女人正确的地位属于家庭）。女人只有在完成属于本分的天职，亦即私人生活的职务之后，才获准进入公共空间。同理，立法者们也只有在女人参政

② 引自 Darline Gay Levy, Harriet Branson Applewhite, and Mary Durham Johnson, eds., *Women in Revolutionary Paris, 1789 – 1795* (Urbana, Ill., 1979), pp. 176 – 177 (no date is given for the speech)。

变成争议焦点的关头，才会特意宣扬共和母职的美德。

共和母职这项观念，令男性领导人坐立不安，他们不知道应该如何处理女子政治教育的问题；也许正因为这份左右为难的尴尬，问题始终不曾被挑明讨论。试想，如果做母亲的缺乏共和理想概念，将如何教导她们的子女？多数代表本来同意，可以让女人前来聆听议事。甚至连艾玛，这位一手将女人从政治场上逐出的主导人之一也承认："她们有必要学习有关自由的原则，才能得到子女的亲近与敬重。"③但是这份学习，究竟该达到什么程度，女人的议事权又到底该有几分，却始终争议不决，甚至在1793年正式宣布女子俱乐部为非法组织之后也缺乏定论。

至于共和父职的面目，界定就更为模糊了。就正式定义而言，如今的父亲，不但和蔼可亲，对子女亦支持关心。在实际上，1793

153 年后的历届政府虽然大力肯定父亲一职的重要，但是父亲一角儿却一直相当模糊隐没，直到拿破仑时期对父亲大家长的地位刻意恢复之后，才见明显改善。新秩序的塑成，对于父母职责应有的贡献既然如此漠然，难怪大革命时代的关爱焦点会转移到儿童身上。1794年后法国小说、戏剧最引人注目的家庭角色，属于孤儿，也就是无父无母、没有家的孩子。因此，家庭这个单位，依然脆弱；一个新的政治、社会秩序，则在这个脆弱的单位上建立起来。

女子的共和形象——连带包括家庭本身的共和形象——似乎在1793年10月全力打压女子俱乐部，以至1794年6月举办"最

③ 引自 Dominique Godineau, *Citoyennes tricoteuses: Les Femmes du peuple à Paris pendant la Révolution française* (Aix-en-Provence, 1988), pp.264－265。

高崇拜”庆典之间，出现了一个转折点。俱乐部遭禁之后，妇女依然出席男子俱乐部的会议；对于粮食短缺、物价高涨的状况，也是他们首先发难造成骚动。1794 年的冬天，日子特别艰难，几场粮食暴动里，也常见妇女站在队伍的最前头。1794 年 4 月，遭禁的共和革命会有两名领袖拉康伯与莱昂被捕。莱昂虽于 4 个月后获释，拉康伯却被拘留长达 15 个月。1795 年春，民众起来作乱，反对国民公会（这是巴黎无套裤汉最后一场重要的政治行动），女子在其中的角色格外鲜明。于是当局下令，严禁女人进入议会旁听，更不准她们参与任何政治集会，亦不得有五名以上的妇女成群聚集街头。④

不过像男性一样，积极参加政治集会，甚或走上街头抗议粮食短缺的女子毕竟属于少数。因此，“明令”将女人逐出公共政治场所的措施，远不及另外一项微妙手段厉害，亦即暗中重新为家庭及母亲在家中的角色定位。恐怖时期结束之前，罗伯斯庇尔等人即利用一些小技巧但却意义深长的动作，强调革命一事的男性气息，抹去积极性政治角色所具有的任何女性意向。他们改用希腊神话大力士赫克力斯，取代国玺上原有的自由女战神图像，其实只是诸般偷星换月举措中最明显的一项。⑤

在公开的形象上，女人的角色愈来愈被派以明确的母性职责。154
1793 年 8 月“联合庆典”(Festival of Unity)的主要景点之中，即有一尊巨大的女性狮身人面像代表“自然女神”，新生之泉，自两峰巨

④　参见前书 179—193 页及 319—332 页的重要分析。

⑤　请参阅 Lynn Hunt, *Politics, Culure, and Class in the French Revolution* (Berkeley, 1984), pp.87 - 119。

乳源源喷涌。各种欢庆游行里面，更常安排孕妇队伍，刻意强调母体育养对共和理念的重要性。罗伯斯庇尔曾提出一项长篇报告(1794 年 5 月 7 日)，主张设立新的节庆体系。他指出，众人“都知道，向最高崇拜献上崇敬的最佳之道就是克尽为人的本分”。因此他提倡设立各式纪念天、地、人的节庆：不仅限于最高崇拜，从自然、人类，到爱国情操、勇气，甚至连人间的情爱、婚姻的忠实、父之慈、母之爱、子之孝、童年、少年、成年、暮年(此处仅列举一二而已)，都应该大肆宣扬庆祝。[⑥] 这张清单虽然没有明说，呼之欲出的用意却很明显：家庭价值必须重新加以强化。

1794 年 6 月 8 日由雅克-路易·大卫负责主办的最高崇拜庆典，将以上这些理想完全付诸行动。这场盛事，系专门针对声名狼藉的“理性节”(Festivals of Reason)而办。理性节庆，前此已经于 1793 年秋在巴黎及许多省城举办，而且多系由一名年轻女子(通常都是女演员)扮演自由或理性的化身。论者抨击这种做法不当，认为典礼中使用真人，有传递错误讯息之虞：

> 竟然用女子代表理性，而且是如此年轻的女子！不论在理念或想象上都着实令哲人吃惊！女子青春，正代表着脆弱、偏见，以及这迷人一性的最迷人处！反之，男人的天下则没有任何错谬：力量、活力、严正，在他们身上达到完美结合。理性，是成熟、是严峻、是严肃。这些良材美质，怎能与一名青春

⑥ 本篇演讲词译自 George Rudé, *Robespierre* (Englewood Cliffs, N.J., 1967), pp.68－73。

女子联想在一起。⑦

因此在新打造的庆典中，最高崇拜将没有任何特定的具象造

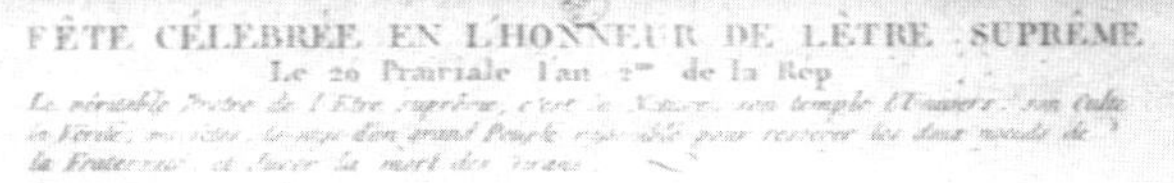

图 25　版画：最高崇拜庆典，1794 年 6 月。

图片来源：法国国家图书馆

⑦ *Annales patriotiques et littéraires*, quoted in Alphonse Aulard, *Le Culte de la Raison et le Culte de l'Etre Suprême, 1793－1794: Essai historique* (Paris, 1904), pp.88－89.

型,保留其抽象、庄严的本质。于是最高崇拜便如此这般地粉碎了在膜拜一个代表理性的实象背后所潜藏的偶像崇拜倾向。与此同时,更彻底斩断理性崇拜与女性质素之间具有的任何关联。大卫
155 设计的庆祝节目,一仍其画作《贺拉提之誓》与《扈从们归还布鲁图他儿子的尸体》中两性分列的旧习:当庆祝队伍来到大典场地,只见男人站在山的这一边,女人站在山的那一边。[8]

更有甚者,参加庆典的女子,不是人妻,就是人母。根据节目报道:“贞洁的妻子,为心爱幼女的发辫结上鲜花;怀中的奶娃,则紧抵着她的胸脯。”[9]描绘节庆的版画也强调正在进行中的家庭的
156 重建。但是正如此画所示,在重新获得肯定的家庭里面,父亲的面目固然未被抹杀,却也不见居于主导地位。画中那只俯瞰万事的天眼,暗示着最高崇拜本身可谓抽象已极,完全不能分辨性别;换句话说,庆祝活动固然刻意强调男女有别及家庭情感的重要,却只到此为止,不再进一步重建父权式的家庭或宗教。女人则必须维持宜室宜家的地位本分;家庭,则着重父母对子女天然具有的亲情。

女人,有属于女性、母性的天赋;这份概念,经 18 世纪锤炼而愈精。17、18 世纪间,许多作家,包括男女两性在内,均曾对女性特质有所争议。一直要到 18 世纪最后 25 年,方有医生开始由女

---

[8] 玛丽-埃莱娜·于埃(Marie-Hélène Huet)的分析使我深受启发:Marie-Hélène Huet,“Le Sacre du Printemps:Essai sur le sublime et la Terreur”,*Modern Language Notes*,103 (1988):782 - 799。

[9] 引自 *ibid.*,p.790。

性的生理影响出发，着手构建一套前后连贯的理论。[10] 在此之前，多数作者对女人天性都只模糊地点到即止。激进派唯物论者拉·美特利(Julien Offroy de La Mettrie)谈起男女不同，论调亦与其他保守派唯心论者殊无二致："论到这美丽的一性(女性)，其灵性与脾性的纤弱一致，因此有这柔情、蜜意、灵动，及一切出于热情甚于理性的情绪。也因此有偏见、迷信和一切固执难以动摇的根深性情。"[11]同样的看法亦使卢梭在影响深远的大作《爱弥儿》中，认为苏菲的教育必须强调依赖、限制的一面；爱弥儿却应该被鼓励追求自由、独立。[12]

医学界的作者认为，女性与自然的关系比男性密切，因为她们具有生育能力。根据这一原则，这些作者遂开始按图索骥，依女性的生理地图以追寻女性的气质。罗素(Pierre Roussel)医生在其影响卓著的大作《女性生理、道德系统论》(*Systeme physique et*
moral de la femme，1775 年首版，至 1809 年已出五版)中主张，女 157
性的特质来自其生理结构的缺陷："女性由于其纤细柔嫩，始终保有几分孩童般的性情，其器官的质地纹路，具有始终不失原生的松弛特性。"生理的组织如此，遂对知性及政治的能力产生重大后果。

⑩ Jeannette Geffriaud Rosso 曾对此提出简短的评论：Jeannette Geffriaud Rosso, *Etudes sur la féminité aux XVIIe et XVIIIe siècles* (Pisa, 1984). For a brief overview, see Yvonne Knibiehler, "La 'Science médicale' au secours de la puissance maritale", in Irène Théry and Christian Biet, eds., *La Famille, la loi, l'état de la Révolution au Code civil* (Paris, 1989), pp.59－71。

⑪ 引自 Maurice Bloch and Jean H. Bloch, "Women and the Dialectics of Nature in Eighteenth-Century French Thought", in Garol P. MacCormack and Marilyn Strathern eds., *Nature, Culture and Gender* (Cambridge, 1980), pp.33－34。

⑫ Jean-Jacques Rousseau, *Emile, or On Education* (New York, 1979).

女性天生善变易动的心灵，使她们无法从事综合性的思考，因此她们比较适合直觉的活动，尤其是母职（想当然）及附带的各种任务。女人应该把知识性的活动交给男人操心："生儿育女，是女性的命运，是自然赋予她们的天职。"⑬

大革命期间，罗素偶尔会为《哲学十日报》(*La Décade philosophique*)写几篇文章，他也是1795年新成立的国家研究院(National Institute)伦理与政治科学组的院士。院中同仁都与他持有相同看法。1795至1796年间，其友卡巴尼(Pierree-Jean-Georges Cabanis)医生写就了几分研究报告，专论人类身心结构之间的关系。其中一篇《性别对道德观念暨感情特质的影响》(*L'Influence des sexes sur le caractère des idées et des affections morales*)可谓集有关女性特质最新主张之大成；此时也正是政治上排除女性的决策最后获得正式确立的一刻。他宣称，女性追求事业，势必对家庭造成破坏，动摇文明社会的整体基础。在他眼里，女人不论肌理、脑浆，都比男人薄弱，因此性情不定，容易敏感波动，显然不适合"长时间、深刻的思考"。⑭ 女人的生理体质适合担负妻子、母亲、看护养育的职责。"除非因男子的暴虐、偏见所迫，因而失离本性，否则女子受天生的缺陷所限，势必留守家中。生养的不便与任务，使她难出家门，也往往把她带回家门。"⑮

⑬ 引自 Paul Hoffmann，*La Femme dans la pensée des lumières* (Paris，1977)，pp.143，146。

⑭ Martin S. Staum，*Cabanis：Enlightenment and Medical Philosophy in the French Revolution* (Princeton，1980)，p.215.

⑮ 引自 Hoffmann，*La Femme*，p.163。

卡巴尼的弟子莫罗(Jacques-Louis Moreau)在其篇幅达两卷的研究《女性自然史》(*Histoire naturelle de la femme*,1803)中, 158
将此论点发挥到极致。此论著发表时正值拿破仑借《法典》恢复父权社会之际:

> 男人只在某些时候是男人,而女人却终其一生为女人。如果上述这句论述成真,则原因主要在于,这样的影响持续地提醒女人其性别,而时时让她以女人的面貌呈现。

如此想来,"女性比男性更爱说灵论鬼,相信怪力乱神之说,女性也比男性容易有偏见。"[16]女性永远无法像男人一般追求智识,即使她们勉强为之,后果也不堪入目。莫罗认为女性基本上是病态的,由于女性的情绪凌驾于理性之上,使得她们对于外在的刺激总有夸张的反应。[17]

在1793—1804年间,男性对女性参与政治的敌意开始具体化,成为某种刻意的意识形态,而科学的方法也证明女性仅适合家庭式的职业。[18] 这些想法成形的证据,可从之前的激进共和党人暨好战的无神论者马雷夏尔(Sylvain Maréchal)于1801年出版的

⑯ 引自 Lynn Hunt,"The Unstable Boundaries of the French Revolution", in Michele Perrot, ed., *A History of Private Life*, vol.4, *From the Fires of Revolution to the Great War*, trans. Arthur Goldhammer (Cambridge, Mass., 1990), p.44。

⑰ 关于当时和莫罗持有类似观点的人,请参阅 Hoffmann, La *Femme*, pp.166 - 171。

⑱ 关于性别差异解剖理论的发展,请参阅 Thomas Laqueur, *Making Sex: Body and Gender from the Greeks to Freud* (Cambridge., Mass., 1990)。

小册子中看出端倪。在拿破仑政体下的一片新父权风气中，马雷夏尔提供“家中的父亲、一家之主与丈夫们”一份“法律禁止女性习文舞墨”的计划。马雷夏尔一股脑提出“女人天性”的理论，宣称每种性别有其适宜之所，以此来禁制女性读、写、出版、雕塑、作画。[19]
159 这项所幸没有达成立法的计划，是马雷夏尔对共和主义者之女性观点的反证——他意图截断所有女性可能获得自主的渠道。

很多女性完全服膺天生母职之说，或至少相信男女两性在这方面有其基本差异。针对马雷夏尔的小册子，主要的女性批评声浪强调女性应该受教育，以便成为尽职的人妻、人母与管家。即便是在革命初期于巴黎积极参与政治的罗兰夫人，也意识到政治与私人生活间的紧张关系。[20] 当罗兰夫人临上断头台，以文字来交代女儿的未来时，她说：“来日，希望吾女能平凡地善尽为人妻、为人母之责。”[21]

---

⑲ 参阅 Geneviève Fraisse, *Muse de la raison*: *La Démocratie exclusive et la difference des sexes* (Ais-en-Provence, 1989), pp.13 – 45。上文引言摘自第 21 页。此书提供了许多 1800 年至 1820 年间的女性相关著作（包括男性与女性作者），Fraisse 的结论与笔者类似：“Derrière l'évidence de la volonté de domination masculine, apparaît une angoisse profonde qui nous a ici occupé: la peur de la confusion entre les sexes”(p.197). 马雷夏尔小册子中的诸多观点已被雷斯蒂·德·拉·布雷东(Restif de la Bretonne)在其小说：*La Femme infidèle* (1786)的前言中提及。The preface title collapses “la femme infidèle”, “la femme lettrè”, and “la femme monstre”. Maribert-Courtenay [Restif de la Bretonne], *La Femme infidelle* (Neuchâtel, 1786; reprint, Geneva, 1988), vol. 1, p.3。

⑳ Fraisse, *Muse de la raison*, pp.36 – 41.

㉑ 引自 Hunt, “The Unstable Boundaries” p. 37. On Madame Roland, see also Dorinda Outram, *The Body and the French Revolution*: *Sex*, *Chas and Political Culture* (New Haven, 1989), pp.124 – 152。

在好战的女人与共和领导人之间,“卖淫行为”是两者间最有共识的问题。除了支持男女在公共领域平权、改进女性教育、订定理性婚姻契约之外,德古杰还提议管制卖淫;[22]许多女性社团则以杜绝放荡与败德行为之名要求改善卖淫之问题。1793 年 9 月 16 日,共和革命会建议公会下令禁止卖淫行为,此举不是为了公共卫生,而是为了确保政治安定(因为卖淫可能有助于反革命)。他们也在主张更生计划,让之前以出卖灵肉维生的女性学习“适性”的职业。一旦改头换面,她们就能重返社会,成为母亲。1793 年 10 月以及 1794 年 1 月,法令禁止卖淫,大批被怀疑有卖淫行为的女性 160
被逮捕。直到罗伯斯庇尔下台后,性交易的状况才又死灰复燃。[23]

由于战争与移民的缘故,人口学上的数据难以加以佐证,不过,在 1790 年代末期,一个在家庭中知本分且尽天职的母亲形象已开始生根。当时的出生率并没有增加,且长期呈现减缓的趋势,但是似乎有更多的女性在革命后生子,因为每年的结婚数由路易十六执政第一年的 239000 对增加到 1793 年的 327000 对,1794 年的结婚数也有 325000 对。[24] 公开指责色情与戏院造成世风日下的梅西埃,非常乐见新道德家庭的出现。1798 年,梅西埃表示:“放眼望去,尽可望见小孩安睡在女人怀中,甚至男人也怀抱着纯真的孩子……在吾有生之年,从未见过如此多的小孩。母性让法

[22] Jane Rendall, *The Origins of Modern Feminism* (New York, 1984), p.50.

[23] Catherine Marand-Fouquet, *La Femme au temps de la Révolution* (Paris, 1989), pp.328 - 333.

[24] Jena-Paul Bertaud, *La Vie quotidienne en France au temps de la Révolution, 1789 - 1795* (Paris, 1983), p.190.

国女人魅力横溢，她们哺乳，她们因身为母亲而备感荣耀，她们深刻体悟到：最好的奶妈就是亲生的母亲。”梅西埃高兴地指出，由于对孩子过于严厉，奶妈这项行业已经消失殆尽了。[25]

罗伯斯庇尔下台，激进共和解散后，公共事务的方向仍存在诸多的不确定。督政府中共和党的领导者无意重建君主政体，但希望远离恐怖时期与激进共和的恐惧；他们希望重申共和对家庭的看法，即家庭为社会之基石，但同时却又担心会大规模颠覆革命时
161 的种种限制，诸如长子继承、父权等问题。结果，1795 至 1799 年的家庭罗曼史在诸多方面均呈不稳定状态，唯有在拿破仑时期，父权价值方又坚如盘石。

在家庭法方面，热月党政府开始拆解某些最为激进的革命条款，但仍旧保存其主旨。该政府并没有删除对父权权威的限制，但相较于以往则更为温和。1795 年 3 月 24 日，开始可以自由处置部分的继承资产，对于最激进的部分资产法之反动于 1795 年 8 月 26 日被取消。1795 年 10 月 26 日，孩子是否接受初等教育皆由其父母做自由选择。家庭法庭于 1796 年 2 月 28 日被禁止，1796 年 8 月 1 日，私生子不可继承遗产的限制于此时被废除。不论是男是女、嫡生或是私生，孩子间的继承权一律平等。

热月党时期对于家庭政策方面的犹疑不决，尤其体现在对离婚的看法上。罗伯斯庇尔下台后，国民公会同意在“婚姻乃深思远虑之结果”为前提下修改离婚法。然而，在进行具体的修改前，立

[25] Louis-Sébastien Mercier, *Le Nouveau Paris* (Paris, au Ⅶ [1799]), vol. 3, pp.191－194.

法机关便告解散。[26] 在督政府时期，反对离婚的请愿书和小手册大量出现。1797 年出版的一本小册子再次表明了重振家庭权威与重振社会秩序间的关联性：

> 婚姻体现了“家庭乃政府”，并构筑了社会秩序。婚姻建立了对秩序的最基本从属关系，父亲因为具有力气而成为领袖，母亲则因为温和且具说服力而成为家庭的调停者。孩子们是臣民，而未来他们也将成为自己家庭中的主人。家庭中的关系正是政府的原型。[27]

根据另一位作者所说，在这种新的一统氛围中，“男人唯一的权利”就是“成为父亲、丈夫、儿子的权利”，而这些正是“公众的功能”。[28] 162
这些反对离婚的小册子同时坚称扬弃早期革命期间倡导的个人自主，而提倡将个人重新镶嵌至家庭角色中。

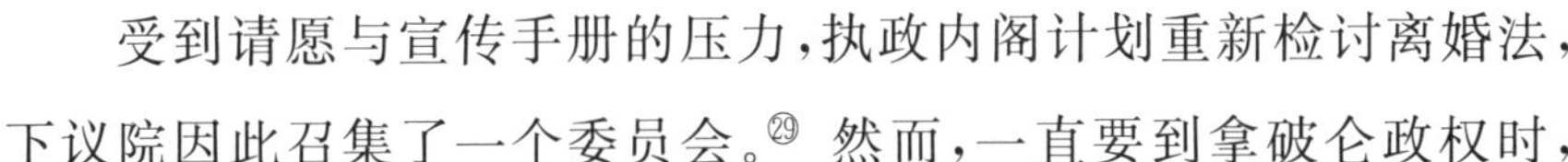

受到请愿与宣传手册的压力，执政内阁计划重新检讨离婚法，下议院因此召集了一个委员会。[29] 然而，一直要到拿破仑政权时，

[26] 即使在罗伯斯庇尔下台前，国民公会便于 1793 年 12 月 28 日修正一项独惠男性的离婚法案，根据新法案，女性必须在离婚十个月后方能再嫁，男性却可马上迎娶新娘。参阅 Marand-Fouque，*La Femme au temps de la Révolution*，p.292。

[27] J.Girard，*Considérations sur le mariage et sur le divorce*（Paris，1797），quoted in Günther Lottes，“Le Débat sur le divorce et la formation de l’idéologie contrerévolutionnaire”，in *La Révolution et l’ordre juridique privé：Rationalité ou scandale？* actes du colloque d’Orléans，11－13 septembre 1986（Orléans，1988），vol.1，p.324.

[28] 引自 Lottes，“Le Débat sur le divorce”，p.325。

[29] 关于罗伯斯庇尔下台以后离婚法的演变，请参阅 Marcel Garaud and Romuald Szramkiewicz，La *Révolution française et la famille*（Paris，1978），pp.83－87。

基本的离婚法修正版才问世。1804年的拿破仑法典保留了离婚的条文，包括离婚必须经由双方同意，但是离婚的条件变得严苛了——尤其对女性而言。男人可以因为妻子不贞而申请离婚，但女人单方面诉请离婚的条件，则必须因为丈夫公然让其姘妇进驻家中才算数！[30] 1816年重建的君主政体中，离婚又被禁止了。

在此，笔者无意全面检讨拿破仑政权如何重新尊崇家庭价值，不过可以对该政权对此努力之处稍加着墨一番。在1804年的拿破仑法典中，女性，尤其是已婚女性的权利大幅度地被缩减。某位法典的起草者解释："两性的命运并非由法律决定，而是上天所赋予的。女性因为其柔弱而需要被保护，男性则因为身强体壮而拥有自由。"[31]法典中宣告了妻子是丈夫的家眷。家庭虽未被尊崇到极致，但却成为"道德的保存者与公共安宁的维护者"。虽然父亲没有权利剥夺任何人的继承权，但在一片"没有家庭的权威，就没有道

163 德、家庭、法律、社会"的声浪中，立遗嘱人决定财产继承人的权力因此被扩充。私生子的继承权未被完全剥夺，但被大幅度地削弱。[32]

罗伯斯庇尔下台后的热月政权及执政府，虽然没有大力推崇家庭权威，但相信仍对拿破仑法典产生影响。热月政权与执政府

㉚ 请参阅 Hunt，"The Unstable Boundaries"，p.33 中的讨论。

㉛ Jean Portalis，quoted in Garaud and Szramkiewicz，*La Révolution française et la famille*，p.173.

㉜ 一般性的研究，请参阅 Jean-Philippe Lévy，"L'Evolution du droit familial français de 1789 auCode Napoléon"，in Théry and Biet，eds.，La *Famille*，*la loi*，pp.507－513；这些引文出自 511 页。关于已婚妇女的权利，请参阅 Bernard Schnapper，"Liberté，égalité，autorité：La famille devant les assemblées révolutionnaires，1790－1800"，in Marie-Françoise Lévy，ed.，*L'Enfant*，*la famille et la Révolution française*（Paris，1990），pp.325－340。

希望回避旧政权主张的家庭权威，建立优先于家庭的政权，此意图从执政府制定的节庆日程表中可见一斑。在 1795 年 10 月 25 日颁布的法律中，七个年度庆典中有三个乃以家庭为庆祝主体（另外两个“道德性”庆典则是感恩节与农事节）。即便是敬老节也显现父职的重新登场。举例来说，1798 年巴黎的敬老节就包括了一场迪西（Jean-François Ducis）对《俄狄浦斯在科洛诺斯》（*Oedipus at Colonus*）的再诠释。剧场的理事表示：“在这场戏剧中，父亲的权威呈现出令人尊敬的光芒。”在庆典的一场芭蕾舞中，一名年轻女子“以无上的忠诚，将皇冠献给她的父亲”。[33]

新的庆典制度使得社会对单身汉的不信任浮上台面。1795 年的宪法颂扬家庭生活，强调男性的角色为“我们要让法国人接纳家庭精神……如果某人不是好儿子、好丈夫、好父亲，就不可能成为好公民”。[34] 宪法条文规定长老院的立法代表必须是已婚者或
丧妻者，借此对激进共和时的杰出单身男子（如罗伯斯庇尔与圣茹 164
斯特）提出反动。[35] 此外新政权还针对 30 岁以上但未婚的男女征

[33] 引自 David G.Troyansky, *Old Age in the Old Regine: Image and Experience in Eighteenth-Century France* (Ithaca, N.Y., 1989), P.209。

[34] 引自 Goy, “La Révolution française et la famille”, p.93。

[35] 宪法委员会原本提议不准未婚男子进入两院，在 1795 年 8 月 4 日的演说中，葛森代表（Deputy Gossuin）反对此议案，建议该限制仅适用于元老院。在其提议中还主张军人、哲学家、艺术家与科学家均不得加入元老院，因上述人士可能会领养孩子却不婚。另外，他还提醒他的听众说：“les plus grands hommes de l'antiquité, ceux qui, par leurs ouvrages, ont éclairés les siècles, vivaitnt dans le célibat.”《综艺导报》（*Moniteur universel*）中有关于热月 17 日（1795 年 8 月 4 日）会议的报道：*Moniteur universel*, no.322, 22 thermidor an Ⅲ (9 August 1795)。1795 年 8 月 13 日的会议批准了葛森的建议，请参阅 *Moniteur universel*, no.333, 3 fructidor an Ⅲ (20 August, 1795)，此处有关于热月 26 日会议的报道。

收额外税。[36]

宪法中关于长老院内立法代表的年龄与婚姻状态之争议，显现出父亲与家庭对自由共和的重要性。某项修正条文希望放松长老院立法代表需要是已婚或领养孩子的鳏夫条件，雷维理耶·勒波（Louis-Marie de La Révellière-Lépeaux）则反对此项修正，他将家庭的情感与爱国的精神连结在一起："父母对子女的爱、子女的孝顺、手足之情谊、以父为首的家庭之回忆……总之，父亲的美名在旧制度时代是与服膺国王的心意连结在一起。"他的结论是："只有当……男人的心思全然专注于家庭之爱，并伴随着对公民的感情，他才能拥有对祖国的热情。"[37]雷维理耶·勒波对家庭的讴歌着重于追忆好父亲与牵挂子女的双亲——"父亲的美名"——而非父亲的可敬、威风或正直。

父亲重拾昔日地位，但只限于好父亲。父亲在热月党共和中重要却暧昧的地位，在艺术中则有趣地呈现。例如，比较 1793 与 1799 年的沙龙展览清单，后者中以家庭为主题的作品是前者的两倍。[38]

---

[36] "Les hommes et femmes, âgés de plus de trente ans, et non mariés, seront tenus de payer un quart en sus de toutes leurs contributions personnelles et taxes somptuaires", Article Ⅳ, Décret sur la contrbution personnelle, sur le célibat et sur des objets de luxe, 7 thermidor an Ⅲ, as reported in *Moniteur universel*, no. 329, 29 thermidor an Ⅲ (16 August 1795).

[37] *Moniteur universel*, no. 306, 6 thermidor an Ⅲ (24 July 1795), reporting on the session of 1 thermidor an Ⅲ (19 July 1795).

[38] 笔者以 Jules-Joseph Guiffrey, ed., *Collection des livrets des anciennes expositions depuis 1673 jusqu'en 1800* (Paris, 1869 - 1872)之内容为基础写成此段。我比较了 1793 年与 1799 年为沙龙制作的小册子(livrets)。要精准估量出其家庭表现之变化并不简单，因为小册子通常将图画集中排列，或是只以文字描述图画。

在 1793 年的展览中，除了一幅伯蒂-库普雷（Petit-Coupray）所绘，名为《奔赴边境》（*Departure for the Frontiers*）的作品之外，没有任何让父亲露脸的作品。《奔赴边境》以雅克-路易·大卫的《贺拉提之誓》为主题，画中两名年轻人在父亲面前起誓保卫祖国。同年有另一幅饶富戏剧趣味的作品，是内戎（Jean-Claude Naigeon）所绘的《斯巴达女人》（*Spartan Woman*），描绘一名眼睁睁看着儿子在自己跟前断气的女人，召唤另一名儿子代替死去的弟兄继续参战。在 1793 年，兄友弟恭之爱是许多作品的主题。 165

1799 年，开始有更多的父亲出现，这些父亲在画作中的形象脆弱不堪，其程度甚至可能令家庭解体。路易-皮埃尔·巴尔塔（Louis-Pierre Baltard）的画作《耕犁的西西纳图斯》（*Cincinnatus Driving the Plough*），描绘罗马政治家西西纳图斯遭儿子遗弃后的犁田惨景。另一幅画作则可见到布鲁图[*]即将离开妻子的场景：在皮埃尔-纳西斯·介朗（Pierre-Narcisse Guérin）的作品中，被放逐的布鲁图回归家园，却发现女儿眼中含泪跪守在已断气的母亲床前。弗勒里（Fleury）的《亚塔马的愤怒》（*Fury of Athamas*）描述一名因狂怒而将儿子执向墙壁的父亲正在劝说妻子，最后这位女性将儿子与自己的身躯投入海中。

在许多画作中，儿童被视为纯真、宽宏与再生的重现。在弗朗索瓦-尼哥拉·穆切（François-Nicolas Mouchet）寓言式的画作《正义之胜利》（*The Ninth of Thermidor, or the Triumph of*

* 应指马尔库斯·布鲁图斯（Marcus Brutus），即暗杀恺撒的罗马政客。——译者

Justice)中,儿童象征纯真地坐在"正义"的膝上;画的角落出现一名小精灵,正在为饱受惊吓而枯萎的花苞洒下甘露。或许,家庭是未来的希望,但在希望来临前仍须经过一番寒彻骨髓的苦难。

重建的父亲形象有其暧昧性,革命期间重新诠释俄狄浦斯的风气透露出这种暧昧。在前革命时期的画作中,俄狄浦斯被描述为失权而值得同情的角色。虽然俄狄浦斯体现出式微的父权形象,但基本上他还是一名父亲。相对地,在 1789 到 1794 年间,绝少出现关于俄狄浦斯的艺术作品。[39] 以索福克勒斯(Sophocles,希
166 腊悲剧诗人)的《俄狄浦斯在科罗诺斯》为主题所衍生出来的戏剧与歌剧,由于其中流露出对逊位国王的同情,在激烈的革命时期被视为"反革命"而被禁止。一份戏剧刊物解释了对俄狄浦斯主题的嫌恶:"该是忘却对父亲妄想的时刻了!"[40]

167 1795 年,革命的激情年代已逝,沙龙中首度出现崭新的俄狄浦斯相关画作。1790 年代晚期,画作中的俄狄浦斯因受儿子波里尼西斯放逐,导致双眼俱盲,由女儿安提歌尼牵引。这里体现出一种家庭罗曼史:父子之间存有致命的冲突性、女儿的尽职、父亲缺乏全然的权威性,家庭因此显得十分脆弱。在目录中,一段针对戴维南(Charles Thévenin)于 1798 年的画作《俄狄浦斯与安提歌尼》

㊴ 以下许多资料均参考 James Henry Rubin,"Oedipus, Antigone and Exile in Post-Revolutionary French Paintings", *The Art Quarterly* 36 (1973): 141 - 171。笔者并不强调 émigrés 在画作中的隐喻,此种论点与鲁宾(Rubin)不尽相同。鲁宾认为 1789—1794 年关于俄狄浦斯的画作数量不多,大致上是正确的,惟其目录不尽完全。1793 年的沙龙目录中,便收录有尚库托瓦(Chancourtois)的画作 *Oedipe à Colonne*。

㊵ 引自 Rubin,"Oedipus, Antigone and Exile", p.148。

图 26　皮埃尔-纳西斯·介朗,《布鲁图重返家园》(1799),卢浮宫。
图片来源:法国国家博物馆联盟

(*Oedipus and Antigone*)之描述写道:"遭儿子放逐的父亲,在无情的风暴中徘徊于不毛的荒原间,女儿则尽力安抚父亲。"[41]父亲的形象卷土重现,却是以脆弱的形象出现。

1785 年由尼古拉·居拉尔(Nicolas Guillard)创作的歌剧《俄狄浦斯在科洛诺斯》,于 1796 年为了敬老节而改编上演。我们曾讨论过迪西于 1798 年于敬老节上针对同样主题所编的剧作(1778

---

[41] 引自 *ibid.*,p.164。

年完成，1797 年改编），尼古拉·居拉尔与迪西对于这出索福克里斯的戏剧有不同的诠释。在索福克里斯笔下，波里尼西斯因受到父亲的责难与驱逐，借此寻求宽宥。在迪西的版本中，俄狄浦斯濒临疯狂，安提歌尼则为了兄长而向父亲说情。在迪西与尼古拉·居拉尔的描绘中，俄狄浦斯较为可悲，并且有意与儿子取得和解；他是一个失去权力并转而依靠儿子的父亲，而他愿意和解的意愿则是此版本中最重要的特色。对于迪西 1797 年版本中的“宽恕”一幕，剧评家尤其赞誉有加。[42]

在新的家庭罗曼史中，另一项值得注意的特色是：尽心尽力且深具母性的女儿，在男人中间担任调停排解的角色。如安提歌尼一般，对家庭忠贞不移的女儿，能够缓和男性间的冲突。雅克-路易·大卫戏剧性的画作《赛班人的调停》（*The Intervention of the Sabine Women*），起草于 1794 年后罗伯斯庇尔反动时代的牢狱，完成于 1799 年。画作中由赫西莉雅（Hersilia）为首，领导着一群赛班女子以肉身阻挡在罗马人与赛班人之间，迫使两军停止战斗。
168 以往描绘这场战争的画作，习惯以罗马人强奸赛班女子为主题，雅克-路易·大卫则选择了战争受到女性介入而产生和解可能的时刻作为主题。

1780 年代的雅克-路易·大卫历史画，其中充满男女两性泾渭分明的界限，到了《赛班人的调停》时，界限则逐渐模糊，曾经是男性纷争对象的女性，成为设法让男性取得和谐的角色。此时，雅克-路易·大卫认为自己早期的作品（如《贺拉提之誓》）是饱含戏

---

[42] *Ibid.*, p.144.

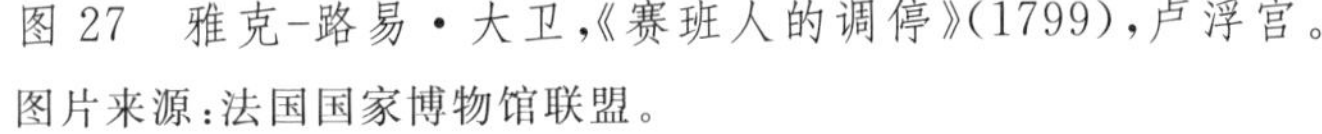

图 27　雅克-路易·大卫,《赛班人的调停》(1799),卢浮宫。
图片来源:法国国家博物馆联盟。

剧张力且狰狞的。[43] 以空间的角度来看,赛班女人挤入男性占有的空间中。画中许多女人怀抱着婴孩,象征着他们的家庭认同:以 169
前是赛班人,现在则也是罗马人。在事先的研究中,雅克-路易·大卫特别留意男人对女性的反应。值得注意的是,男人对具有母性魅力的女人产生反应,但是在雅克-路易·大卫的早期画作中却没有彰显类似的母性魅力。一位艺评家注意到这幅画作中的政治含义:“不同政党的法国人准备手刃敌对者,而他们的母亲‘法国’

[43] 引自 Warren Roberts, *Jacques-Louis David, Revolutionary Artist: Art, Politics, and the French Revolution* (Chapel Hill, N.C., 1989), p.112,我在此处沿用了罗伯特对这幅画的重要分析理路。

则起身阻挡叫停。"剧作家迪西则指出安提歌尼与赫西莉雅的血缘关系。[44]

女性对于父亲与母亲形象重新流行的反应，我们所知不多。苏菲·高登(Sophie Cottin)的通俗小说《达尔布的克莱尔》(*Claire d'Albe*)，得以让我们一窥女性对这项变化的看法。《达尔布的克莱尔》出版于1799年，深受卢梭《新爱洛绮丝》(*La Nouvelle Héloïse*)的影响，但前者诉说一个更为矛盾的故事。在《达尔布的克莱尔》中没有父亲与女儿之间的冲突，只有女主角内心的纠葛。克莱尔22岁，是两个孩子的母亲，她于15岁时下嫁当时60岁的工厂经营者。如同许多由女性作家撰写的18世纪小说一般，高登的小说也攸关爱情与婚姻，而对亲子关系少有着墨。

在写给好友艾莉丝的信件中，克莱尔提及弗雷德里克的来访。弗雷德里克19岁，是克莱尔丈夫的养子，具备新男人的典范：关心孩童，未遭世事污染，他拥有高尚而伟大的热情，使他追求荣耀与美德。弗雷德里克是19世纪罗曼蒂克角色的典型，结合了情绪上的善感，以及"某种不墨守成规的新性格"。[45] 克莱尔很快便与弗雷德里克坠入情网，这场乱伦之恋自然引发悲剧性的结果。克莱尔企图守住妇德，然而，当丈夫与好友艾莉丝介入，将弗雷德里克驱逐之后，克莱尔一病不起。弗雷德里克及时赶回克莱尔身边，与她在云

---

[44] Rubin,"Oedipus, Antigone and Exile", p. 151；这段引文出自同一页。艾瑞卡·兰德(Erica Rand)有一篇论文，分析戴维在其女人"家居化"(domestication)的研究方法中的连贯性：Erica Rand,"Depoliticizing Women: Female Agency the French Revolution, and the Art of Boucher and David", *Genders* 7 (1990): 47－68。

[45] Sophie Cottin, *Clair d'Albe* (1799; reprint, Paris, 1976), p.33.

雨中合而为一；之后，克莱尔便在羞愧中死去。

和卢梭小说中的茱丽一样，克莱尔临死前，她的丈夫与好友也 170
随侍在侧。克莱尔希望好友艾莉丝能够将自己的死因告诫女儿，警告她堕落将带来的惩罚。然而，小说中并未将克莱尔塑造成柔弱而屈服于激情的女人，却将她塑造成面临传统婚姻与真正激情而两难的悲剧牺牲者。克莱尔对丈夫事业的描述，似乎也可以用来描述她的婚姻："一种纯然机械性的事物，全程的监控，无味的计算。"[46]从某方面来说，是艾莉丝和丈夫造成了克莱尔的死，因为他们串通好说服克莱尔，说弗雷德里克不再爱她了。

克莱尔接受了新秩序中的女性角色。在一幕场景中，弗雷德里克批评克莱尔毫不关心政治。克莱尔则合乎其地位地做出下列反应："女人能为国家所作的贡献，不在于关心发生何事，或是对任何政策表示意见，而是在于克尽女人应有的美德。"克莱尔的先生在此时加入两人的谈话，以一段呼应艾玛对国民公会的演讲支持克莱尔的说法：

> 男人适合伟大的想法，他们天生要创造政府与法律，女人则要全心帮助男人达成此目的。女人的任务很简单，不论政治秩序如何更移，只要是基于道德与正义，则女人守天职尽本分即有贡献；为了让一切运转顺当，男人女人都要克尽其职。[47]

这种限制女人生活的传统论点，是否也是造成悲剧的一部分原因？

㊻ *Ibid*.

㊼ *Ibid*.，pp.39－40.

虽然克莱尔为自己的不贞后悔，然而作者并未留下伏笔暗示悲剧可能被扭转。对于女性命运而言，这可不是个令人欣喜的观点。

借由上述的各种资料，笔者希望能呈现出热月党时期的父/母
171 亲角色。女性被寄望于回归家庭原有的岗位，而母亲与女儿尤被赋予更高的价值。兄弟的角色成为父亲，他们最终回归到正确的位置，而父亲同时被期待为更深情、更细心周到，而不再将自己的意志强加于人。

在新的家庭角色中，孩童的位置又在哪里？他们是否如同反对离婚的作家所言，乃被视为附庸？男性的孩童是否如同多幅画作所描绘的，抛弃了他们的父亲？抑或他们是真正的共和英雄，就如同罗伯斯庇尔与雅克-路易·大卫创始的仪式中所描述的一般？1790 年代的克莱尔的女儿们命运如何？在官方对于教育的考量中，很少提及共和体制下孩童的心理与人格，因为人们相信他们是极具可塑性的。

显然，答案必须诉诸于孩童被清楚彰显之处，即 1790 年代晚期的戏剧与小说。剧作家与小说家在此时逐渐注意到孩童的题材，而此时也适逢小说出版量激增的年代，小说出版量激增的程度，让评论家指称 1790 年代晚期是法国流行小说的滥觞时期。1794 年仅有 15 本新小说，1795 年出版数则有 44 本，1796 年有 62 本，1797 年有 77 本，1798 年有 97 本，到了 1799 年则惊人地达到 177 本。[48] 在这一波新的生产量中，引人注意的乃是以孩童为主题

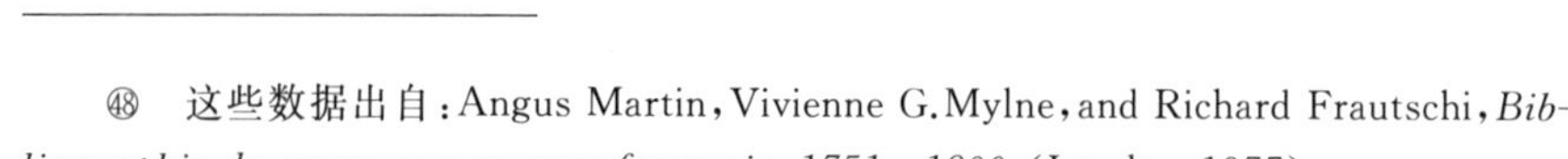

[48] 这些数据出自：Angus Martin，Vivienne G.Mylne，and Richard Frautschi，*Bibliographie du genre romanesque fransçais*，*1751 –1800*（London，1977）。

的流行趋势。

一位当代小说家以回忆的口吻解释 1799 年的情况：

> 我的书商告诉我："描写小孩在今年会成功，你应该写一本这样的小说。"
>
> "你有没有新的小孩？"这个书商每天都写信来询问。"我们的女性读者不惜代价要读到一个新的小孩，投其所好吧，你的书会出现在每个梳妆台上……每个手袋中，每个年轻女孩的床头。"㊾

小说的复兴伴随着儿童主题的繁殖，大家认定此主题对女性读者 172
饶富吸引力。关于孩童的小说拓展了读者群，同时，此种小说开始被大众剧场的新戏种，即通俗剧所接纳。我们将看到，1795 年后期家庭罗曼史中的儿童地位，与文学民主化、剧场民主化交缠在一起（或许也与文学和剧院的女性化交缠在一起）。

在大众小说的拓荒者中，皮高-勒布伦（Pigault-Lebrun）与多明尼是两位重要的人物。㊿ 笔者曾讨论过多明尼的作品。多明尼在革命期间曾为巴黎的刊物撰写剧评，在展读英国作家哈德克里夫（Anne Radcliffe）的哥特式小说后，多明尼将哥特式小说的诸

㊾ 引自 Patrizia Oppici, *Bambini d'inchiostro*: *Personaggi infantili e "sensibilité" nella letteratura francese dell'ultimo Settecento* (Pisa, 1986), pp.19－20，我对督政府时期的小说及戏剧的描述取材自这本助益良多的专著。

㊿ 例如：André Le Breton, "Les Origines du roman populaire: Pigault-Lebrun et Ducray-Duminil", *La Revue de Paris* (1901): 814－828 中的简短说明。

多元素加入作品中（如他于1789年出版的小说《亚历克兹》）。他的小说《森林之子维克多》（*Victor*，or *the child of the forest*，1797）及《谜样的孩子柯琳娜》（*Coelina*，or *the child of mystery*，1798）都异常地畅销，是“孩童小说”的代表。

说起将小说写作转化为一种吸引群众阅读而赚钱的行业，查理·皮高·德·莱皮努瓦（Charles Pigault de l'Epinoy），也就是众所周知的皮高-勒布伦，比其他同时期的法国作家更专精此道。[51] 皮高的个人生涯活脱是18世纪末坏父亲/叛逆儿子的写照。他的父亲是一名重要的公职人员，由于皮高的行为不当而拘禁他。所谓的行为不当，包括与一名自己深爱却不能得到父亲认可的女子私奔。当皮高终于与该女子结为连理，他的父亲剥夺了他继承家产的权力，并向官方宣告皮高死亡（因此这名年轻人自己易名为皮高-勒布伦）。经过一段平凡的剧作家生涯，以及一段短
173 暂的革命军旅生涯之后，皮高以《嘉年华会上的孩童》（*L'Enfant du carnaval*，1796）开始了小说家的生涯。此书是热月党时期孩童小说的样板，在13年间出现了17种版本。从1796年开始，直至1820年代为止，皮高成为一名粗制滥造却又多产的作家。

比较皮高之前失败的剧作与其成功的小说（两者几乎同时写成），可以一窥后者的重要特色。1795年11月，他发表剧作《黑与白》（*Le Blanc et le noir*）时，自承此剧只引来观众“失望的沉默”，在巴黎剧院演出三场后，皮高自己撤演了这场戏。[52]《黑与白》的

[51] Oppici，*Bambini d'inchiostro*，p.21.

[52] *Le Blanc et le noir. Drame en quatre actes et en prose, par Pigault-Lebrun. Représenté et tombé sur le Théâtre de la Cité, le 14 brumaire de l'an* Ⅳ（n.p.，n.d.）.

主角是一对在圣多明各殖民地的富有父子，在第一幕中儿子便解释："我依赖父亲，但是他的价值观与我不同。"儿子对于奴隶制深感义愤填膺，父亲则认为这是家庭能够获得利益的来源，是不得不存在的恶。不过，故事中的父亲并非暴君。就如同18世纪末的好父亲，剧中的父亲坚持对儿子表示开放与友谊。然而，当儿子挪用父亲的财富以释放两名相爱的奴隶时，父亲阻止了这项计划并追讨这笔款项。他指责儿子的态度："你忘了自己在对父亲说话吗？对人道的爱不应该教导你忽略了人伦……你鄙视了我的权威。"[53]

当儿子意图释放的男奴隶开始谋反，儿子陷入对父亲或对奴隶忠诚的两难中。男奴隶劝告他加入反对的阵营："将个人置之度外吧。扼杀自由的人，才是真正的弑亲者。想想你的正直、人类的权利以及永远的正义。"另一方面，父亲命令儿子："你的暴力与我的严厉将可能摧毁这个家，让我们重建家庭的和平吧。"当儿子不经意泄露出奴隶将造反的消息后，他加入了反对的势力。最后一幕中，父亲披头散发地出现，臣服于奴隶的败仗使他精疲力竭。女
奴隶一如安提歌尼与赫西莉雅，走上前来阻止领导革命的爱人杀 174
害这位父亲。女奴隶受到父亲的悔意而感动，认为"情感终将征服一切"。[54]

小说《嘉年华会上的孩童》则显现出大相径庭的家庭罗曼史。故事由第一人称的观点来叙述，如同其他相关的孩童英雄小说一般，故事的主人翁也是一名孤儿。小说的名字源自于这位英雄孕

---

[53] *Ibid.*, pp.2, 54.

[54] *Ibid.*, pp.70 - 71, 87.

育于忏悔节时的典故——当时,一名圣方济教会的男修士在某个富有名望的绅士家中,引诱了绅士家的女管家。书中有许多反教会及讽刺的场景,其中一幕是修士(也就是孩子的父亲)被形容为“无知、肮脏、自以为是、欠考虑;大体来说,就是一个诚实的修士”,[55]这些对父亲角色的描述,都落在一个其实从未真正扮演父亲角色的人身上。

由于催吐剂无法达到堕胎的效果,这名婴孩被送到一名邪恶的奶妈处长达六年之久,之后他被解救出来,并被安置在修道院的厨房工作。这名幼童于十岁时逃离修道院,因缘际会地成为一名英国庄园主的侍从。由于这名孩子对于学习读写表现出极度的欢欣,主人乃将他命名为“快乐”。快乐与庄园主的女儿坠入情网,并经历一连串的冒险,故事在快乐因罗伯斯庇尔下台而在断头台上幸免于一劫时达到最高潮。最后,快乐落脚于伦敦,抱得情人与黄金而归。

同一位作者的两篇作品,却有如此的天壤之别,着实令人难以想象。《黑与白》非常感性,并载负了许多大道理,是符合革命意识形态的布尔乔亚戏剧。小说《嘉年华会上的孩童》则结合了反教权主义的讽刺(书中多次提及“邪恶的僧侣”)与随意的素材拼凑,其中包括获得自由的奴隶、感性、讽刺、冒险与哥特式小说的风格。可以想见的是,小说主角缺乏心理的一致性。[56] 虽然小说由快乐
175 的观点出发来叙述,然而作者对快乐的心理发展却少有铺陈。全

[55] Pigault-Lebrun, *L'Enfant du carnaval*, in Oeuvres complètes (Paris, n.d.), p.5.

[56] Oppici, *Bambini d'inchiostro*, pp.22–24.

书吸引人之处似乎完全在于私生子拓展新世界的过程。快乐本身并没有受到政治驱动，但是他持续的成功却与法国大革命的现实反其道而行。故事的重点不在于快乐的想法，而在于他的行为，以及无心涉入的事件。

上述的剧作与小说都与家庭罗曼史有关。我们几乎可以想见，皮高-勒布伦如何埋首书桌前，思考怎样的家庭罗曼史才会卖座，才会与观众产生共鸣。在剧作中，叛逆之子的政治正确式传奇被灌入了革命的意识形态，当这位面临血缘之爱（对父亲）与理性关注（对自由）冲突的主角失败时，观众哭了，但却吝于付出掌声。在小说中，从小失怙的孩子凭借一己之力创造另一个家庭，读者喜欢这样的传奇。在小说中，革命是事件的背景，造就了一种不确定感，却非行动的原因。

笔者在皮高-勒布伦首次叫座的小说上花了许多篇幅，乃是因为此小说一来具有影响力，二来是某种文类的典型。在1796至1800年间，还有23本关于孩童的小说付梓问世，其中包括二三本译自他国语言的小说。[57] 由于许多作家均如皮高-勒布伦一般身兼剧作家的角色，因此，对于此时还出现许多相同主题的舞台剧，也就不足为奇了。此外还有些剧作改编自小说。我并未宣称儿童小说或剧作是当时新小说与戏剧的全部，但它们的确是文艺地景上一个醒目的新元素。

当然，就某些方面来说，1790年代的孩童小说承接了前革命时期的小说残余。儿童，主要是辛苦自力更生的儿童，是这类小说

---

[57] See the list in *ibid.*, pp.85 - 87.

的主要旨趣。这些孩子，如同之前的保罗与维琴尼，都是没有父亲
176 的孩子。他们可能是私生子、弃婴、孤儿，或是像快乐那般遭遇的小孩。[58] 早期，多明尼或其他 18 世纪多愁善感的小说家喜欢描述全家团圆的欣喜，此时则已不复见此主题。

1790 年代的儿童小说，与之前的小说大相径庭之处，在于其混合文类的方法。[59] 恐怖时期少有小说会絮叨地好为人师、以庄园为背景或用寓言的方式来呈现。相反地，1795 年后的儿童小说呈现了一种令人晕眩的杂烩，其中掺杂了多愁善感、哥特派风格、嘲讽，甚至色情的场合。1799 年（以及 1796?）的《欢愉之子》（*Children of Pleasure*）与 1800 年的《青楼之子》（*Child of the Brothel*）或许可归因于皮高-勒布伦，而 1802 年的《狂欢节之子》（*Child of Mardi Gras*）亦然。如同萨德在《香闺哲学》中将温情小说与奴隶获得自由的元素共冶一炉，结果反而糟蹋了两种题材的情形一样，1795 年代后期的大众孩童小说则将当时的文类并置，造成我们对热月党时期的文学表现之适切性有所质疑。

对于孩童小说文类的明显不确定性格，多明尼的两个改编作品可作为例子。他的小说《别墅中的夜晚》（*Evenings in the cottage*，又名《老父的教训》[*Lessons of the old father*，1795]），除了吸纳热月党时期的家庭主题，并使用当时的政治语言之外，与其称之为孩童小说，不如说是类似多明尼在恐怖时期出版的，好为人师的作品。当旁白者的儿子在一段情节中要求宽恕时，他提到自己并

[58] *Ibid.*，p.21.

[59] 在此呈现的观察是一个开始，也是一种建议。把 1795—1799 年的 457 本小说全数读毕并作出分析，将超乎笔者的能力。

非为父亲带来羞辱的“嗜血之虎”。“嗜血之虎”这一名词正是热月党时期影射雅各宾俱乐部的典型名词。

在小说中，多明尼颂扬好父亲，这是当时被重建父权的典型角色。父亲巴拉梅尔是一个丧妻的农夫，独力照料四个孩子。他竭尽心力要创造“三个高尚的公民，以及一个在家庭中顺应其性别的 177
母亲”。相较于画家雅克-路易·大卫、剧作家迪西，甚至弗洛伊德，他向包括一名养子在内的四个孩子提倡和谐。“我的孩子，我的朋友，要团结！千万不要让敌意介入你们之间令人感动的爱。”多明尼的故事经常强调父母教育子女德行与责任，以及子女尊敬父亲之义务。父亲对子女耳提面命，说道：“父亲是你们的导师与友人……他是地上之天父。”他也强调友爱的和谐：“兄弟之爱如同父子之爱一般的甜美。”由于故事着重于父子，女性在故事中少有特色。[60]

在 1797 年更成功的儿童小说《森林之子维克多》中，多明尼阐述 18 岁的维克多自小被抛弃在波西米亚的森林中，后来被弗利芝纳的男爵所收养。故事背景上溯至 17 世纪末的欧洲中部，但是家庭罗曼史的情节却镶嵌于典型的 18 世纪末的趣味中。维克多爱上了男爵的女儿，对方却待维克多以兄长之情谊。一日，维克多在森林里自强盗手中救出一对母子，他无法回避心中想保护并教育这个孩子的欲望。这个女人拥有一幅女子的肖像画，与维克多数年前被遗弃在森林中时身边的画像一模一样。

---

[60] François-Guillaume Ducray-Duminil, *Les Soirées de la chaumière*, *ou les leçons du vieux père* (Paris, an Ⅲ [1795]), vol.1, pp.6－7, 16, 43, 211; vol.2, p.62.

这个巧合引出另一个发现：维克多是森林强盗头子罗杰的儿子。当维克多惊人的身世被揭露，男爵自然不允许维克多与女儿成婚。在诸多冒险犯难后，维克多与生父相遇，但却无法劝服他从善。维克多偶然地幸免于一个错误的死刑判决，在最后与他的真爱结婚。虽然维克多的出身有其污点（他的生父弑杀了未与之成婚的生母），他仍能自力成为有为的公民。

在这些小说中，并没有发展铺陈儿童的心理，在其他文类中也
178 没有。然而，正如同皮高-勒布伦剧中的快乐一样，维克多是此小说中独具特色的英雄与主角。相反地，父亲则是叙述者与激发情绪者。父亲叙说出关于孩子的故事，但如同马蒙泰尔与巴库拉尔·达尔瑙于18世纪稍早期的作品一样，父亲的故事充满了教训与道德教条，以让儿童向善为基调，充满了弗洛伊德所称的“渴望父亲”之情。相反地，维克多与快乐的故事无关于“好小孩”，他们是独自生活的儿童，长大成人后却是足智多谋。他们必须凌驾于父母之上，方能顺利进入世界。

孩童小说着重描述青少年生涯胜于幼年，在这些小说中，儿童是重要的社会实验。如同之前的保罗与维琴尼，快乐与维克多体现了实验室中的人性本色——一种与家庭关系切断后的人性本色。简而言之，他们是一种思考社会再生的方法，有如卢梭在《爱弥儿》中强调的实验，以及萨德在不同的小说中所指示的，一种长大成人的法国所历经的实验。这些孩子在找寻认同，他们必须仰赖自己而非家庭，因为身世不明，他们经常必须要越过乱伦的危险。由此，这些孩子反映出社会契约的形成。

写作孩童小说的作家可能有许多不同的政治立场。最著名的

移民小说乃是由重要的自由主义贵族暨多产作家史蒂芬妮·德·珍莉(Stéphanie de Genlis)所写的《小移民，或一些儿童的通信》(*Les Petits émigrés, ou correspondance de quelques enfans*, 1798)。相较于多明尼或是皮高-勒布伦的作品，《小移民》流露出清楚的政治目的。[61] 在献给孙儿的序言中，德·珍莉夫人解释，她发展书中的人物，以表达年轻人应该避免政治性的讨论：“我的孩子们，我希望有朝一日你们将仿效这值得赞扬的正直，并在你们18或20岁时效忠国家、顺从法律；希望届时你们将有足够的智慧，不去支持不一样的政府体制，不让自己成为立法者。”[62] 179

小说本身包括了1793年5月开始于瑞士的书信往来。主角爱都阿尔·达尔米利12岁，是贵族移民者的儿子。不同于革命时期的孩童小说主角，爱都阿尔有父亲，而他在给父亲的书信中阐述自己的政治观点：“当我回想起在法国的丑陋罪行，我便对生命彻底地感到厌恶。若非我有一个亲近的家庭，我将遗憾自己生于人世。”爱都阿尔的父亲对此信的反应乃是父子之间的一课——他坚称自己是爱都阿尔“最好、最仁慈的朋友”。唯一会伤害这脆弱父亲的便是对他的怀疑。“全然的信任乃是这真诚不移的友谊的最佳保证。”

以这个良善的贵族父亲为例，作者建构了一个独特的政治模范。这个男人尊敬双亲与师长，忠诚地遵守法律，以热诚对待祖

[61] The subtitle is significan: *Ouvrage fait pour servir à l'éducation de la jeunesse.*

[62] *Les Petits émigrés*, vol.1, p.iv.

国，并以对他人的贡献为荣。人民并非不感恩，但是人民普遍无知并缺乏指导，他们不能被期待，却也不能因此而藐视他们。说到政治立场，父亲犹豫地承认："目前的政治并不比以前先进……我并不因他人的政治立场而藐视对方。"[63]

一位不事生产且莽撞的保守派年轻贵族，让爱都阿尔了解良好教育的重要性，并了解到贵族的想法不见得是深思熟虑。这位年轻的古斯塔夫（Gustave）完全缺乏在政治社会中生存的必备技能：他既不会阅读与写字，四体不勤，又不懂得任何外国语。透过爱都阿尔的鼓励，他从一位教士处习得上述技能。不过，过多的民主意见也是危险的，当一名女性写信给另一位年轻的女性朋友时，她写道：

> 在我看来，革命引发的最大罪恶即是这独立的精神，以及
> 施加在诸多年轻人身上的荒谬假设。现代哲学开始松绑子女
> 180 孝顺父母的神圣连结，年轻人读了几本小手册后，就变成了藐
> 视道德与父亲的自由思考者。[64]

书中的好品德均在过度的民主与狭隘的贵族意见中求取平衡，对家庭价值的尊敬与对年轻人热情的适当压抑，是成功操作家庭与政治权威的关键。

只有在小说的后半部分，通俗小说常见的主题才出现。爱都

---

[63] *Ibid.*, pp.15 - 24.

[64] *Ibid.*, p.227.

阿尔与其双胞胎姊妹阿得莱德分离,阿得莱德努力寻找家庭是第二卷小说的主题。如同重写贵族式的《保罗与维琴尼》,作者将阿得莱德送到葡萄牙找寻家庭,与危险且狡诈的戈德温(此姓名可能以英国激进小说家威廉·戈德温〔William Godwin〕命名,他在1797年闹出一段恶名昭彰的绯闻,之后则与沃斯通克拉夫特[Mary Wollstonecraft]结为连理)做伴。一名同船的移民教士救出阿得莱德,助她逃离戈德温的魔爪,但阿得莱德却在船难中落水。不同于维琴尼,阿得莱德获救了,而且在1796年在伦敦与家人团聚。阿得莱德下嫁塞尔比爵士,后者因为听了爱都阿尔的描述而爱上她。最后,在一封来自母亲的信函中,母亲提醒阿得莱德不要成为崇尚时髦的女子,而要专注于结合教育与天分的美德。这本小说以卢梭式的时尚结合了对青年与少女的教育,与卢梭不同的是,德·珍莉夫人坚持女性教育的重要性。

作为老练的旧制度下的小说,《小移民》乃是对孩童小说的一个明显回应。德·珍莉夫人不将儿童展现为人性的实验,而是强调将儿童置入家庭的必要。只有聪明与仁慈的父母才能确保子女发展成为正直的成人。相反地,在儿童小说中,英雄(虽不尽然,但
多半是男孩)自己成为成功的成人。家庭或是不存在,或是成为一 181
种障碍(例如维克多的家庭)。孩童小说中年轻的英雄克服了没有家庭的缺憾,也克服了没有社会立足点的缺憾。

1790年代的其他新文类,即通俗剧,与儿童小说关联甚密。通俗剧的作者发迹于改编儿童小说为舞台剧本,此一名词首先由卢梭提出,指称他意图将言语改变为音乐,而非如歌剧般将言语与音乐冶为一炉。虽然法兰西学院直到1835年才开始使用这个用

语，但早在1790年代末期，通俗剧已经脱离与歌剧的关联，而在1810年时已逐渐被认为是一种大众剧院中的新品种。法国最成功的通俗剧作家，皮塞雷古尔（René-Charles Guilbert de Pixerécourt），称自己的第一出力作为“壮观的言语戏剧”，1802年之后（他持续写作至1840年代），他持续称自己的作品为通俗剧。剧评家于1801年开始称呼这些作品为通俗剧，虽然偶尔他们仍称之为“戏剧”“哑剧”“有台词的哑剧”。换言之，通俗剧在1790年代晚期已自成一格。[65]

通俗剧乃是刻意为大众而设计。这些观众乃是在18世纪的猴戏、马戏团、江湖郎中、斗牛、哑剧中成长，戏院在当时依托走绳索和木偶秀而发展。皮塞雷古尔回应针对自己戏剧类型之批评时坚称：“我的戏剧乃是为了白丁所写。”[66]作为一个剧种，通俗剧强调戏不惊人死不休：持续的悲剧事件由于喜剧元素而发酵，其中伴
182 随着音乐与舞蹈。情节多半注重于被迫害的无辜者，但是场景与表达方式比情节更能感动观众，观众很快就了解到，无辜者最后总是会成功。

通俗剧结合许多18世纪大众娱乐的元素，但是一直要到1791年1月皇家剧院的特权被取消后，通俗剧才得以成为特殊的娱乐形式。[67] 这项取消令使得任何人都可以开设剧院，且每家剧

[65] 关于这个问题请参阅 Willie G. Hartog, *Guilbert de Pixerécourt: Sa Vie, son mélodrame, sa technique et son influence* (Paris, 1913), pp.39－45。

[66] Maurice Descotes, *Le Public de théâtre et son histoire* (Paris, 1964), p.220.

[67] 关于通俗剧在18世纪大众娱乐中的起源问题，请参阅 E.C. Van Bellen, *Les Origines du mélodrame* (Utrecht, n.d.)。

院都能自行决定提供何种娱乐。在这种新的氛围中，哑剧发展成为带有台词与音乐的壮观戏剧。某些剧评家将通俗剧的发展描述为某种逐渐流行的大众趣味的集合，这种大众趣味喜欢描绘多愁善感而非珍景奇观。此外，剧评家也认为通俗剧是布尔乔亚戏剧的退化，是古典悲剧的进展，以往的古典悲剧的壮观要素只限于林荫大道的剧院中，通俗剧则结合此要素，进展成大众戏剧。[68]

早在 1792 年某些通俗剧的要素便显而易见。让-翁希·拉·马德利埃尔（Jean-Henri La Martelière）改编席勒的戏剧《强盗》（*The Robbers*），他简化了戏中的角色，并改变席勒的悲剧结局，改以喜剧收场，此剧命名为《强盗头子罗伯特》（*Robert, chief of the robbers*）。同年，德雷欧加（Joseph Loaisel de Trèogate）发表《恶魔城堡》（*Castle of the devil*），描述一个年轻女子不顾监护人叔叔的反对，离家出走以下嫁其所爱。此戏剧的独特之处在于恐怖的场景、缓慢而恐怖的音乐以及阴沉的舞台布置。通俗剧直到 1795 年方才普遍起来，这乃是因为在此之前的激进革命年代，许多剧作家均忙碌于描绘革命事件：描绘马拉及其他政治人物之死，如同马雷夏的《国王的最后判决》（*The Last Judgment of Kings*）等戏剧。大众戏剧在 1792 至 1794 年间持续兴起，但倾向于呈现革命前流行的，相同类型的英雄式哑剧。[69]

1795 年后，对惊悚之戏剧、恐怖音乐与神秘之场景的喜好，结

---

[68] 例如：Alexis Pitou, "Les Origines du mélodrame français à la fin du XVIIIe siècle", *Revue d'histoire littéraire de la France* 18 (1911): 256 - 296。

[69] *Ibid*.

183 合了儿童小说的主要元素——认亲。哑剧中经常使用这个元素，但是通常以伪装掩饰了真正的认同。如今，英雄自己无视于家庭的认同，而这正是儿童小说的特色。多明尼的维克多符合这样的比喻，因此在1798年被改编了不下三次之多。在其他方面，通俗剧中的英雄都很一致：被迫害的无辜者、背叛者、暴君、解放者都是从哑剧传统中采借的典型。[70]

毫不意外地，许多文学批评者都痛恨通俗剧的存在。若弗瓦(Julien Geoffroy)——一位拿破仑帝国时代的重要评论家——将通俗剧标示为"在不安定的想象下出现的不成熟产物。"他抱怨道，通俗剧与小说都是奠基于逃避主义。它们显示了对文学传统的排斥、对好品味的攻击、无政府主义以及文化的匮乏："每件事情都夸大而讽刺，作家对世界的认识仅止于小说与政治集团。"[71]

批评者很快就注意到通俗剧饱受大众喜爱。戏院涌进了各种行业的人士，从男仆、军队供应商，到妓女与学徒。包括可敬的中产阶级与新富阶级，每个人都涌进大众戏院观赏最近的卖座戏剧。1796年一名在重要报纸《哲学十日报》撰稿的剧评家抗议道："我们的包厢与座位被女店员、见习的铁匠学徒、市场的搬运工占据。他们在此打发时间，并展示他们身上穿戴的珠宝。"其他的剧评家则悲怜年轻的观众："可怜、无知、愚蠢、粗俗且不文的年轻人，他们因为轻浮、懒惰与无用而受到注意。"在拿破仑帝国时代早期，另一名批评家将新兴的观众与革命时期的政党合为一谈："革命时期无

---

[70] *Ibid*.

[71] André Billaz, "Mélodrame et littérature: Le Cas de Pixerécourt", *Revue des sciences humaines* 41 (1976), pp.239, 242.

政府主义的精神、语气及行为，从政治社团移植到戏院来了。他们 184
倾听、判断、以同样的粗鄙、盲目与狂热来责难。”在1800年拿破仑统治之初，拿破仑便管制任何戏院失序的迹象，1807年他将巴黎戏院的数目由19所减至8所，同时控制报纸舆论。[72] 然而，通俗剧还是持续拥有广大的观众。

通俗剧全然是法国的产物。虽然法国作家将许多英国与德国的小说改编为通俗剧，这一剧种却是首先在法国成形，并很快地传播到邻国。第一出英国的通俗剧乃是汤马斯·霍克洛福特(Thomas Holcroft)的《神秘故事》(*A Tale of Mystery*)，于1802年于科芬园首演。这出戏剧以皮塞雷古改编自多明尼的《柯琳娜》为故事背景。[73]《柯琳娜》(1800)在巴黎演出378场，在巴黎所在的省区演出1089场，并被译为英语、德语与荷兰语。[74]

既然通俗剧始于法国，并且在1790年代晚期成形，它因此可能与革命的经验相连结。多年来，许多剧评家将通俗剧与革命间的关系视为理所当然，但他们均倾向于强调前者能够让人回味革命，却又能排除掉对革命的其他想法。1811年，若弗瓦宣称：“社会大众需要强烈的情感与暴力的震撼，他们不计形式，且不惜代价。”早在1790年代晚期，剧评家就将“现代趣味”与恐怖表演扯上关系。1798年的一篇剧评在分析某出当时的戏剧作品时指出：“染血的轮子、森林中的场景、修道院的地窖、坟墓……所有的恐怖

[72] Descotes, *Le Public de théâtre*, pp.215 - 217.

[73] Joseph Donohue, *Theatre in the Age of Kean* (Totowa, N.J., 1975), P.106.

[74] Descotes, *Le Public de théâtre*, p.223.

景象都令人难忘。”[75]梅尔西耶抱怨，幽灵、恶魔与黑巫术的装置等受到英国哥特派小说影响的元素，已掩盖了古典歌剧与戏剧之美。梅尔西耶将鬼怪、幽灵与戏剧性的革命事件连上关系：“观众喜欢在幻觉中看到罗伯斯庇尔的幻影，它向观众靠近，你可以听到鬼哭
185 神号，转瞬间他身首异处，霹雳雷电打在这个怪物身上，将它摧毁，欢呼声伴随着谴责声不绝于耳。”[76]

地牢、地下通道、私通、战争、双重认同、抢劫、谋杀等都是此种戏剧的产物。舞台布置、音乐、角色与剧情均为了营造悬疑气氛而设计。然而，观众很快就知道好人终将战胜恶人，从剧情一开始他们就能分辨故事中的善恶角色。在大众小说中，角色的心理很少是重点。

彼得·布鲁克斯(Peter Brooks)在其开创性的研究《通俗剧的想象》(*The Melodramatic Imagination*)中指出，在后革命时代，通俗剧是重塑道德观的基本方式，如同“革命”本身的修辞学意义，“通俗剧”持续扮演恶人之威胁及其必然的失败。根据布鲁克斯的说法，此时的悲剧成为失却“神圣性”的文类，通俗剧则是起而代之的一种回应：“传统道德无法提供社会凝聚的必须力量，这样的新世界令人害怕，通俗剧则源起于此种焦虑，也表达这种焦虑。”通俗剧重复呈现美德必胜与“道德力量终将被发现”的主题，借此纾解了上述的焦虑。因此，即使通俗剧故事可能是非常革命的或保守的，但它其实是“激进民主”的，因为通俗剧尽力地“让其呈现

---

[75] *Ibid.*, p.229.

[76] Louis-Sébastien Mercier, *Le Nouveau Paris* (Paris, an Ⅶ [1799]), vol.5, pp. 47－48.

方式尽可能简单易懂”。[77]

布鲁克斯的分析有其感染力，因为他解释了通俗剧及相关的孩童小说何以能够催化文化生活的民主。他的分析也说明，通俗剧与大众小说在1790年代末期开始，并持续发展至19世纪之缘故，以及文化生活之民主化可在不同政权下持续进行的原因。

茱莉亚・伯尔齐伯（Julia Przybos）在其大范围的研究《通俗剧工业》（*L'Entreprise mélodramatique*）中挑战上述对通俗剧的 186
正面看法。虽然伯尔齐伯与布鲁克斯一样，都强调通俗剧在面临法国革命时期社会崩溃时的反应，然而她却将通俗剧称为“谬误的民主”（Falsely democratic）：“我们的分析显示，通俗剧不至于反动却趋于保守的基础，赞扬奠基于家庭、宗教、社会阶级秩序而来的社会福祉，而反对革命的理念。”在结语中她写道：“通俗剧使得个人永远屈从于家庭、祖国、种族、阶级与人性。”[78]

布鲁克斯及伯尔齐伯并不多加注意1795至1800年这段通俗剧成形的时间，而这正是笔者深感兴趣之处。在对早期的通俗剧达成精确结论之前，我们需要更多的研究，但至少有证据显示，1790年代晚期的通俗剧，就如同小说一般，集中在特定的家庭罗曼史之上。家庭的认同是其中的一个问题，而最后好人战胜恶人的关键，端赖于此“孩童”（通常是青年）是否能锻炼出属于自己的认同感。

皮塞雷古本身的生涯展现出1790年代末期的社会、政治及相

---

[77] Peter Brooks, *The Melodramatic Imagination: Balzac, Henry James, Melodrama, and the Mode of Excess* (New York, 1985; first published 1976), pp.20, 15.

[78] Julia Przybos, *L'Entreprise mélodramatique* (Paris, 1987), pp.72 - 73, 194.

关艺术的不确定性。在孔代经历了反革命的军旅生活后，皮塞雷古返回法国，从事剧本写作。他尝试了所有主题均告失败，直到他借由改编自多明尼的故事而“发现”通俗剧。皮塞雷古改编《森林之子维克多》，甫一开场便让家庭罗曼史成为故事主轴。第一幕幕启时，维克多在“哥特式城堡”中散步，开场的独白显露出他的困境：

> 是的，我必须怀着敬意离开此地。在这城堡里我受人抚育，在这花园里我接受无数次克莱明丝(Clemence)的拥抱，她视我如兄长，我却狂恋着她。我应该抛弃一切……是的，一切。但是，我的保护者……这位可敬而正直的男人，希望我能在他年迈时为他分忧解难，我怎有勇气弃他于不顾？

187 1795年后期的家庭罗曼史全然从小孩的角度来看事情：儿子抛弃养父、直到维克多解开认同之谜后方才纾解的可能性乱伦，对女儿慈悲的依赖，新男人融入世界所遭遇的难处……维克多自认为是“被遗弃在森林中的不幸小孩，没有双亲，没有朋友，举世无依”，他能够奢望成为日耳曼首屈一指的庄园主的女婿吗？[79]

除了结局的某些显著元素之外，此出通俗剧与小说相去无多。在小说中，弗利芝纳的庄园主与维克多的生父罗杰都在剧终时身亡。罗杰至死不愿悔改，但他也承认自己乃是将罪行“藏匿在最谬

---

[79] René-Charles Guillbert-Pixerécourt, *Victor, ou l'Enfant de la forêt: Mélodrame en trois actes, en prose à grand spectacle* (Paris, 1808; first presented 1798), pp.3 - 4.

误且最危险的体系中”（在此或许暗指激进的革命）。[80] 因为克莱明丝在统治的男爵前为维克多辩护，他因此在临刑前获救。如同1790年代末期的俄狄浦斯绘画主题，女性扮演了调停父子，或是调停男性与法律的关键角色。相对地，在皮塞雷古的通俗剧中，养父与生父在剧末均与维克多达成和解，家庭的调停成为主题，女性的角色则受到逃避忽略。当庄园主呼喊出维克多是他的小孩后，他在战场上从罗杰的强盗群与帝国的军队中间幸免于难，在罗杰身负重伤而奄奄一息之际，他要求见维克多最后一面。罗杰宣称庄园主才是唯一有资格的父亲，并求取维克多的原谅。

在通俗剧中，强盗是普遍的主题。席勒的《强盗》在1792年被改编为法国剧，多明尼与皮塞雷古均受到此剧卖座之影响。在皮塞雷古的藏书中包括一册席勒剧本的法译本。[81] 自从1792年后，
强盗头子开始有了微妙的转型，这项转型与革命本身有关。拉· 188
马尔德利艾尔将席勒剧中对社会的反叛营造成为罗宾汉式（Robin Hood）的侠情。换言之，罗杰从叛变者转型为爱国者。

五年之后，皮塞雷古将罗杰描述为“失败的革命者”，罗杰则自认为是“人性的复仇者”。罗杰向维克多解释道：“我对人性的爱，使我为了弱者反抗粗鄙骄傲且欺压他人的富贵人家。”维克多认为父亲有其“罪犯的野心”而反对父亲的叛变，因为这并不符合一般的法律程序。[82] 维克多在对叛变生父间的自然情爱与对法定监护者的后天之爱中举棋不定，而试图让罗杰许下宠爱其孙儿的承诺，

---

[80] Ducray-Duminil, *Victor*, vol.4, p.262.

[81] Van Bellen, *Les Origines du mélodrame*, p.148.

[82] Pixerécourt, *Victor*, p.47.

借此诱使他返回法律正途。当帝国军队抵达，维克多的抗辩失败。在皮塞雷古的版本中，家庭关系是其剧情主轴。伴随着城堡布景、强盗人物与快节奏的戏剧性，这乃是一个关于在危机中重塑家庭关系的故事。维克多对两个父亲的感情，以及他与克莱明丝共创家庭的欲望，这般的家庭罗曼史正是推动情节的主力。

1790 年代末期的通俗剧，并不只是如布鲁克斯所言，是一种在焦虑的后神圣世界中的道德再造。而还是将家庭作为道德行为的规范。如《森林之子维克多》般的通俗剧一再展演关于血缘、父子关系、乱伦、社会道德的焦虑与解决之道。这是一种反复呈现民主或反动的强迫症状？这是伯尔齐伯所说的“对父权家庭与阶层社会感到抱歉”的表现吗？[83] 我认为答案是“是”，也不是。维克多交给我们两个讯息：孩子必须独立，因为父亲偶尔会犯错，而通俗剧中通常会强调尊重法律与喜爱家庭的必要性。在维克多对生父及养父的爱，以及他对法律的尊重之中，你可以看到弗洛伊德指称的“对父亲的渴求”。更有甚者，通俗剧中强调“挽回的爱”的品质，
189 包括当男爵呼唤维克多为子，拯救他免于一死；以及维克多企图说服生父爱家庭，借此挽回生父——这是小说中所没有的部分。不论是否饱经折磨或问题重重，家庭是这危险而不确定的世界中唯一的天堂。显然，母亲几乎不出现在这些故事中，父亲被发现、与孩子重新和解，但是母亲是缺席的，因为在故事一开始就牺牲了，母亲因而被排除在故事之外。

如同大众小说一般，1790 年代的通俗剧借着带来社会提升的

---

[83] Przybos, *L'Entreprise mélodramatique*, p.173.

幻觉，以及下一代观众的成长，使得家庭罗曼史开始民主化。不论是女店员、主妇、学徒与绅士都能经历到因为无法清楚感知自我认同而带来的焦虑颤抖；而当观众发现，即便是森林中的弃婴都可以成为有用的公民、快乐的丈夫或妻子时，他们又满心欢喜地松了口气。维克多与父亲的和解得来不易。虽然通俗剧软化了大众小说中存在的棱角，将其剧种之模糊减低至同质性的表现，但它还是与革命年代的担忧与焦虑相符。借用吉拉德的说法，任何献祭仪式性的危机解决方式，都必须提醒参与者他们曾经经历过的恐惧与惊悚。[84]

在1790年代晚期，通俗剧本身也开始朝着保守的方向转变。比较皮塞雷古对《柯琳娜》的改编，以及他早期对《森林之子维克多》的改编，可以看出转变十分明显。同样地，对于血缘的不确定是故事的核心，而年轻人的独立则同样是强调的重点。相对于18世纪的“好父亲”论述，迪福尔坚持，除非柯琳娜心甘情愿，否则自己不会强迫她委身下嫁（第一幕，第八景），而柯琳娜则扮演了一个让特律盖兰原形毕露的重要角色。当迪福尔发现柯琳娜不是自己的侄女时，他终究还是变成一个暴虐的父亲。在《森林之子维克多》中邪恶更为明显，因为其中罗杰乃是个矛盾的背叛者角色。舞台的方向使观众在幕启时便看清了特律盖兰的邪恶意图，而故事则充满着明显的多愁善感。[85]

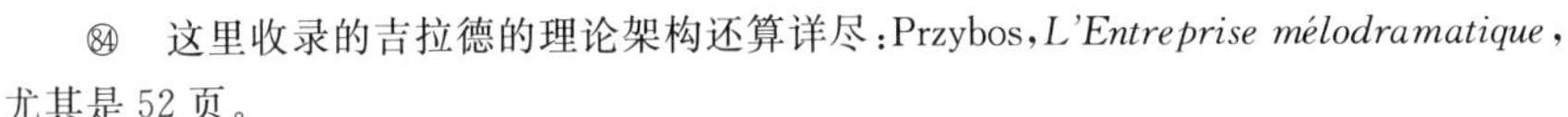

[84] 这里收录的吉拉德的理论架构还算详尽：Przybos，*L'Entreprise mélodramatique*，尤其是52页。

[85] R.C.Guilbert de Pixerécourt，*Coelina ou l'Enfant du mystère*，ed.Norma Perry（Exeter，1972）.Perry的导论对皮塞雷古（Pixerécourt）的一生做了一番扼要的介绍。

190 在 1800 年左右，通俗剧面临着某些状况。在拿破仑时期通俗剧被重新格式化，家务事、婚姻、父子之间的调和等问题解决了个人在世界上开创人生的焦虑。舞台指引了观众，有助于消除关于界定恶、过度的野心、辨不清罪恶的焦虑。在这种普遍的“舞台舒解”方式中，性别角色也或许有所转移。在 1800 年后的经典通俗剧中，受害者几乎都是女性，背叛者是男性；而知识的提供者则都是男性。性别角色非常清楚。相反地，在 1790 年代的小说中，年轻男性既是受害者也是英雄，角色非常不确定，成功则有赖于个人的本性而定。

在 18 世纪 90 年代后期，为了消化及重铸革命的经验，必须进行大量的文化与意识形态工作。我只能稍微撷取文化工作的表面，包括科学与社会科学的新方向、新的穿着类型、新的年轻世代文化。[86] 在许多方面，如小说、绘画、雕刻、庆典、通俗剧，甚至法令中，我们可以看到作为一种朝向新的政治模型的家庭重建的运动，在其中人们经历了社会解体的恐怖，而个人则可以借由认祖归宗，建立他或她在世界中的位置。

复兴意味着重建与重新塑造，而非表示回归以往。父亲重振一家之主的形象，但只限于他们有意愿扮演养育者与指导者的新角色，而非被释放的暴君。女人自限在母职之中，但是这时的母职被赋予更高的价值，母亲究竟应该知道些什么，在此时仍未有定论。在父母的角色重新定位之际，儿童成为新社会的代表性角色。

---

[86] 从 Paolo Viola 的书中多少可以得到一些提示：Paolo Viola，*Il Trono vuoto*（Turin，1989），尤其是第六章：“Antigiovanilismo，antifemminismo”，第 76 – 88 页。同时请参阅以下的论文：Lévy，ed.，*L'Enfant*，*la famille*，*et la Révolution française*。

结果不尽然是自由主义的，就如同《克莱尔》中女主角的悲剧性命
运所揭示的一般。但事情显然是不一样了，许多巨大的焦虑来源
浮出台面，社会中的再重组成为前所未有的明显现象。新的社会 191
组织形式不只使父亲的权力具体化，且在家庭与个人间建立了脆
弱的、不稳定的、持续变动的均衡状态。在那当中，父亲被砍头的
记忆还是栩栩如生。

结语　过去式的家长制?

193 在本书即将完成之际,我偶然发现了一则不寻常的讯息,它刊登于1990年12月10日《纽约客》(*The New Yorker*)的假日礼品区。在"大道内外"(On and Off the Avenue)的标题下,是一个年份可回溯至法国大革命年代的机械玩具。玩具呈现在录影带的包装上,录影带的片名则是《史匹豪斯医师的玩具》(*The Marvelous Toys of Dr.Athelstan Spilhaus*)。其中包括了两名铁匠正在重击一名贵族的头颅,另一名铁匠则留意着冶炼的炉火。玩具的年代可回溯至1791年,其铭辞上写着"让我们重塑一家之'首'"。[1]

这玩具以惊悚的方式提醒了我们:政治上与家庭上的革命界限纠葛难划,而革命的信仰会狰狞而可笑地沉淀在当时的工艺品中,又偶然地保留至今,有如考古遗迹中不曾被发现的古老文明之残存。我个人希望本书提供一个阅读上述铭辞的背景。革命的好战支持者认为,革命的敌人远超过个别的贵族们,即便是家庭之首及一国之首也应该无可避免地被击倒、被重塑。

我在书中讨论的事实与艺术品均有其可怕之处:弑亲、乱伦、鸡奸都是令人难以安心的话题。这是革命带来的幻灭,带来了公

---

① *The New Yorker*, 10 December 1990. p.144.

开却不全然自觉的讨论。没有证据可以证明，革命后的弑亲、乱伦
与鸡奸等现象较革命前多，或者引起立法者们的注意，但是这些现
在浮上了文化与政治的台面，因为革命从根本挑战了关于社会秩 194
序的既有想法。弑亲等主题以及构成这些主题的家庭罗曼史，可
以一致地解释从弑王到舞台上的通俗剧等现象。

许多学者们指出，大革命宣示了传统权威的摧毁，君权、贵族、宗教，在残酷的攻击下一一倾覆破败。革命者使得文艺复兴以来的反神圣化更往前推进，他们戏剧性地宣布了歼灭象征旧政权、传统的符号。对某些人而言（如柏克），这如同消灭了文明的真善美；对另外一些人而言（如马克思），这则是人类朝向尚未完成的自我实现的大跃进。

对于这项文化上与政治上的美与善，我并没有采取一致的立场。我同情这些想要跃进的人，但我的兴趣主要还是落在对革命的焦虑及资源上头。在质疑社会与政治秩序的同时，焦虑随之而生，这些焦虑感以弑亲、乱伦、鸡奸、不按常规的女人与孤儿等主题体现出来，同时也释放出崭新而始料未及的新能量。焦虑感与新能量于是并肩而来。

在焦虑感与新能量之中是个人革命观点的冲突。关于个人，在光谱的一端是罗伯斯庇尔式的，对共识、集体意志、万民得救式的共产主义的坚持。根据这种源自于卢梭的观点，一个有德行的人自然会感到与全体法国人血缘与共的关系，这种感觉可以透过革命的仪式召唤而出，若有人缺乏这种休戚与共之感受，则必须驱使他们这样去思想。在光谱的另一端则是萨德对自我本位、自爱与享乐主义的特殊观点。人的自主性乃是透过他（通常是男性）使

195 弱者屈从于己的能力所获得。我并不刻意强调光谱两端的对立，或是两者间难解的关系，而是尝试注重于两极之间的不同选择。[2]

这两种个人与社会的不同观点之间存有一种张力，这种张力很重要，亦是我上一本书中所讨论的主题。[3] 在不同进程中从事革命者的经验，远比只是并列出这两种经验要来得相互矛盾、多义暧昧和双重标准。对于自由契约下的个人以及召唤新感觉的诸多仪式，还有许多可陈述之处。不过，官员与一般人生活中的绝大部分仍然在家庭之中度过，他们不是孤立、独立，如原子般的个人，也不是完全处于民气复苏的社群中，而是处在两者之间。人们可能拒绝君主、贵族甚至宗教，但是他们仍然要结婚生子。举例来说，尼古拉·吕奥（Nicolas Ruault）在给兄弟的信中描述发生于巴黎的主要政治事件，其中最感人的部分，却是对其独子死亡的描述："他是我在世上最亲爱的人。"尼古拉·吕奥呼喊着："活着还有什么意义？"对他而言，他和妻子都成了"寡妇"，而生活从此成为"骇人的梦魇"。[4]

我并非意指政治对于日常生活毫无意义。相反地，政治侵入了生活的每一个层面，包括最私人的细节。萨德的作品清楚揭示了政治对生活之侵蚀，共和革命会的女人渴望生出小马拉则是另一个好例子，此外还有无数比较不会引起争议的案例。人们如何

---

② 关于这二者间的紧张关系，请参阅 Patric Higonnet, *Class, Ideology, and the Rights of Nobles during the French Revolution* (Oxford, 1981)。

③ Lynn Hunt, *Politics, Culture, and Class in the French Revolution* (Berkeley, 1984).

④ Nicolas Ruault, *Gazette d' un parisien sous la Révolution: Lettres à som frère, 1783 – 1796*, texts assembled by Anne Vassal (Paris, 1976), p.343.

理解到政治的明显扩张？许多人可能难以察觉。这项体验太过于新奇，以至于它无法被归类到既有的政治想法中。正如柏克所宣称："当古老的想法与规则被剥夺时，损失将难以计数。一旦界限 196
尽失，无人可明白地了解该往何处去。"[5]革命者可能对于自己的行为感到迷惘，但是却完全不会感受到柏克的失落；革命者自恃的罗盘针，是理性与启蒙时代的法则。

理性，无论是以普遍的真理、想象的社会契约，抑或是集体意志的形式呈现，都是一种相当抽象的评量标准。在新的事件中，人人都需要从事政治思考的准绳，以比较不同的想法与做法。以往，只有受教育的阶层读过政治性的写作，但即使受教育阶层也面对了伏尔泰、孟德斯鸠、卢梭的文章中所未曾描述的全新情况。我在本书中试图揭露我们身边最明显的政治思考素材就是家庭——不是现代社会经验下的家庭，而是作为想象中受权力关系建构的家庭。

家庭罗曼史是一种组织政治经验的前政治分类。如果说亲属关系是社会关系的基础，则亲属关系也是了解政治权力的基本分类。欧洲历史上的传统主义者长期将家庭视为体验权力的第一关，家庭也是权力运作的场合。如同父亲自然成为一家之主，国王则自然成为一个政体之首。行文至此，我希望已清楚展现家庭罗曼史如同亲属关系一般的多种形式，以及它达成的多种政治目的。家庭的确是每个个体首先经历的政治经验，但是家庭经验并非永

⑤　Edmund Burke, *Reflections on the Revolution in France* (New York, 1973), p.91.

久不变——尤其在革命期间。家庭关系比弗洛伊德所坚持的还容易改变。

在书中，我追述了革命的不同时期内家庭罗曼史的歧异发展，但是与其说我是在强调不同时期的差异与结果，不如说我是在强调它们共通的功能。好父亲、叛逆的兄弟、不按常规的妇女、破镜
197 重圆的家庭、冒险的孤儿并非前仆后继。举例来说，立法者们表决处死国王，但家中的兄弟并没有完全摆脱好父亲的形象。互为矛盾且互相较劲的家庭角色，如饱具威胁力的坏母亲与良善的共和母亲，在时间点上乃是重复出现，两种角色均未完全消失过。许多篇幅不只探讨角色的竞争，而更探讨不同社会阶层、不同性别、不同宗教，甚至成人与儿童间的家庭罗曼史差异。这些差异无疑是重要的，但是我有意识地集中注意力在其中持续且有力的相同政治形象上。

革命时期的家庭罗曼史，与对革命的政治了解的两个重要范畴相连：领袖特质（charisma）的位置，以及政治时间感。韦伯（Max Weber）、涂尔干（Emile Durkheim）将领袖特质与神圣者的位置视为政治分析中的重要范畴，我不奢望陈述出我与上述两位的理论异同，不过，我相信任何政治体制都有其神圣化的一面。神圣性或领袖特质一定存在于某处，关于神圣者的位置及其操作方式的差异暗示了任何社会中的政治操作。借由将政治从宗教与传统中割离，而让政治在理论上服从于人类意志，在法国大革命及西方长时期的非神圣化过程中，可能标示了一次巨大的跃进。但是，革命者同时也在追求自己的非神圣化资源。

在旧制度之下，“神秘的虚构故事”使得神圣性集中在国王身

上，因此法国的仪式与政治生活均围绕着他。[6] 法国大革命攻击
这种观念，取而代之的是另一种观念，即是将领袖特质被取代并散
置，将之放置在语言、符号、新的权力仪式之上，换言之，领袖特质
被放置在革命之兄弟爱的集体表现中。[7] 套句弗洛伊德的话，在 198
父亲被谋杀之后，没有任何人可以赢得其他人的尊敬。

随着领袖特质的散置，关于政治时间的概念成为另一项意义深远的革命。传统而长寿的君权被宣告新纪元开始的共和所取代。革命后的年历宣告革命想要割裂过去而开创新猷的意图，其月份的名称乃是根据自然而来（brumaire 表示秋雾，ventôse 表示春风）；日期根据理智的分配（primidi 是第一日，décadi 是第十日），年份则是根据革命的信条（第一年乃是从宣告共和开始算起）。尤有甚者，革命后的当下是永恒，我在之前的作品中称此为“神话的当下”。[8]

领袖特质与时间感双双转型，在短期内造就了最激进、最暴戾、最来势汹涌的革命，长期来看则造就了最不朽的革命，这是世界上从未出现过的革命。领袖特质与时间的感觉密不可分，是关于权力的家庭罗曼史让这状况成为可能。尤其在强调手足之情的家庭罗曼史中，父亲/国王被兄弟所取代。这类的家庭罗曼史使得法国能够想象与过去完全断裂，而建构一个不同的神圣模型。在手足之情的模型中，兄弟共享父亲的神圣地位，也共享父亲牺牲造

⑥ 关于“王有双身”的迷思，请参阅 Eernst H. Kantorowicz, *The King's Two Bodies: A Study in Mediaeval Political Theology* (Princeton, 1957)。

⑦ 这是笔者在 *Politics, Culture, and Class* 一书中的论点。

⑧ *Ibid.*, pp.27 - 28.

成的罪恶感。当兄弟有其功绩后，政治的时钟再度开始行走。

我们需要一点想象力才能了解，时间的断裂、领袖特质的分散对革命而言是相当重要的政治、文化过程。我并非意指每个个体在1792或1793年间都有清楚的自我意识，想象到自己是革命手
199 足情谊的一分子。不过，稍微的叙述或灵光一闪的想象的确有助于我们构成政治的洞察力。家庭罗曼史是政治生活的暗喻，这暗喻乃是为了回应转变的事件（以及回应长期的文化趋势），它也是推动革命过程的暗喻。关于好父亲、弑王弑后、革命中受苦的儿童、斥责失常妇女等的想象，均有普及却可能不被察觉的效应。既然立法者们对国王与父亲均有其个人的观点，那么大多数人也就有其更为歧异的想法。虽然不曾达成共识，由于传播某些主要的家庭形态，对革命主要事件的反动在某些主要故事主轴中益显清晰。

法国人将自己想象成政治孤儿——至于孤儿们究竟是两性皆有或只有男性则不很清楚——他们没有任何来自传统与习俗的协助，必须独力走向政治的新世界。这种自我想象出现在庆典、仪式及日常政治姿态中，而有其戏剧性的影响。这种自我想象容易引出国家自决的好战感，以及一种被内外夹攻的感觉。因为革命后的权力随处可行，敌人也就无所不在。诸如宪法等文件的神圣化几乎不可能出现，因为人们不愿意造就特权，不愿意将领袖特质加诸任何人身上。[9]

---

[9] 与美国比较的部分可进一步参阅 Lynn Hunt，“Family Narrative and Political Discourse in Revolutionary France and America”，in *Quader no 2*：*The Language of Revolution*，ed.Loretta Valtz Mannucci（Milan，1989）.pp.161－176。

没有任何"兄弟"或文件(或许只有《人权宣言》)能被其他人所崇拜。没有法国国父,文件中也没有正式的世袭传承。人权宣言没有稳定人心的功能,因为它提供了持续修改革命宪法的基础。宣言中开宗明义指出:

> 法国人民的代表齐聚于国民议会中,我们认为,对人民权力的无知、忽略与鄙视乃是社会不满足与政府腐败的唯一理由。为了解决此问题,我们在此神圣的宣言中揭示人类自然、不可剥夺且神圣的权力,这项宣言永远呈现在社会大众面前,
> 提醒社会大众不得终止其权力,忽略其义务,好让立法权力与 200
> 行政权力能随时比照政治制度的目的。

这是一种"兄弟"的想法,在其中领袖特质"永远呈现在社会大众面前"。

相对地,美国宪法在修辞中假设新的社会契约之签订,并且在某种程度上被批准:

> 美利坚合众国的人民,为了更完美的联邦……我们奉它为美利坚合众国的宪法。

在此假定,宪法今后代表了社会契约,终结了世袭制度。承认宪法,即表示签署了社会契约。领袖特质从美国革命的子民身上转移到创建美利坚合众国的国父们身上,也转移到他们所签署的文件上。在法国,从没有任何宪法具备如此的稳定性,这种转移的过

程也前所未见（至少到拿破仑为止都不曾出现）。

缺乏如宪法般神圣的文件，要建立能够抗争文件内容的政党也就相当困难了。在此情况下，讲述兄弟之情的法国家庭罗曼史反对建立自由且具代表性的政府。另一方面，此类罗曼史对于西方政治有长远的影响力。永远的革命、永远终结父权、持续的社会契约，这些观念在现代社会中留下持续的影响。如此说来，讲述兄弟之情的家庭罗曼史让父权成为历史，提供了一个理解“没有父亲的政治世界”的方法。

革命期间的家庭罗曼史也对19世纪的女性观带来重大影响：
201 法国人对家务事的印象，可以上溯至拿破仑期间与复辟政权期间对革命的反动，但也可上溯至革命领袖发展其地位之时。对家务事的印象乃是在不同的家庭形象中被塑造，政治的想象原本就关乎性别，而其中的性别对于社会有其重要却未预料的影响力。当革命宣告了人类（man）的普遍权力后，也不可避免地引起关于兄弟情谊的疑问。为什么有色人种的男性被排除在人权之外？在此种分类中，女性（women）是否不属于“人类”（men），也不是公民？抵制废奴制度、承认有色人种成为兄弟，远比抵制承认女性拥有完整公民权来得困难。

正如巴特曼所说，女人作为“人”却因“手足之情”而从属于男人，乃是现代市民社会的特色。她区分了家长权与父权，前者是作为丈夫的男人对作为妻子的女人所行使的权力；后者则是男人作为父亲的权力。契约理论者有异议的是父权，而非家长权。因此巴特曼认为，现代市民社会堪称是兄弟父权。从女人居于从属地位的想法来看父权，父权并未被摧毁，只是转变成另一种方式。在

其中，男人在政治上成为了“人”。[10] 当父亲的地位被摧毁，原本男性凌驾于女性的父权被贬谪至政治领域之外，潜入家庭的私人领域中。在私人生活中，父权仍然是父权。父权并没有被驱逐，而是巧妙地转型，成为现代持续排挤女性的机制。

女权主义开始攻击自由主义政治理论中对女性的偏见，而巴特曼的说法正是此中一家。“普遍的”人权变成具体的权力，但只体现于男性（尤其是白种男性）。援引巴特曼的说法：“‘个体’权力的定义乃大不相同，男性个体有很清楚的，无法逾越的界线；女性个体则是可被渗透的。由于拥有生育能力，女性理所当然地与自 202
然产生关系，使她们无法进入原本的社会契约，并且无法将自己转化为公民。”[11]斯科特（Joan Scott）在近期一篇讨论德古杰的文章中，也对法国大革命发表了类似的看法。斯科特辩称女权主义“与自由主义的政治理论分属于微妙的两端，以维持平衡”。政治意味着理性的、公共的、普遍的，而女性则被界定为自然的，因此被拒于政治之外。巴特曼与斯科特的结论是，在自由主义的政治理论中，女性主义的想法是无法被满足的。[12]

在指出自由主义政治理论的断裂时，批评的言词忽略了建立“自由的”法律机制时所遭遇到的严重的历史困境，而低估了自由主义政治理论对旧秩序所带来的冲击。我试着将家庭罗曼史置于

---

⑩ Carole Pateman, *The Sexual Contract* (Stanford, 1988).

⑪ *Ibid.*, p.96.

⑫ 在这方面，巴特曼不如斯科特坚决。斯科特的结论是：“自由政治理论（社会主义者与共和主义者皆然）的民主承诺并未达成；在大家不能信服的状况下，其承诺也很难达成。”参阅 Joan Wallach Scott, “French Feminists and the Rights of ‘Man’: Olympe de Gouges’s Declarations”, *History Workshop Journal* 28 (1989): pp.17–18。

这一脉络中，而非将这项争辩置于平等与差异的二元论中。法国大革命政治中的家庭罗曼史显示，个人总是被想象于镶嵌在家庭关系中，而这些关系总是不稳定的。例如，在革命中关于个人自由的观念仰赖于某种家庭模式，在这种模式中父亲给予孩子自主权，女儿与儿子有相同的继承权，妻子与丈夫一样有权诉请离婚。革命时所建立的法律并无法解决上述的问题。有些男性与女性立刻察觉到女性地位的矛盾。女人被合并到新的公民秩序中，他们是法律保障下的公民个体，但是，他们被毫无缘由地被阻绝于某些政治权利之外。

当全新且自由的公民秩序被合法地建立起来时，德古杰于1791年出版《妇女与公民权利宣言书》并不令人意外。新原则的
203 形成使批评者可以提问关于女性公民地位的矛盾性的问题。同样地，尽管规模不大，但当时仅在法国，而不在其他的地方(甚至美国)发生自觉性的女权主义运动也同样不令人惊讶。女权主义，一种受到认可的质疑女性地位的运动，之所以可能出现，是因为在法国对于信仰个人自由的合法建立，与对国家、家庭的质疑两者结合。在法国，自由主义的政治理论乃是在密集的政治与文化危机中成形，且一直承载着这种不确定的印记。女权主义书写的出现既简明又密集，因为它与家庭权威的危机有所关联。但是因为如此，女权主义书写也因为对家庭的抨击而染上污点。

在西方史之中，对女性的仇视是其社会生活中持续出现的一个特色，自成一门历史——这表示这项仇视并非一成不变。在自由主义的政治理论中，对女性排挤并非是理论上的必须，由于自由主义对个人自主的信念，因此排挤女人是有问题的。自由主义使得排挤女人成为一个被注意的议题。透过医学论点的变动以证明女性天性之不同与不足,是排挤女性时一个重要因素,但这是18世纪末期才出现的元素。[13] 医学观点变动,如我试着说明的,是为了回答因女性参与政治而引起的紧迫的疑问。"女主内"的意识形态在法国产生只因为政治与文化的领导人感受到必须用系统化的方式调整对女性参与政治的持续排挤,虽然女性被认可拥有许多公民社会的合法权利,然而"女主内"的意识形态仍是创立某种家庭罗曼史的一种企图。

当革命的领导人摸索着建立能使女性超脱于政治之外的家庭模式,他们同时也试着保留自由主义中对个人的主要诉求,并阻止
父亲的权利。这转变成困难的情况,而且无法长期保有其一致性。204
自由主义的政治理论,以及对女性的排挤并没有并肩同行。我并非想要重振自由主义的政治理论,而指控上述关于人权仅偏袒白种男性的论述。我只想表示,个人主义与男性(经济独立、白种人)的连结乃是历史性的偶然,而此现象容易顺服于突发或长期的批评,并且为之改变。正如弗洛伊德所示,当父亲被杀害之后,男性无疑将控制这个世界。

---

[13] 关于18世纪对于性别的医学观点,请参阅 Thomas Laqueur, *Making Sex: Body and Gender from the Greeks to Frend* (Cambridge, Mass., 1990)。

图书在版编目(CIP)数据

法国大革命时期的家庭罗曼史/(美)林·亨特著;郑明萱,陈瑛译.—北京:商务印书馆,2024
(汉译世界学术名著丛书:120年纪念版:珍藏本:增订本)
ISBN 978-7-100-23768-0

Ⅰ.①法… Ⅱ.①林…②郑…③陈… Ⅲ.①法国大革命—研究②家庭—历史—研究—法国—18世纪 Ⅳ.①K565.41②D756.581

中国国家版本馆CIP数据核字(2024)第077951号

汉译世界学术名著丛书
(120年纪念版·珍藏本·增订本)
法国大革命时期的家庭罗曼史
〔美〕林·亨特 著
郑明萱 陈瑛 译

商 务 印 书 馆 出 版
(北京王府井大街36号 邮政编码100710)
商 务 印 书 馆 发 行
北京中科印刷有限公司印刷
ISBN 978-7-100-23768-0

2024年5月第1版 开本 710×1000 1/16
2024年5月北京第1次印刷 印张 16¼
定价:82.00元